FEAST AND FASTS

A HISTORY OF FOOD IN INDIA

印度美食史

盛宴與齋戒的國度

COLLEEN TAYLOR SEN
珂琳‧泰勒‧森

柯松韻 譯

INDIA

[目錄]

前言

〔印度〕就像一卷古老的皮紙手稿,其上記載著想法與幻夢,由於反覆書寫、塗抹而留下殘跡,一層疊過一層,但每一層又不能完全掩蓋或消除之前留下的紀錄……雖然從外表看來,我們的人民組成多元多變、無窮無盡,但每一處卻又存在著強大的一致感,帶我們一同走過各個年代,經歷各式的政治風雨和命運的磨難。

—— 賈爾哈拉爾・尼赫魯(Jawaharlal Nehru)《發現印度》(*The Discovery of India*,一九四六)

有人曾言,印度不是一個國家,而是一個宇宙。這是世界上人口第二多的國家,僅次於中國,也是世界上國土面積第七大的國家。沒有其他國家擁有像印度一樣多元的氣候型態與土壤環境、種族與語言、宗教與教派、種姓與階級、習俗——以及飲食文化。[1] 有時候印度會被來拿跟歐洲比較,因兩者的語言、種族都非常豐富,但是,請想像一個有八種宗教的歐洲(其中四種宗教發源於本土),而每一種宗教又各有其禁忌與規範。馬克・吐溫對此曾說:「以宗教而言,所有的國家都是一貧如洗,唯有印度家財萬貫。」[2]

自古以來,來自各國的旅人都不約而同地讚嘆印度豐盛的農業資源。印度原生的植物包含多種扁豆(lentil,比如黑豇豆〔urad〕、綠豆、紅扁豆〔masur dal〕)、小米、茄子、多種根莖類、南瓜、多種甜瓜、多種菜瓜、多種芒果、波羅蜜、柑橘、薑、薑黃、羅望子(tamarind)、黑胡椒、長胡椒。印度也是把雞變成馴化家禽的起源地。上述許多種食物,如今依然出現在眾多印度人民的飲食之中。

不過印度也是世界上第一個全球化的經濟體。從印度河流域文明(Indus Valley Civilization)到公元前第三世紀,印度曾是廣大的陸路及海路運輸的中心,連結阿富汗、波斯、中亞、中東、非洲、中國、東南亞、印尼群島,交流各種植物、原料、料理、烹飪技巧。來自印度的佛教傳入中國、東南亞、韓國、日本,改變了這些地區的飲食習慣。後來,歐洲人則

引進西半球及其他地區的植物，包含番茄、鳳梨、腰果、馬鈴薯、辣椒。過往種種，皆在印度飲食中添加了一層層的印記，套用尼赫魯的說法，這卷手稿皮紙上的痕跡，沒有一層能遮蔽或抹滅之前的紀錄。

　　由於印度內部歧異之大，去琢磨印度飲食中究竟是什麼因素讓人能辨識出印度風格，而這樣的風格又是如何形成，是否有某種烹飪文化對所有印度人而言都是常見習慣，就成了饒富興味的工作。為了探討以上疑問，本書將追溯歷史上的印度飲食，綜觀史前時代至今的歷史、社會、宗教與哲學發展。本書大致上按照時間順序，唯編排上稍留彈性，因為許多古老的印度經典文獻無法確定實際的成書時間，只能粗略地劃分為某世紀的作品，有些寫作時間定位甚至可能以千年為單位。誠如某位大學者所言：「在研究深如海的印度史詩、神話文學時，日期是學者最稀有的禮物。」[3]

　　這本書中，食物的宗教、哲學意涵占有重要篇幅，因為印度跟世界上任何其他地區相比，更看重食物的意義，視之為身分認同的標記物。英語俗話說：「吃什麼就像什麼。」在印度則是：「你是什麼才吃什麼。」佛教徒、耆那教徒、印度教徒、錫克教徒、穆斯林，以及其他宗教的信徒，都各有飲食戒律得遵守。住在這座次大陸上的人民，看遍於各式各樣的節慶盛宴、伴隨生命重要事件的宴席場面，也熟稔各種出於修行或醫療因素的齋戒。

　　本書另一大主題是印度飲食與健康的重要關聯。食療是阿育吠陀[1]（Ayurveda，印度醫學）、尤納尼[2]（Unani，伊斯蘭醫學）的主要醫療手段。當代科學研究也逐漸肯定不少阿育吠陀的治療手法、食療材料的效力。

　　本書的資料來源包含：針對上古時期的考古研究資料、古籍、哲學著作及研究，或經書（shastras）、阿育吠陀文本、喬那奇亞《論政》（Kautilya's Arthashastra）、印度史詩、坦米爾商勘文學（Tamil Sangam literature）與其他詩文、亞歷山大大帝時期起與之後的外國旅人見聞錄、回憶錄。另外也包含最早期簡略的「食譜書」——《心之樂》（Manasollassa）、《利民論》（Lokopakara）、《廚經》（Supa Shastra）、配有精美插畫的《薩希姆丁薩美饌之書》（Ni'matnama），這卷書最早的起始寫作時間是十二世紀。雖然以上的著作能讓我們對於前人的飲食內容有粗略的理解，卻依然缺少烹調過程

---

1 阿育吠陀為印度傳統醫學，梵語意思為「生命的科學」，醫療手法包含草藥、食療、默想、瑜伽、按摩等，盛行於　印度、尼泊爾地區。
2 尤納尼也作尤那尼，是盛行於蒙兀兒帝國領土、中亞及南亞穆斯林地區的傳統波斯－阿拉伯醫學。尤納尼一詞意為　「希臘的」，其理論基礎建立在古希臘醫生的學說之上，但也在發展過程中受到阿育吠陀與中醫影響。

的確切細節。人類學家阿君‧阿帕度萊（Arjun Appadurai）曾言：

　　食譜乃是飲食生活的基本構成，卻在宏大的印度傳統中缺席了……。
雖然有大量關於「進餐」與供食的文獻記載，但提及備餐的印度法定醫學
或哲學文獻，卻是少之又少……。在印度傳統思想中，食物的主要用途僅
有道德或醫療之分。[4]

　　由於印度在物理、文化上歧異甚深，風格明確的印度料理可不止一
種，料理能以地區、宗教、社會背景做區分，龐雜繁複、多如牛毛，本書
無法盡述，可能沒有任何一本書做得到。英國殖民政府與其作家在書寫
時，多忽略了絕大部分的地區飲食變化、家庭飲食情況，歷史學家對此也
鮮少關心。飲食研究大多由人類學者來進行，且發展出「一套規模不小的
概念術語，便於討論從歷史情境中擷取的飲食」，這話是照搬自某位從業
人員之口。[5]

　　本書出版時，針對印度飲食文化最為周詳的研究，是阿奇亞教授（K.
T. Achaya）所著《印度飲食考》（*A Historical Companion to Indian Food*），
初版為一九九四年，其尚有一姊妹作《印度飲食歷史詞彙編》（*A Historical
Dictionary of Indian Food*，一九九八）。寫作這本書的過程中，我遠赴印度
多次，卻從未有機會與阿奇亞教授會面，實為憾事。研究印度食物的學
生，也深深受惠於皮列卡許教授（Om Prakash）所翻譯的梵語文獻集，其
作品收錄於《古印度飲食：史前至約公元一二〇〇年》（*Food and Drinks in
Ancient India: From Earliest Times to c. 1200 AD*，一九六三）。本書另有參考
許多有用的資料，詳列在本書附錄的延伸參考書目精選中。

關於作者所使用的轉譯詞彙

　　梵語、烏爾都語（Urdu）、印度語，及其他印度次大陸上使用的語言之書寫系統都不是使用羅馬字母，而英語發音鮮少能夠精確對應原文的聲音。學者通常使用發音符號來標記正確的發音，舉例而言，上面多一短橫的「ā」表示長母音，下面多一點的「s」則表示噝氣音。如果該詞彙已有通用的英語寫法，比如黑天神「Krishna」按照正確發音應寫作「Krs.n.a.」，在有通用寫法時，本書會採用通用寫法，附錄的參考書目則會保留音標。

符號標示說明，例：

〔1〕引用書目

1 阿拉伯數字為譯注

第一章
氣候、作物、史前紀錄

要了解任何國家的飲食之前，第一步得先掌握其外在條件：地理環境、氣候變化、土壤與地貌。印度的地理環境豐富多元，變化之廣令人吃驚，幾乎擁有人所能想到的每一種氣候：喜馬拉雅山酷寒的山峰、喀什米爾的雪松林、喀拉拉（Kerala）蓊鬱蒼翠的熱帶叢林、拉賈斯坦（Rajasthan）無比乾燥的沙漠、孟加拉的洪氾平原，以及長達七千五百英里的海岸線、主要的十大河流系統。

地理環境

很久以前，地球上的陸地組成是一塊單獨的大陸，漂在廣袤的大海上，稱為盤古大陸。約兩億年前，部分盤古大陸開始分裂，四散漂流，最後盤古大陸分開成為兩大古陸地：勞亞古陸（Laurasia）與岡瓦納古陸（Gondwana，命名來自印度的一個地區，當地的部落民族稱為岡族〔Gonds〕）。岡瓦納古陸是今天南極大陸、南美洲、非洲、印度、澳洲的前身。印度次大陸大約在九千萬年前從岡瓦納古陸分離，一路往北漂流，最後撞上了歐亞板塊，擠壓的陸地如今被稱為中亞，碰撞衝擊力道之大，將陸地擠壓抬升了八公里之高，創造出喜馬拉雅山脈。

在北方，喜馬拉雅山脈（這個名字在梵語中的意思是「雪之居所」）橫跨兩千四百公里，從巴基斯坦、阿富汗直到緬甸，世界最高峰，聖母峰與喬戈里峰（K2）座落於此，這兩座山都有將近九千一百公尺高。咸認層層山脈就是阻隔印度跟亞洲其他地區的屏障，不過實際上，印度與西亞、中亞透過隘口與河谷互通有無，之間的往來從未間斷，其中也包含著名的開伯爾隘口（Khyber Pass）。帶著牲畜移動的遊牧民族，以及來自中亞、伊朗、阿富汗的商人，數千年前就來到這裡。東北方的高峰積雪浩皚皚，交流不易，但西藏與中國之間總是保持貿易往來。

喜馬拉雅山的融雪，加上季節豐沛的降雨，促成了印度次大陸上的大

河系統：印度河流入阿拉伯海，且有五條支流：傑倫河（Jhelum）、切納布河（Chenab）、里瓦河（Riva）、薩特列治河（Sutlej）、貝阿斯河（Beas），波斯語、烏爾都語統稱為「panj ab」，意為「五河」；再來，雅木納－恆河系統（Yamuna － Ganga）；最後，布拉馬普得拉河（Brahmaputra）向東南流經阿薩姆，再注入孟加拉灣。這些大河的盆地集合在一起，形成了印度河－恆河平原，長達三千兩百公里，寬度介於兩百四十至三百二十公里之間。這座平原成為孕育北印度文明的搖籃。

平原的北部與西部，成就了印度農業生產力最強韌的地區，河水沖刷帶來肥沃的沖積土壤，土地本身飽含地下水，再搭配面積廣泛的灌溉系統。今屬印度的旁遮普（Punjab，印度極北）、哈里亞納（Haryana）、屬巴基斯坦的旁遮普等地區，生產的農作物有小麥、大麥、黑麥與其他穀類。孟加拉地區（Bengal，印度境內的孟加拉地區，東鄰孟加拉國）、孟加拉（Bangladesh，今孟加拉國）與阿薩姆地區，每年稻作可以收穫兩次，有時三次。

印度河－恆河平原曾一度滿布茂密的森林，如今所剩無幾，拉賈斯坦荒蕪的塔爾大沙漠（Thar Desert）情況尤是，此地在引進灌溉系統之前，能種植的主食只有所謂的粗糧：高粱與小米。

印度南方的土地大部分是德干高原（Deccan Plateau），高原區乾燥、礫石滿布，北以文迪雅嶺（Vindhya）、沙特普拉嶺（Satpura）、納巴達河（Narmada）為界。這些山脈致使南北交流局部受阻，因此南方四邦發展出不同於北方的文化、語言、飲食，四邦分別為：喀拉拉、卡納塔卡（Karnataka）、坦米爾納杜（Tamil Nadu）、安德拉普拉德什（Andhra Pradesh）。南印有三條主要河流，皆注入孟加拉灣：卡弗里河（Kaveri）、哥達瓦里河（Godavari）、克利什納河（Krishna）。三河形成的三角洲，成為南印的米倉。

印度西岸緊臨印度洋，古老的西高止山脈（Western Ghats）綿延不絕，山海之間狹長的平地蒼翠，正是馬拉巴海岸（Malabar Coast）。豐沛的降雨量讓此處成為印度最富生產力的地區，也是歷史悠久的香料貿易中心。十五世紀晚期，歐洲人初來印度，首先造訪的正是此地。

氣候

最後一次冰河期約在一萬兩千五百年前結束，冰河期對北印度的影響

並不像歐亞大陸、北美那麼嚴峻，而南印則完全不受影響。冰河期結束後，採集食物更容易，人口因此增長。

　　印度的氣候型態涵蓋甚廣，天氣變化多元，不同區域各有其氣候帶：南方是熱帶，北方與高山區是溫帶。喜馬拉雅山脈阻擋北方來的冷風，讓印度次大陸比同緯度的其他地區更為溫暖。許多地區有自己的微型氣候，傳統的印度年曆分為六個季節：

瓦桑塔（Vasanta，春）：三月中至五月中（這段期間內有許多節慶）

格西馬（Grishma，夏）：五月中至七月中

瓦沙（Varsha，雨季或季風季），七月中至九月中

夏臘（Sharad，秋），九月中至十一月中

赫幔（Hemant，冬），十一月中至一月中

希許（Shishir，涼季），一月中至三月中

　　今天的印度氣象局官方定義的季節有四：冬（十二月至四月初）、夏／前季風（約四月至六月）、雨／季風（六月至九月）、後季風（十月至十二月）。在阿育吠陀的觀點中，季節決定飲食內容，炎熱的月分建議食用涼性食物，潮濕的月分食用乾燥的食物，以此類推。

　　熱帶季風氣候以及隨之而來的降雨，大幅影響著印度的氣候、農業、整體經濟。西南方的季風來自印度洋，六月到九月時吹拂印度次大陸大片土地，為印度西部、東北部、北部帶來降雨。這段時間的降雨占超過七十五％的年度降雨量。之後，季風轉向，將雨帶往南印，就像東北部的季風雨季一樣。自古以來，印度商人利用季風航行，往西渡過阿拉伯海、抵達阿拉伯半島、中東、羅馬帝國、非洲，往西渡過印度洋至亞洲、中國。

　　每年季風氣候發生的時間及降雨量，能左右糧食供應。在現代灌溉技術、綠色革命（詳見本書二六三－四頁）發生之前，季風季節若不是風調雨順，就會導致饑荒慘況。[1] 印度降雨量最高的地區是東北部與西部沿海一帶（一年超過兩千公釐），多雨讓這些地區適合稻作。北部平原降雨量趨緩，一年約在一千到兩千公釐之間，不過許多作物不須灌溉也可以生長，包括小麥。北印、巴基斯坦地區的主食小麥，是冬季作物，雨季結束時播種，十二月成熟。北印也種植大麥。大部分的印度耕地一年有兩次作物生長期：冬、夏。冬季作物被稱為「拉必」（rabi），冬種夏收；夏季作物則稱為「卡立夫」（kharif），夏種冬收。

小米田，小米為印度傳統穀作。

降雨量低的地區（一年五百至一千公釐）則是旱作區，包含數種小米品種，小米不需要灌溉系統也能生長，甚至在降雨有限的情況下也能存活。玉米常見於平原、山丘地上，該作物能適應乾旱到中等潮濕的氣候。甘蔗不限地區，到處都能看見，不過主要種植在恆河上游河谷、旁遮普等有灌溉的土地上。

農業發展

以往，主流理論認為歐洲、中亞、南亞的農業起源於土耳其東南部，所有的主要作物都在同時期被馴化。較新的考古證據顯示，農作物馴化發生於不同時期、不同地點。在南亞，原生作物的馴化過程可能各自獨立發展，甚至多達六地：南印、恆河平原、奧利薩（Orissa，位於印度東部）、索拉什特拉（Saurashtra，位於印度最西北的古吉拉特〔Gujarat〕）、印度－恆河分水嶺、俾路支斯坦(Baluchistan，位於今伊朗與巴基斯坦境內）。〔2〕馴化作物隨著人類採集漁獵、農耕活動，移動到不同地區，也隨著區域間

的交流往來而擴散，後者一般稱作文化融合。

　　馴化作物中，有兩大核心作物常見於所有的主要農耕文明：穀類（一年生草本植物，人們收穫種子）以及豆類（豆科植物裡種子可供食用）。兩者的碳水化合物、蛋白質都相對豐富，因此，若結合兩者，就能構成對人類而言營養均衡的飲食。輪耕或混合種植穀作與豆類，也可以提高土壤肥沃度。如何將穀物和豆類組合成主食，每個文化有自己的搭配法：遠古中東人民食用小麥或大麥，配上各種豆類；中美洲的人民吃玉米跟青豆；中國人吃白米或高粱，還有黃豆；至於印度人民則吃大麥、小麥、米、小米或高粱，配上扁豆。今天的印度次大陸，最常吃到的穀類是米與小麥。

豆類

　　印度料理的特徵之一是豆類。扁豆類，不管是生的或熟的，印度語都稱為「dal」[3]，這可能是最接近印度國民料理的食材了。目前印度是全球最大的豆類生產國，印度人民平均吃豆類得到的營養，將近美國人或中國人的四倍。[3] 豆類所含的蛋白質，平均值為其重量的四到五成。豆類植物耐受性高，可以在大部分的土壤、氣候環境下生長，而且能為土壤增加氮元素。

　　印度的豆類有四個原生地。上古到公元前三千年中期，南印度的草原已有種植黑豇豆與綠豆的紀錄，另外也種植當地兩種小米。[4] 公元前四千年前，鷹嘴豆（台灣也稱雞豆）、紅扁豆、青豆、小鸚豆（grasspea）從中亞地區傳入印度河河谷，大多數的考古遺址中，也發現了大麥、小麥，可能也是同時期傳入。這些作物都是冬季作物，後來北印度的人在一年二穫的耕作系統中，採用了這些作物。

　　白扁豆（Hyacinth bean）、豇豆（cow pea）、高粱、小米等作物極有可能是在公元前兩千年從非洲莽原傳入南印的草原，且很快地就融入了當時既有的耕作系統。將作物帶入的人可能是沿海地區的移牧民或小船漁民。[5] 樹豆（pigeon pea）是另一常見的扁豆，似乎源自奧利薩、安德拉普拉德什北部，後來傳入南方。

3　本書中會視文意，生食材譯為扁豆類，熟食譯為豆泥燉菜或豆泥咖哩。

南亞史前時代食用豆類與發源地

拉丁學名	中文慣稱	印度文名稱	可能的發源地
Cajanus cajan	樹豆（red gram, pigeon pea）	arhar, tuvar	印度：奧利薩、安德拉普拉德什北部、查提斯加爾（Chhattisgarh）
Vigna mungo	黑豇豆（urad, black gram）	urad	南印：森林—莽原的邊界
Vigna radiata	綠豆（mung, green gram）	mung	南印：森林—莽原的邊界
Macrotyloma uniflorum	硬皮豆（horse gram）	kulthi	印度：莽原、半島（？）
Cicer arietinum	鷹嘴豆（chickpea, Bengal gram, garbanzo beans, chana dal）	chana	西南亞，黎凡特（Levant，古時用來稱呼地中海地區東部的西亞地區）
Lathyrus sativus	小鸚豆	khesari	西南亞，黎凡特
Lens culinaris	小扁豆、兵豆	masur	西南亞，黎凡特
Pisum sativum	豌豆（pea）	matter	西南亞，黎凡特
Lablab purpureus	白扁豆	sem	東非
Vigna unguiculata	豇豆	chowli, lboia	西非、迦納

資料來源：朵莉安・Q・弗樂與艾瑪・L・哈維〈印度豆類植物考古：植物辨識、處理手法、耕作證據〉，《環境考古學》第六輯第二期（Dorian Q. Fuller and Emma L. Harvey, 'The Archaeobotany of Indian Pulses: Identification, Processing and Evidence for Cultivation', *Environmental Archaeology*, xi/2），頁二二〇。

印度的黃豆

公元後一千年時，黃豆自中國傳入印度，可能是藉由絲路，或者經由緬甸與阿薩姆。印度東北部種植黃豆，並加以發酵，製成燉菜或甜酸醬（將蔬果、堅果與其他材料現磨而成的調味沾泥）。英國人曾試著在印度以外的地區發展商業化的黃豆產業，卻失敗了。一九三〇年代，因為甘地認為黃豆是便宜且優質的蛋白質來源，向人們宣揚黃豆的好處，巴洛達（Baroda）大君也推廣黃豆的用途與耕種，黃豆市場因而復甦。不過，黃豆卻未擄獲印度人的心，因為當時印度人將之視為扁豆的一種，所以烹煮時間不夠長，未熟透的黃豆吃下肚之後，常引起消化問題。

綠色革命時，美國改良出黃豆品種變得非常適合在印度中部栽種。當時的人們想以黃豆為原料，製造高蛋白的食品，比如豆漿、豆腐乳、豆漿優格。一九七二年，基督復臨安息日會在浦納（Poona）開設了第一間豆製品專賣店，當時也出版了不少關於豆製品的食譜書。

一九六〇到七〇年代間，印度正面臨一個新問題：缺乏烹飪食用油。黃豆在這時成為了解決方案。全國各地陸續設置了黃豆榨油工廠，生產量劇增，直到今天，印度種植的黃豆，依然有九〇％用於製造烹飪油。[6]

穀類

小麥與大麥是世界上最古老的兩大穀作，兩者一度是野生植物，遍布西亞大部分地區。野生小麥的馴化過程複雜，約在公元前一萬年，始於土耳其南部的山區，後來傳入西南亞的其他地區，再傳至美索不達米亞，後進入歐洲、北美、埃及、中亞。到了公元前六五〇〇年時，人們已在印度俾路支斯坦種植小麥。

南亞主要食用穀類及其發源地

拉丁學名	中文慣稱	印度文名稱	可能的發源地
Triticum spp.	小麥	gehun	幼發拉底河流域
Hordeum vulgare	大麥	jau	幼發拉底河流域
Oryza sativa	稻米、私米	dhaan (paddy)	長江三峽
Paspalum scrobiculatum	湖南稷子、日本稗粟、鴨姆草（kodo millet）	kodra	印度
Sorghum bicolor	高粱	jowar	非洲
Pennisetum glaucum	珍珠粟、御穀（pearl millet）	bajra/bajri	非洲
Eleusine coracana	穄子、龍爪粟、指形粟（finger millet）	ragi	非洲
Panicum sumatrense	細柄黍（little millet）	kutki	印度西部
Panicum miliaceum	稷、黍、普通粟（broomcorn, common millet）	cheena	滿洲
Setariaitalica	小米、粟、稷仔（foxtail millet）	kangni	可能為中國
Brachiariaramosa	多支背形草（browntop millet）	pedda — sama	印度
Echinochloafrumentacea	稗（barnyard millet）	jahngora	未知
Fagopyrum esculentum	蕎麥	kuttu/koto	中亞

資料來源：史蒂芬·韋伯與朵莉安·Q·弗勒，〈早期建築中的小米與其角色〉，該文根據在烏塔普拉德什邦考古局研討會「以全球視角來看最初的農人」所發表之論文撰寫而成，印度勒克瑙（Lucknow），一八－二○，二○○六年一月（Steven Weber and Dorian Q. Fuller, 'Millets and their Role in Early Architecture', based on the paper presented at 'First Farmers in Global Perspective', seminar of Uttar Pradesh State Department of Archaeology, Lucknow, India, 18–20 January 2006.）

　　小麥作物主要分為兩大品種：麵包小麥（或稱普通小麥）與杜蘭小麥（硬粒小麥）。杜蘭小麥含高麩質，因而有極佳的延展性，杜蘭小麥麵團可以拉到非常薄的程度。今天印度（以及全世界）種植的小麥中，高達九〇％是杜蘭小麥。杜蘭小麥研磨出的麵粉，印度語稱為「阿塔」（atta），用來製作無酵酥皮薄麵包「皮拉塔」（paratha）、酥皮炸餅「普里」（puri），及其他美味的印式麵包。阿塔含有小麥胚芽、胚乳、胚芽周圍營養組織。綠色革命促進印度小麥產量巨幅提升，如今印度已是世界第二大小麥產國，僅次於中國。小麥產地主要在印度北方，以及隸屬巴基斯坦的旁遮普省。

　　約在一萬兩千年前，肥沃月灣地區馴化了大麥，後來進入印度河谷，隨著人們在俾路支斯坦建立聚落，成為印度作物之一。在公元前兩千年時，大麥是印度主要穀作，也是《梨俱吠陀》（Rig Veda，梨俱意為「頌讚之歌」，詳見第二章）有提到的唯一穀物。由於大麥可以在貧瘠且缺水的土地裡生長，且種在破碎狹小的耕地上，而被認為是窮人的食物。今天印度的大麥產量只占全世界第二十八名。不過，跟其他古老的食材一樣（如芝麻），大麥在印度教儀式中依然有重要角色，包含「虛拉達」（shraddha，祭拜祖先亡靈的儀式）。

喀什米爾的烘焙師正在製作麵包，十九世紀。

小米餅食譜

五○○公克（五杯）小米麵粉
九○公克（六大湯匙）印度酥油
一撮鹽

　　過濾小米麵粉至大碗中，漸次加入溫水形成半軟的麵團。揉麵五分鐘。將麵團分成直徑八公分的球狀。以手掌將麵球壓成餅狀，直徑十三到十五公分。取一厚鍋加熱，每張餅煎兩分鐘，翻面再煎三十至四十秒，反覆翻面煎，直到兩面都酥脆金黃。取一長夾，將餅夾至火上方，使之更酥脆。上桌之前，在餅上抹一層印度酥油。

　　小米與高粱，也就是所謂的粗糧，可以在旱地、半旱地或山區生長，僅需極少的養分、水分。這兩者的生長季節短，在糧食不足的年代，可以迅速提供營養。兩者的蛋白質成分約為六至十四％，接近小麥，卻不含麩質。印度的小米主要產地，以及小米的發源地，請見本書十六頁的表格。

　　印度有多種原生小米品種，公元前兩千年，也引進了外來品種，來自撒哈拉以南的非洲地區，或許也有來自中國的小米。小米處理過後，可以磨成小米麵粉，再製成麵餅，或煮成粥。

　　一九七○年代的綠色革命後，印度家庭的粗糧食用量大幅銳減，多改吃小麥，因為小麥製品更綿軟、容易製作，人們認為小麥食品更加「摩登新潮」。不過，近來由於關注保健養生，民眾重燃對粗糧的興趣（詳見本書第十三章）。印度是世界第一大小米產國，大部分的產地位於西部。

　　針對稻米發源地的研究眾多，結論向來莫衷一是。本書成書時，最新的理論（二○一二年三月）認為稻米的馴化發生在中國珠江地區，時間約於公元前一萬到八千年之間，此後中國開始種植稻米的兩大亞種——秈稻（長米）、粳稻（短米，台灣常稱在來米）。在公元前三千年時，稻米耕地擴

張到東南亞、尼泊爾西部、印度。[7] 不過，理論雖然這麼說，考古證據卻顯示，恆河平原在更早以前就出現了未馴化的野生秈稻。位於北印烏塔普拉德什（Uttar Pradesh）的拉吾拉德瓦（Lahuradewa）考古遺址中有食用稻米、米食相關的陶器的痕跡，時間最早可追溯自公元前六千四百年。

今天的印度是世界第二大稻米生產國，僅次於中國，主要產區位於西部與東部沿海地帶，還有東北部與恆河盆地。印度東部及南部的主食是稻米，小麥多製成麵餅形式，僅占小部分飲食。

蔬果類

印度本土原生的蔬菜水果，可能包含某些品種的南瓜、甜瓜、菜瓜，其中也有甜瓜屬（也稱黃瓜屬）、西瓜屬家族的蔬果。小黃瓜、冬瓜、尖葫蘆（parwal）、蛇瓜、苦瓜等，在印度都是非常古老的作物，且在印度飲食中占有重要地位。（南瓜屬的植物原生自新大陸，作物包含圓形南瓜、長型南瓜、洋葫蘆等。有些亞種的種子可能在數千年前飛越太平洋，來到印度[8]，不過大部分南瓜屬植物是在哥倫布大交換之後才進入印度的，南瓜就是有名的例子。）其他的原生植物包含茄子、綠葉蔬菜——在梵語中統稱為「夏卡」（shaka）、油干果（amla，也稱印度醋栗）、印度棗（ber，台灣俗稱蜜棗，常見於菜市場）、訶子（myrobalan，一種像李子的水果）、海南蒲桃（jamoon、jamun、jaman，一種印度黑莓漿果，味甜且濃稠）、木敦果（bael，也稱木橘，硬殼水果，果漿呈黃色，香氣十足）、波羅蜜，還有印度帶給世界飲食的最大的禮物：芒果。[9] 四千年前，芒果還在早期馴化階段，果實很小，纖維很多，後來經過人們不斷培育，芒果越來越好吃，對芒果改良貢獻最多的是蒙兀兒人與葡萄牙人。印度也是諸多柑橘類的原生地。原生印度的堅果則有兩種：「奇隆子」（chironji），其種子常用於甜食中，以及「奇葛薩」（chilgoza）則是一種常綠喬木的子仁。雖然秋葵（okra，印度語為「bhindi」）最有可能的原生地是非洲，不過秋葵很可能是在印度馴化的。

椰子樹（Cocos nucifera）的馴化很可能在兩個地區各自發展：太平洋一帶／東南亞、印度洋一帶。從語言學看來，印度南方在兩千五百年到三千年前已經開始種植椰子。椰子樹功能繁多，可以作為燃料、飲料、食物。今天印度是世界第三大椰子生產國，椰子也是喀拉拉一帶的重要食材。學界對於香蕉、芭蕉（芭蕉屬的植物）的起源還沒有定論，這兩者可

木敦果是一種酸味水果，在阿育吠陀中，用來治療消化道與其他身體不適的問題，也常用於印度教儀式。

波羅蜜原生地為印度，可入多種菜餚。

能發源自新幾內亞，不過在非常久遠以前就在印度生長了。在遠古時代，洋蔥、大蒜就已經在西南亞、阿富汗地區生長，但並未出現在最早的印度古文獻中。洋蔥第一次在文獻中提到時，被視為是低下部落人民與外地人的食物，這可能是後來洋蔥成為禁忌食材的原因。

　　甘蔗是多年生草本植物，最初的馴化是公元前八〇〇〇年於新幾內亞，隨後很快傳入東南亞、中國、印度等地。甘蔗的枝幹多汁、富含糖漿，含有高達十七％的蔗糖分子（sucrose）。人們榨出甘蔗汁後持續滾煮，加熱濃縮糖漿，直到成為深棕色的結晶糖塊，稱為石蜜（也稱片糖、黑糖、紅糖，梵語為「gur」）。公元前三百年前，印度人發展出將果汁提煉成結晶狀的技術。糖向來在印度料理占有重要地位，印度人平均每人攝糖量是全球之冠。

　　葡萄、桃子、李子、杏、番石榴、番紅花、菠菜、大黃（rhubarb）、蘋果、大麻（Cannabis sativa）等蔬果經由中國、中亞、阿富汗、波斯等地，在不同時間陸續傳入印度。除了印度原生堅果，也從西亞、中亞傳入扁桃仁[4]（almond）、開心果、核桃，後來美洲的花生、腰果也傳入印度。自十六世紀起，葡萄牙人在印度次大陸全境陸續設立貿易據點，帶來了一批

新德里的水果攤，販售當地與進口水果。

新大陸的新蔬果，其中包含木瓜、芭樂、佛手瓜（chayote）、人心果（sapodilla）、酪梨、馬鈴薯、番茄、鳳梨、腰果、辣椒，在印度的熱帶氣候環境之下，這些蔬果適應得非常好（詳見第十章）。

香料

　　印度料理的典型特徵是使用多種香料。香料一詞含義甚廣，可涵蓋植株的不同部位：樹皮（肉桂、桂皮）、種子（孜然、芫荽、豆蔻、芥末）、地下莖或稱根莖（薑、薑黃）、花粉柱頭（番紅花）、花苞（丁香）。國際標準組織（ISO）登記的香料共有一九二種，其中五十二種是由印度香料委員會協助監督列冊。

　　印度原生的香料有薑、薑黃、羅望子、黑胡椒（*Piper nigrum*）、咖哩葉（*Murraya koenigii*）、長胡椒（*P. longum*）、綠豆蔻與黑豆蔻（豆蔻是恆河西部的野生植物，當地有時被稱為豆蔻丘）、聖羅勒（holy basil），不過聖羅勒並沒有被當作食材使用，可能因為這是毗濕奴神的聖物，受到很多印度教徒崇拜。芝麻籽（*Sesame indicum*）是最古老的製油農作物之一，馴化的時間非常早。其他來自西亞的香料也在很久以前就來到印度，包含孜然、葫蘆巴（fenugreek）、芥末子、番紅花、芫荽。阿魏（asafoetida）是植物地下莖塊的乾燥樹脂（常被印度教與耆那教徒用來替代大蒜），來自阿富汗，阿富汗現在依然是阿魏主要生產者。肉桂來自斯里蘭卡、桂皮來自中國南方，丁香、肉豆蔻（nutmeg）來自印尼，這些香料自三世紀起，陸續來到印度，印度直到一八〇〇年之後才開始種植丁香。

　　蔞葉（*Piper betle*）、檳榔（*Areca catechu*）一開始的馴化地區可能是東南亞，不過後來很快就變成印度的飲食生活與社會文化的一部分：也就是人們嚼食的檳榔塊（paan）的主要材料。辣椒（辣椒屬植物的果實，辣椒屬也包含甜椒、彩椒）於十六世紀自新大陸引進，迅速融入當地料理，取代了長胡椒的地位。辣椒一詞在印度許多語言中，是其他椒類食材的延伸名詞。比如，印度語中的黑胡椒「*kali*」、綠胡椒「*hari mirch*」。今天多數印度料理中的香料，都有梵語名字，顯示它們在印度有淵遠的歷史。

　　目前有許多理論企圖解釋為何像印度、墨西哥或其他氣候炎熱的國家，其料理會如此大量地使用香料，不過這些說法大都是種迷思。比如，

4　一般俗稱的杏仁、杏仁果為誤譯。

辛辣的香料雖然促進排汗，汗量也不足以大到讓體溫下降；而辛香料也不可能是為了掩蓋腐敗肉品的氣味，因為人若吃了腐壞的食物，依然會生病，甚至會致命；此外，辛香料雖能提供營養，如維生素 A、C，卻僅是微量而已。最新的理論認為，炎熱氣候的人民在千百年後演化出喜愛辛香料的品味，是因為辛香料含有強大的抗菌化學成分，可以殺死或抑制能使食物腐敗的細菌與黴菌，其中效果最好的是大蒜、洋蔥、多香果（allspice）、肉桂、孜然、丁香與辣椒。若把香料跟特定食材搭配，如辣椒、洋蔥、大蒜、孜然等，抗菌效果還可以更強。印度、中國使用薑黃來達成對抗感染、減輕發炎效果，已有數千年歷史。近來研究顯示，香料具有強大的抗氧化效果，特別是薑黃，能減輕發炎、加強人體吸收穀類與鷹嘴豆中所含之蛋白質的能力，還可以降低膽固醇，甚至能減緩癌細胞擴展。[10] 而爆香這種常見的烹飪技巧，則可以加強薑黃與其他香料所含的療效。

從美食的觀點來看，香料可以增添菜餚的風味、口感與濃度，對窮人而言也是個成本不高卻能提升食物風味、新鮮感的好方法，畢竟窮人的飲食貧乏，也缺乏變化。準備簡單的蔬菜料理時，廚師可能會用兩三種香料，不過，複雜一點的肉類料理則會用上十幾種，甚至更多。烹飪過程中，香料可以一次加入，也可以分兩三次加入。人們能把香料磨成粉，或是混合成綜合香料（印度語稱之為瑪薩拉〔masala〕），也可以使用完整的顆粒（特別是胡椒粒、豆蔻、丁香等），也可以加水、辣椒、洋蔥、優格或番茄等，調製成醬。香料通常經過烘乾，或是短時間的煎炸，來增添風味。

人們常把香料跟辛辣畫上等號，辣味食物所造成的口腔燒灼感是由黑胡椒、辣椒所造成的。胡椒的刺激性是來自揮發性油脂胡椒鹼（peperine）與樹脂（resin），兩者在一起會使口水與胃液分泌增加。辣椒的辣味則是來自辣椒素（capsaicin），這種鹼成分主要存在於辣椒莢內裡的薄膜（而非一般認定的辣椒籽）。整體而言，南印的料理比北印更辣，雖然說，巴基斯坦的食物也能辣到讓嘴巴燒起來。

牲畜

印度次大陸的原生動物包含：水牛（*Bubalus bubalis*），約在公元前四千年被馴化；瘤牛（zebu，學名 *Bos indicus*，又稱肩峰牛、婆羅門牛、印度牛）；雞（*Gallus gallus*），不過人們一開始養雞可能不是為了食物，

而是為了鬥雞；綿羊、山羊來自阿富汗與中亞，到了公元前三世紀時已在印度飼育。由於動物會啃食自然植被，牲畜對不適合耕作、生產乳製品的偏遠地區的經濟而言有許多用處。基因數據顯示豬是幾千年前從印度野豬馴化而來。

另一種常見的牛是黃牛（*B. taurus*，又稱家牛、歐洲牛），來自肥沃月灣，後來被印度－雅利安人帶到印度後，跟當地的牛交配育種。咸認黃牛與瘤牛有一樣的祖先：原牛（*B. primigenius*），也就是最後一次冰河期末期活躍於歐亞大陸的野牛。

印度曾經擁有龐大的森林資源與狩獵的野味，包含野豬、鵪鶉、鷓鴣、野兔，以及眾多品種的鹿，包含牛羚（antelope）、斑鹿、藍牛羚（*nilgai*），不過如今大多已消失無蹤。

長胡椒辛辣，有接近泥土的味道，曾是人們最常使用的辛辣椒類，不過後來多半被黑胡椒、辣椒取代。今天主要使用於阿育吠陀的藥物之中。

印度河流域的公牛印鑑封泥，約為公元前二四五○至二二○○年。

種族

　　跟印度的動植物一樣，我們也很難劃分印度人是原住民還是外來民族，更何況已是遙遠的歷史。歷史學家塔帕爾（Romila Thapar）曾寫道：

　　「是誰先到這裡」這種遊戲，在歷史上是行不通的，不管人們講的是雅利安人、達羅毗荼人（Dravidians）、南亞人（Austro - Asiatics）還是任何種族都一樣。聲稱這些民族身分古老、具有悠遠的歷史，立論薄弱，也缺乏證據能加以論證。想要得到穩當、肯定的答案，根本不可能。[11]

　　如今，我們已有基因上的證據，說明印度次大陸最早居民從何而來。他們約在公元前七萬到五萬年前之間，從非洲沿著阿拉伯海移居此地。南印考古遺址賈窪拉普蘭（Jawalapuram）約有七萬四千年歷史，其中發現的

工具，與非洲同時期的工具相符。古時人們從這裡再移居到亞洲各地、印尼、澳洲與歐洲。DNA 測驗發現，南印某些族群跟澳洲原住民有所關聯（不過印度人身上沒有澳洲原住民帶有古老的丹尼索瓦人〔Denisovan〕的DNA）。[12] 古印度人的後代有時被稱為文荼人（Munda），這也是一種南亞語言，且跟越南、柬埔寨兩國所使用的語言有關。

最初的印度人以採集漁獵為生，食用水果、堅果、瓜類，以及許多動物的肉。約在公元前一萬年時，他們開始定居，住在石製居所，或是不遠處，這時他們也開始馴化狗、牛、綿羊、山羊。大型動物可作為交通工具或協助拖曳重物，小型動物則作為食物。他們種植小麥、大麥、小米，以及青豆、鷹嘴豆、綠豆與芥末。拉賈斯坦北方出土的遺跡顯示，早在公元前八千年時，人們就會伐林清出空地以進行耕作。一開始人們使用石器來研磨野生穀物、植物，後來木犁取代了石造工具。

一九七四年，俾路支斯坦位於卡契平原（Kachi Plain）的梅爾嘎赫村（Mehrgarh）所出土的考古證據，讓我們能更了解遠古印度人。這裡的遠古居民住在泥磚房子裡，他們用當地挖到的銅礦來製作工具，也製作無釉赤陶器品、印鑑封泥，提籃類容器以瀝青墊底。他們種植原始形式的大麥、小麥，最早可追溯至公元前六五〇〇年，其後一千年，也發展出產量更高的小麥、大麥，並種植棗、葡萄、紅扁豆、普通豌豆（field pea）、亞麻仁、椰棗，牧養馴化的野綿羊與山羊，還有牛。他們主要的煮食燃料是杜松子木。俾路支斯坦東部會在夏季種植稻米，這或許是代表當時的人們與東方地區有所交流。

公元前二五〇〇年時，人們離開了梅爾嘎赫村，原因不詳，到了公元前二〇〇〇年，該處已是一片荒蕪。有一說認為，當時的居民遷移至印度河流域，土地更肥沃。如今梅爾嘎赫村被視為印度河古文明的前身。

印度南方的哥達瓦里河、克利什納河、卡弗里河與其他河流，都有聚落，最早可追溯至公元前三千年。他們的語言是達羅毗荼語，這個語言跟世界上任何語系都沒有關聯。今天的南印、中印約有二十多種達羅毗荼語系的語言，巴基斯坦、阿富汗地區則有少數人講布拉灰語[5]（Brahui）。[13]到了公元前兩千年，使用達羅毗荼語系的民族已分散到各地，包含今天的馬哈拉什特拉（Maharashtra）、安德拉普拉德什、喀拉拉、坦米爾納杜。

這些遠古居民的語言稱為原始達羅毗荼語，學者們重新建構此語，並

5　布拉灰語的文法結構承襲達羅毗荼語，該族群所居位置距離使用同語系的其他民族十分遙遠。

以此對照考古遺址發現的植物、工具、人造物，於是我們對當時的人如何生活、耕作、飲食，有了一些概念。[14] 新石器時代時（公元前二八〇〇至前一二〇〇年），人們的主食為兩種豆類、兩種小米。穀物會磨製成粉，再與豆類磨成的粉混合，來製作食物，這些食物可能是典型南印食物的祖先：蒸米豆糕「伊迪立」（idli）、黃豆炸餅「瓦戴」（vadai）、米漿薄餅「度沙」（dosa）。[15] 出土的大型碗、鍋具，顯示當時會煮麵粉為基底的粥糊類食物，且是社群一同用餐。

在公元前兩千年時，人們開始利用來自西北方的一些新作物（小麥、大麥、稻米）。新的食具包含有洞的碗，有些碗緣還帶有尖嘴，人類學家猜想可能是用來蒸食、瀝水盆、擠出在牛奶裡煮熟的高粱麵糊，或是過濾優格。後來出現了瓷盤，可能顯示人們吃的食物包含麵餅或飯，並在上面淋上其他菜餚。

哈拉帕文明（Harappan），或稱印度河流域古文明
公元前三〇〇〇至前一五〇〇年

哈拉帕文明又稱印度河流域古文明，是與美索不達米亞、古埃及並列的舊大陸古文明搖籃，也是考古學發展中最引人入勝的故事之一。一九二〇年代，英國考古學家惠勒准將（Sir Mortimer Wheeler）開始挖掘這座古老大城遺跡的局部，地點位於今日巴基斯坦信德地區（Sindh）。陸續出土的考古勘鑿，發現這座古老文明弘大且複雜，其市民知道如何書寫，並且明白都市設計、冶煉、建築、排水等工藝技術。

印度河流域古文明位於巴基斯坦的俾路支斯坦、信德、旁遮普，以及印度的旁遮普、哈里亞納、拉賈斯坦、古吉拉特、烏塔普拉德什，直到幾乎是新德里城郊地區，在巔峰時期，古文明所占的面積超過一百萬平方公里。考古學家發現了超過一千五百個村落、小型城市，以及五座大型城市。其中最知名的是文明南部的摩亨佐達羅（Mohenjo Daro），面積超過兩百公頃，擁有四萬居民。另一座大城為北方的哈拉帕（一五〇公頃）。這些城市最繁榮的時期是公元前二五〇〇至前一六〇〇年之間。

今天這片土地大多覆蓋於沙漠之下，古時卻曾是沃土，遍布森林，能夠產出供過於求的小麥、大麥，且有足夠的科技力來發展都市文明。拉賈斯坦的卡里班甘（Kalibangan）有處耕地最早可追溯到公元前二八〇〇年。田地有格狀的壟溝，東西向的溝彼此相隔約三十公分，南北向的相隔一九

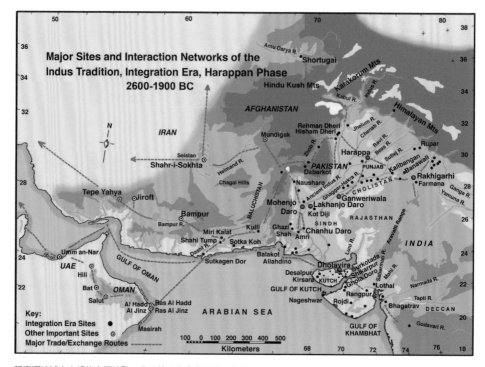

印度河流域古文明的主要地點，公元前二六〇〇至前一九〇〇年。

〇公分。這樣的設計可以在同一塊地上種植兩種作物（比如芥末與鷹嘴豆），這個區域到如今依然可以看到這樣的耕作方式。

　　印度河流域古文明是富裕的商業社會，商人透過海陸、陸路，與中亞、美索不達米亞、阿拉伯半島往來貿易。當時印度河古文明的科技已經能建造海船，這曾在美索不達米亞的阿卡德人（Akkadian）文獻中提到。阿曼、伊拉克地區可以看到印度河古文明的封泥印鑑。商人出口大麥、棉花、棉製品、芝麻、亞麻仁籽油、羊毛、鐵、寶石、阿富汗地區產出的天青石（lapis lazuli）、銅與金。有些商人會住在美索不達米亞城市中的特別區域，所以兩文明之間應該有飲食文化交流。

　　印度河古文明所發現的工藝品包含瓷器、石器、銅器、青銅塑像與珠寶飾品，尤其從手鐲的典雅設計可以看出高階的精緻文化。陶土印鑑、陶器上刻有大象、老虎、印度瘤牛，還有一位頭上有角的印度神祇，呈瑜伽坐姿，有些人將這位神祇解讀為印度教濕婆神的原型。已挖出的遺址呈現

印度河流域古文明的烹飪鍋具，公元前三三〇〇至前二八〇〇年。

　　的都市中心經過精心設計，格狀排列的街道、磚造屋、水道與汙水排放系統，還有磚造糧倉，內部有架高的平台，且地面有通風設計。摩亨佐達羅的主要街道上挖出的一棟建築中，有五個錐狀坑，以及可擺放大型瓶罐的地方，這裡以前可能是對外開放的餐廳。摩亨佐達羅的中心建築是大型水池，稱為大浴池，以前可能用於儀式性沐浴——印度後來的文明也有注重個人清潔的特徵。極少證據顯示居民經歷軍事衝突、戰爭，也不見獨攬大權的統治者宮殿，跟古埃及、中東文明遺跡有所不同。有些學者的理論是，這些印度城市是由握有權力的菁英階級所治理，比如地主、商人、專門負責祭儀的人。

　　沒有人能肯定這些遠古城市居民是從何而來，也不確定他們的語言為何。他們的文字尚未破譯，不過有理論認為他們講某種達羅毗荼語。

　　古文明沿著河流擴張，河流則藉著喜馬拉雅山的融雪維持流量，流向阿拉伯海，靠近今天的喀拉蚩（Karachi，位於巴基斯坦）。季風來臨時河

流暴漲，留下豐富肥沃的沖積土。印度河的支流連結其他沿海或內陸城鎮與地區，人們透過河運能取得銅、半寶石、礦物、木材等資源。主要的河流之一是印度河，另一條則是薩拉斯瓦蒂河（Saraswati），這條河在許多梵語古詩歌中出現過（也是印度教一位女神的名字）。薩拉斯瓦蒂河約在公元前兩千年消失，讓人們以為這條河只是神話傳說，或是一條地下河。現代科學家試圖以衛星攝像搭配其他技術，不斷尋找其可能的地點。[16]

當時的農業活動包含犁田、挖壟溝、建造渠道水壩、灌溉系統。主要的作物有小麥、大麥，秋季播種，春季、初夏收穫。考古學者發現的作物遺跡有西亞冬季作物、南亞夏季作物，包含小米、小麥、大麥、黑扁豆、綠扁豆、青豆、鷹嘴豆、小鬣豆、芝麻、甜瓜、小黃瓜、芒果。

麵餅是印度河流域的主食。美索不達米亞的古泥板上所記載的麵餅超過兩百多樣，所以我們可以猜測印度古文明食用的麵餅種類數量應該也是差不多。公元前一六〇〇年左右的美索不達米亞食譜之中，記錄了一種餅的作法，以水與麵粉揉成無酵麵團，擀開成片後，貼在陶製烤爐熾熱的表面上，這種烤爐叫做提努爐（tinuru），壺底開口方便添加燃料、使空氣流通，就像今天的印度烤窯坦都爐（tandoor）。若要製作發酵餅，需要在麵糊裡加入一點啤酒或是剩下的酸味湯，再把麵糊揉成條狀，放進壺狀容器中，置於提努爐底部烤熟。[17]最基本的煮肉方式是直接在火上炙烤，可能是將肉塊掛起或串起來烤。這種方法是中東式串燒烤肉（kebab）的前身；事實上也有理論認為，該詞的詞源來自阿卡德語表達「使燃燒、使焦黑」的字根。

法瑪納遺跡位於新德里六十公里遠，採集殘留在鍋具、人齒、牛齒（當時跟現在一樣，會餵牛吃剩飯）上的物質，透過檢驗分析，證實在公元前二五〇〇至前二〇〇〇年之間，印度河古文明的飲食含有薑黃、薑、大蒜等調味料——這些正是擁有四千年歷史的北印咖哩中的食材。（本書中，「咖哩」一詞指的是任一種肉、魚、蔬菜的燉菜，搭配飯、餅或其他澱粉類食用。[18]）哈拉帕的遺跡中有塊燒黑的芝麻籽團，一旁還有小麥、豌豆。有三處相距極遠的遺址都發現了香蕉。另外，長久以來，米飯被認為是後期才進入印度傳統飲食，卻有考古證據顯示，至少有一個村落在公元前三千年時是以米飯作為主要穀物。[19]當時的其他食物還有烤大麥、煮扁豆、鷹嘴豆粉、烤茄子等。平民的飲食內容可能只是簡單的小麥或大麥配上扁豆、一些蔬菜，偶爾會有一點肉食或魚，就跟今天的印度人一樣。[20]

印度河古文明的人們還不知道甘蔗，主要的甜味食材是蜂蜜、椰棗、

椰糖，還有甜味水果如棗子、海南蒲桃、芒果。高地的人們可以吃到番石榴、葡萄、蘋果、李、杏、開心果、核桃、扁桃仁、松子，東部地區則種植椰子、香蕉、波羅蜜、柑橘。人們可以取得海鹽、岩鹽。烹飪油則是來自奶油、芥末、芝麻籽，可能也使用棉花籽、亞麻仁籽。

　　印度河流域除了定居型態的農耕社會，也有移居的遊牧族群，遷徙時帶著畜養的水牛。當時的人也培育出適合犁田、拉牛車、運貨物的品種牛。水牛是牛奶的重要來源。（直到今天，哈拉帕附近的沙希瓦〔Sahiwal〕地區依然以草飼牛、高品質牛奶聞名。[21]）水牛乳比一般牛乳的脂肪含量更高，適合製作印度酥油[6]（ghee）、澄清奶油與優格。人們也牧養山羊、綿羊群，作為肉類、乳製品來源，且利用羊毛。

　　印度河古文明的人們也吃野味，包含鹿、野豬，許多遺址都發現了野豬骨頭，不過當時豬可能還沒有馴化。此外並沒有發現乳牛。

　　由於文明沿著河流、海岸線發展，魚與海鮮成為飲食中的重要元素。魚是印度古文明印鑑上最常見的符號，遺址中也發現了大量的貝殼、魚骨（包含淡水與鹹水鯰魚、鯉魚、鰻魚、鯡魚）。人們通常會製作魚乾，最遠可以賣到美索不達米亞。

　　人們一度認為印度河流域古文明是在北方印歐遊牧民族入侵後突然消失、城市毀滅殆盡，如今這個理論已被推翻了，學者現在相信，古文明是在幾百年間緩慢崩解（可能是在公元前一九〇〇至前一三〇〇年間），而當時的居民分散到各地，前往東、北部區域的地理疆界，形成新的政治體。崩解的可能原因有土壤沙漠化、自然災害如地震或洪水、河水淤積，或者上述各種原因的總和。

　　另一種理論認為是氾濫的洪水遭致文明毀滅（或許類似二〇一〇年的巴基斯坦洪災，印度河流域發生洪災，重創巴基斯坦），河道改變後，摧毀了古印度城市的農業基礎建設，居民被迫發展新的農業策略，或是遷移到更穩定的區域生活。稻米、小米、高粱等夏季作物也因此擴展到其他地區，進入雅木納－恆河－多阿布（Doab）地區與加爾各答。

　　印度古文明的城市衰弱之際，遷居的難民可能進入其他的群體中，建立小型城邦，或在阿富汗、中亞、恆河、雅木納河系統鞏固首領地位。在公元前一千年時，這些新的政治體塑造了第二次大型都市古文明。在兩個

---

6 製作印度酥油時，先將奶油小火加熱，直到奶油呈現水分、蛋白質分離的狀態後，繼續小火熬煮，直到有焦香即完工。印度酥油是一種純油脂，發煙點高且不易變質。

都市型古文明之間，並沒有明顯的斷裂或終止時間，而是逐漸從前者轉換成後者，兩個古文明之間的連續性，除了環境相似，還可以從人們的生存方式、所使用的原料、符號等看出端倪。研究印度河流域古文明的知名考古學者凱諾爾（Jonathan Mark Kenoyer）曾寫道：

　　即使到了今天，巴基斯坦與印度的現代城市、村鎮之中，我們還是可以看見印度古文明城市的遺產，反映在傳統藝術、工藝，還有房屋與聚落空間規劃之中（作者按：我們可以在這個清單上加入飲食習俗）。這些過去的遺緒並不表示文化發展停滯，而是凸顯出印度人民所選擇的最佳生活方式。[22]

第二章
儀式的年代

公元前一七〇〇至前一一〇〇年

印度雅利安人

　　公元前兩千年時，印度雅利安人（Indo-Aryans）出現了，隨之而來的文化，是印度社會最與眾不同的特點：種姓制度、對牛的崇敬、牛奶與乳製品成為飲食習俗與儀式的重心。

　　印度雅利安人說的語言屬於印歐語系，該語系包含梵語、希臘語、拉丁語、西台語（安納托利亞地區曾經通行的語言），以及大多數的現代歐洲語言、現代北印度多數語言。有些學者認為這個語系起源於公元前四到五千年，在東歐大草原（Pontic Caspian steppe）一帶——這是一片廣袤的草原，從黑海北方向東延伸至裏海，至哈薩克西部、烏克蘭東部、俄羅斯南部。[1] 另一個理論認為原始印歐語系起源在農業發展之前，自安納托利亞地區，隨著新石器時代的移民散播至歐洲各地、東歐大草原一帶，始於公元前八世紀。

　　印度雅利安人是半遊牧社會，以親族關係為主，由小型群體組成，牧羊與牛群，也從事定居農耕、穀物耕種。他們馴化了馬，使用有輪的馬車。他們不斷尋覓可耕地與更好的草場，足跡從小亞細亞、安納托利亞擴散至中東、亞美尼亞、歐洲、伊朗、阿富汗，最後在公元前一七〇〇到前一三〇〇年間來到南亞次大陸。以往的理論認為印度雅利安人「入侵」印度，現已被推翻。現在認為，小型印度雅利安群體從隘口輾轉進入次大陸，積少成多，過程超過好幾個世紀。他們最早定居在旁遮普，靠近今天的印度、巴基斯坦邊境。當他們往東移動時，跟原本的居民達薩人[7]（梵語為「dasas」）戰鬥，且征服了後者。沒有人能確定達薩人從何而來，他們可能是文荼人、達羅毗荼人、印度河古文明遺民或是更早抵達次大陸的印歐移民。從語言學看來，這些早期的居民已經是農民，因為梵語中的犁田

---

7 達薩人是「不可觸民」、賤民，比最低階的種姓階級還不如，專事沒有人做的骯髒事務，替城市上層階級處理穢物、鞣製皮革、埋葬死屍。

「langala」一詞，並不是從印歐語系來的。

印度雅利安菁英的主要職業是獲取、牧養牛群，他們的財富以牛群數量來計算，動詞「征戰」（gavishthi）意思是「找尋牛隻」，這表示武力衝突來自掠奪牛群。即使到了今天，人們使用的「族」（gotra）這個字，意思就是「牛棚」。

雖然我們知道印度雅利安人是誰、從何而來，但我們對於他們的物質文化卻所知甚少，低於我們對印度河流域古文明的了解，因為印度雅利安人的住所、聚落的建材是木料與其他自然資源，所以並沒有留下痕跡。不過，我們可以藉由龐大的文獻紀錄，一窺當時的飲食習慣與生活方式，這些就是吠陀文學（Vedas，梵語意為「知識」）。吠陀約在公元前兩千年左右創作於印度西北部，幾百年來人們憑著記憶與口述來傳遞內容，最後終於在公元後一千年時被書寫記錄下來。直到今天，印度教徒依然視之為印度最神聖的經典，地位崇高。雖然只有少數人讀過全文，但重要的印度教儀典上，總會朗誦吠陀經文，是世界上尚在使用的宗教經典中，最古老的一部。十九世紀中出現的英語翻譯本，在西方知識階級中掀起軒然大波，包含作家亨利・盧梭（Henry David Thoreau）、哲學家威廉・詹姆斯（William James）與亞瑟・叔本華（Arthur Schopenhauer），後者曾說吠陀思想為自己的哲學系統鋪了路。

最古老的經文是《梨俱吠陀》創作於公元前一七〇〇至前一一〇〇年之間，收錄給神祇的詩歌、讚歌，祈求生命與昌盛的聖詠、禱詞、咒文，還有哲學思考。[2]《梨俱吠陀》共有一〇二八首詩、詩歌，分成十卷（mandala）。雖然這本經典從創作到記錄成文的時間橫跨數世紀，學者卻相信作品應該十分接近原本的樣貌，因為父子、師生代代口耳相傳的過程中，人們自然衍生出幫助記誦的技巧。

在經文中，神祇是大自然的各種力量，這點跟希臘羅馬的古典神話互相輝映。因陀羅（Indra）是吠陀眾神中的主神，掌管天空、天界，地位等同於希臘的宙斯、羅馬的朱比特。阿耆尼（Agni）是火神，梵倫那（Varuna）是雷神，樓陀羅（Rudra，也譯為魯特羅）是閃電神，梵由（Vayu）是風神，蘇利耶（Surya）則是太陽神。次一級的神包含毗濕奴，不過幾個世紀後，毗濕奴會成為印度教三大神祇之一。

生命與自然充滿不確定因素，人們可以藉由儀式來討好神祇、獲得神明的幫助，梵語的儀式為「雅納」（yajna），意思也包含崇拜、祈禱、供奉、讚美、奉獻或犧牲。信奉吠陀的印度人不會建立寺廟，而是在家進行雅

納，每個家庭都設有神龕，否則就會在火堆旁進行儀式。信徒認為火是最純粹的元素。今天的印度教儀典中，火依然占有重要地位，比如，婚禮上，新人需要繞火行走七次。人們認為眾神透過火神阿耆那來享用獻祭，火神是眾神的祭司，也是祭司的神，阿耆那最愛的食物之一是印度酥油，《梨俱吠陀》中許多詩歌都頌揚印度酥油，視為神聖之物：

酥油頌

它流淌於火上，微微笑著，
像是將要赴宴的美麗女子們。
奶油的熱氣撫慰著燃木，
而加塔維達（作者按：Jatavedas，意義不明）享用之，
觀見之。

我渴切地觀看它，它像是女孩們
為了婚禮而妝點自己
在那榨取娑麻漿液之處，那獻祭供奉之所，
奶油的熱氣流淌淨化（四・58）

　　只有祭司能決定儀式的內容與進行方式，他們叫做「婆羅僧」（brahmin），負擔祭禮與儀式支出的信徒稱為「耶迦摩奴」（yajamana）。雅納共有三種：在家中爐灶上供奉的熟食、公共獻祭、娑麻儀式。獻祭需要宰殺牲畜以向神獻上肉品，儀式結束後祭拜者可以跟賓客分食，再分給實行祭祀的人。[3]（古希臘羅馬、波斯也有類似的祭典。）人們會用大鍋煮肉，或是放進坵喇爐（chula）來烤，這是一種 U 形泥爐，設有添柴的爐口，今天人們依然會使用這種火爐。牲禮會使用山羊、綿羊、牛、閹公牛、馬、不孕的母牛。有些牲禮非常血腥，吠陀時期最重要的牲禮是馬牲禮，需要宰殺超過六百隻動物與鳥。
　　吠陀時期的經濟仰賴牛，牛也享有崇高的地位，不過根據文獻，獻祭也會使用牛。有些學者認為這些文獻是誤譯造成的，他們認為古印度人並不吃牛。[4] 這個議題在今天的印度社會依然有諸多爭議。
　　隨時間過去，我們將會看到，人們對於牲禮有了不同的反應，戒律「毋害」（ahimsa）就反映了這種心情，意思是「不傷」。有些學者認定吠陀經典中也有這種趨勢，按照經上的意思，任何被宰殺的動物，並不是被殺

廚師（梵語「Bawarchi」）以坏喇爐準備食物，瓦拉納西，約一八五〇年。

研磨香料的傳統石磨。

了，而是「安靜了」，也有參與屠宰的人不願繼續──「以免我們成為見證人」。有時，人們會用麵粉（梵語「pista」）捏成動物的形體，取代宰殺。後來的古籍中，出現的看法越來越游移不定，詳見第五章。

　　牲禮儀式需要許多特殊的器具，包含榨漿、過濾娑麻飲料的器具（詳見下文）、加熱牛奶及酥油的大型陶鍋、研磨石磨、煮肉鍋、炙燒用陶爐、烤臟器用的木製長籤、烤餅的碎陶片，汲取牛奶或油或水的長勺、葉片編成的杯盤。[5]

娑麻

　　許多儀式會使用具有迷醉效果，甚至致幻的物質，稱為娑麻，祭祀因陀羅的儀式尤其如此。娑麻（赫胥黎《美麗新世界》曾借用這個字來稱呼小說中的藥）可以用來稱呼三種東西：一種植物、該植物製作出的飲料、一位神祇。娑麻究竟為何，是飲食史未解的大謎團之一。《梨俱吠陀》提到娑麻不下數百次，甚至有一整章以一百一十四首詩歌的篇幅，都用來談論娑麻。人們在儀式中，將娑麻獻給眾神，祭司與信徒同飲之，喝了會充滿

自信、勇氣、信心，甚至有永生的感覺。看起來，喝下娑麻的體驗，同時包含興奮與致幻效果：

　　就像狂躁的風，這杯中物將我捲起，像是迅捷的馬拉著戰車奔馳……我的翅膀之一在天空之中；另一個在我之下。我巨大無比！巨大無比！向雲端飛去。我不是飲了娑麻嗎？（十‧119）

　　我們飲了那娑麻；我們成為不朽之身；我們入了光明；我們找到眾神……我所飲下的榮耀之水，使我自由、狂放無羈。（九‧48）

　　根據經文描述，這種植物是黃色的，莖稈長，在山間生長，只有女子才能摘採，以兩塊石頭敲打，或用石磨將莖稈中的汁液榨出，再以羊毛過濾汁液，倒進罐子或木管中儲藏。飲料呈棕色或茶色，飲用時會加入牛奶或優格調和。從多處文獻記載中可知，後來娑麻變得越來越難取得——有的禱詞甚至為了使用這飲料而向神表示歉意——現存的文獻中，約在公元前八百年以後，就不再有提及娑麻的敘述了。有人認為，娑麻改變意識的效力之強，讓人需要替代品，印度才發展出其他方式以進入特殊精神狀態，比如瑜伽、呼吸法、齋戒、冥想。[6]

　　有些作家認為娑麻是一種無葉藤，叫做娑麻拉塔（somalata），意思是娑麻的葉或枝條（學名：*Sarcostemma acidum*），這在阿育吠陀中是興奮劑，用來幫助支氣管擴張。娑麻的真面目也可能是麻黃（*Ephedra sinica*），十九世紀末，伊朗祆教儀式舞蹈中會使用該植物，植物中含有生物鹼之一的麻黃素，能刺激中樞神經，類似安非他命但沒有致幻效果。娑麻也可能是大麻（*Cannabis sativa*），雖然可能性較小，大麻原生於中亞，今天生長於印度全境。雌性大麻植株的花與葉可以用來製作飲料「傍」（bhang），今天的印度人會加上牛奶調和，在春天的灑紅節（Holi）時飲用。還有另一個可能是毒蠅蕈（*Amanita muscaria*），這種菇能使人產生幻覺，西伯利亞的薩滿巫師會在儀式中食用這種蕈菇。[7] 總之娑麻的真面目，至今尚未有定論。

　　當時另有一種流行飲品，叫做「蘇拉」（sura），能讓人有醉意，以米或大麥發酵製成。後來的文獻有不少關於蘇拉的記載。不過跟娑麻的地位不同，編纂吠陀的祭司們認定飲用蘇拉是不好的行為，他們將飲酒列入七大罪中，與憤怒、賭博同等。

除了娑麻之外，《梨俱吠陀》中第二常被提到的是牛，有超過七百處經文中提到牛，也是三首頌詩的主題。文獻記載中，偶爾會為了祭祖（虛拉達儀式）、招待地位非凡的賓客而宰牛。但與此同時，牛也受尊崇，被視為宇宙的象徵、萬有之母、生命與滋養的源頭：

> 牛即天，牛即地，牛即毗濕奴，
> 生命之主
> 神祇與凡人的生命與存在都仰賴
> 那牛
> 她已成為這宇宙，凡太陽所探看之處皆為她。（十‧10）

這般近宗教的態度讓牛開始有了特殊地位，後來演變成對牛的崇敬，人們不再宰殺牛隻作為牲禮，甚至進一步禁止食用牛肉。牛所產出的食品——牛奶、印度酥油、優格——成為宗教儀式的一環，因為這些食物是純潔的，可以獻給神明。從十九世紀之後，護牛成為印度教身分認同的一部分，今日許多邦省依然禁止宰牛。

吠陀文學中的印度人所吃的食物

《梨俱吠陀》第一八七首頌詩談論食物，雖然有些隱晦，卻饒富興味。誦詩的開頭與結尾都是詩人的讚美，歌詠食物提供神與人必要的支持，且將來自八方的水果果汁拿來跟賜與生命的雨水比較。雨水以植物與動物的形體依次造出食物，並在獻祭中回歸諸天。詩中第八節提到的水與植物，到了第九節變成了牛奶、穀物摻娑麻，且詩句祈求它「成為那油脂」，油當然是人們眼中最上等的食物。

印度河流域的人雖然種植且食用小麥，但《梨俱吠陀》並未提及。大麥是主要的糧食，人們用磨杵或石頭將大麥磨碎，再經過篩子濾出大麥麵粉，然後揉成麵團。許多經文提到「阿普粑」（apupa），這是一種大麥製成的蛋糕，或者淋上蜂蜜，以小火在印度酥油裡炸香。阿奇亞教授懷疑這是南方印度麵點阿帕姆（appam）的前身，後者是以米麵粉發酵製成，也是孟加拉甜點馬爾帕（malpua，也作 malpoa）前身，這是一種裹上糖漿的煎餅。[9] 當時的人已經會種植甘蔗，顯然也會嚼甘蔗來吃，但還沒有發展出將甘蔗汁變成糖的技術。

　　採收的大麥籽會在火中烤乾，跟娑麻一起食用，或是以印度酥油油炸，或是碾碎再加上優格、酥油、娑麻、水或牛奶做成粥。人們也會將大麥籽研磨成粉，稱為沙克突（saktu），這是沙突（sattu）或查突（chattu）的前身，也是今天印度東部的窮人常吃的食物。印度河流域的人雖然知道米飯（梵語稱為「vrihi」），不過並沒有出現在吠陀文學中（棉花也沒有出現，棉花也是印度河流域的作物）。

《梨俱吠陀》頌詩一八七（食）

而我要頌讚食物，那給予一切偉大的添加支持與力量的……
啊，美好的食物，裏蜜的食物，我們選擇你：為了我們成為幫助者吧。
靠近我們，食物啊——予我以你仁慈的幫助
你就是歡愉，不受鄙視，仁慈無欺的夥伴。
你的果汁，就是食物，四散各地，像風一樣比鄰天堂
你從這些果汁而來，喔，食物啊，他們也是你的一部分，最甜美的食物
那些接收了你甜美汁液的，引頸企盼如那頸項壯碩的〔公牛〕
偉大的神明們，心思意念都在乎你，食物
你一發號施令，就有行動；有你的助力，他擊碎那蛇。
當清晨之光自那山間而來，喔，食物啊，
你也應該來到我們之間，甜如蜜之食物，正合我們的分量。
當我們吃下一整份山林之物
你呀，風的朋友，成為那脂油吧。
當我們得到一份你，以調和牛奶、混合穀物，喔，娑麻，
你呀，風的朋友，成為那脂油吧。
成為那粥糜吧，喔，植物啊，脂油啊，熱騰騰的腎脂塊啊，
你呀，風的朋友，成為那脂油吧。
我們的話語讓你甜美，食物呀，就像牛奶對供品所做的一樣
你是眾神饗宴的夥伴，你是我們饗宴的夥伴。[8]

沙突是道簡單的料理，以熟鷹嘴豆粉佐洋蔥、辣椒，是比哈（Bihar）貧民常吃的食物。

　　水牛、牛的奶與奶製品是印度吠陀文學中的重要飲食元素，也持續在此後的印度文明占有重要地位。牛奶可以生飲或煮滾，也可以跟烤過的大麥碎一起煮成粥，稱為偶但那（odana）。由於牛奶放置於炎熱的氣候之中，很快就會發酵或凝結，所以人們會將其製成優格，為了更快製作出優格，會將牛奶加熱，或添加催化劑，催化劑可能是更多優格，也可能是某些樹皮或水果。人們會單吃優格，也會拌點蜂蜜增加風味，或跟大麥混合（這道菜叫做「喀藍哈」（karambha），類似今天的凝乳飯[8]），或拌入新鮮牛奶。

　　南亞普遍食用牛奶，這一點跟東南亞、中國不同，其他亞洲地區不常食用牛奶或乳製品。差異處不只反映在區域農業經濟活動中，也反映在身體上，其他亞洲地區人民普遍有乳糖不耐的問題（成人無法消化牛乳中所含的一種糖分，稱為乳糖）。估計約有九至十成的東亞人、七成的南印人有乳糖不耐症，不過北印度人中卻只有三成，而有北歐祖先血統的人僅有一至一成五。[10]不過，乳糖不耐的人可以食用以活菌叢製作的優格，而這

8　凝乳飯（curd rice）為酸奶跟飯混合製成的食物。

也是今日多數印度人食用牛奶的方式，南部、西部印度尤其如此。

　　以前跟現在的印度，製作奶油的方式是以優格進行攪乳（歐洲則是使用鮮奶製作奶油），製作過程中剩下的液體就是白脫牛奶（buttermilk）——這是印度偏鄉地區最受歡迎的飲品，人們有時會加入孜然或胡椒來調味。如果將奶油加熱至沸騰，蒸發其中所含之水分，牛乳中的固體物會沉澱到鍋底，而融化的液態奶油則呈半透明，即為印度酥油（澄清奶油[9]），過濾雜質之後的酥油可以存放六個月，甚至更久，這在炎熱的氣候中十分重要，酥油也是印度人心中最重要的佐料。

　　遠古印度人製作乳酪的過程，學者尚無定論，我們不確定他們是否加入催化劑使牛奶發酸，以分離乳中固體。吠陀文獻只有一處提及某種叫做「達宕瓦」（dadhanvat）的東西，有些譯本譯為乳酪，其他譯本稱為「豐富的凝乳」。不過，印度語中表示凝乳或製作手法簡易的農家乳酪（farmer's cheese）的「帕尼爾」（panir），是來自波斯，可能要再過好一段時間才會進入印度。

　　今天，許多印度教儀式使用牛奶、奶油、印度酥油，原因是只有熟食才能獻給神明，而人們認為牛奶本身已經在牛的肚子裡熟化了。其他相關的食品也被認為有純淨的本質與淨化的能力。淨化能力最高等的物品稱為「潘賈伽亞」（panchagavya），由五種來自牛的物質組成：牛奶、優格、酥油、牛尿、牛糞。

沙突

　　將水煮沸，加入鷹嘴豆並攪拌，煮二至三分鐘，瀝乾水分後蓋上鍋蓋爛幾小時。以棉布瀝乾，並持續加熱。取喀戴鍋（kadhai，一種像炒鍋的鐵鍋）加熱，加入沙子，以沙子來吸收鷹嘴豆的水分至乾燥，一次放一點點鷹嘴豆。取濾網，將鷹嘴豆從沙中濾出，再研磨成粉。

9　澄清奶油與印度酥油的差異在於蒸發水分、分離乳固體之後，持續加熱的時間，加熱至油水分離後即為澄清奶油，但印度酥油會另外在小火上沸騰較久的時間，成品顏色較深，也帶有微微的堅果香氣，氣味較香。

提皮尼（Til Pinni，芝麻球）

四〇公克黑糖粉（可以從印度雜貨專賣店購入）
四〇公克棕芝麻籽

以手工磨出黑糖粉。將芝麻以低溫乾烤，直到芝麻有裂開的跡象。趁熱將芝麻放入食物處理機，加上黑糖，開機攪打幾次，直到再也打不動為止，將芝麻糊從容器的邊緣中刮下，再攪打幾次。將芝麻糊移到大碗中，揉成小球狀（直徑約五公分）。完成後放置於密封容器中。

吠陀時代人們用的調味料包含芥末籽、薑黃、黑胡椒、長胡椒、苦橙、芝麻。收錄抗病咒語與藥方的《亞薩拉吠陀》（*Atharaveda*）中曾提到黑胡椒可以治療傷口感染。許多文本都有提到芝麻，食用或作為生命重要事件儀式的道具。印度教的虛拉達儀式中會以芝麻籽球（pinda）祭祖。芝麻籽、米、牛奶可以煮成粥，芝麻籽也可以搭配蔬菜烹煮，或者烘烤過再研磨製成脆薄餅。人們也會用畜力碾車製作芝麻油，芝麻油在南部、西部依然是常見的烹飪油。

《梨俱吠陀》中提到的蔬果類包含三種棗子，木敦果、椰棗、油干果、芒果、小黃瓜、蓮花根與莖、瓠瓜、苦瓜、菱角與其他水生植物。考古挖掘發現了動物骨頭殘片，曾受炙燒或切剁，包含綿羊、鹿、豬、魚、淡水龜、狗，以及野生動物如豹、藍牛羚。我們對於當時的烹飪技術所知較少，僅知道肉類會籤串燒烤，或許是炭烤，或者浸泡在液體中，以陶製烤箱煮熟。廚具材料有陶、木頭、石頭、金屬。有些學者推測以油作為烹煮媒介的技巧可能跟非雅利安人學的。

《梨俱吠陀》有句經文指出當時的人是坐在地上用餐。男人不跟妻子一起進餐，女人也不會在男性親戚面前進食。時人認為盛情待客乃基本美德，讓客人有飯吃就像獻祭給神一樣高尚，甚至像敬拜神明一樣。

種姓與階級浮現

　　一開始，吠陀時代的印度人只分為兩類：自己人稱為雅利安（arya，意為「尊貴」），其他被雅利安人征服的人稱為達薩（dasas，僕人或奴隸）。雅利安人內部以部落為組織單位，首長稱為拉雅（raya）。首長透過贊助祭典維持領導權，這項傳統將會持續好幾世紀。

　　不過，大約到了公元前一千年時，社會的階級區別變得明顯許多，且慢慢顯現出階級的雛形，也就是如今印度社會極具爭議性的特色之一。英語以「caste」一詞指稱種姓制度（詞源為葡萄牙語「casta」，意為「純粹」），並以這個詞來談兩種相關但不同的制度：瓦那（varna，梵語「顏色」）、伽提（jatia，「出身」），前者將社會粗分為四大類，或許能翻譯為「階級」，後者則將人以職業或宗族作嚴格的區別。[11]

　　最早提到將社會一分為四的文本是《梨俱吠陀》中的一首頌歌，種姓制度的起源因而有神話背書（十‧90）：

> 當眾神以人類作為給自己的祭品時……
> 當祂們將人劃分，成為幾部分呢？
> 怎麼稱呼祂的嘴、祂的臂、祂的腿、祂的腳？
> 婆羅門乃是祂的嘴，剎帝利乃祂的手臂，
> 祂的腿成為吠舍，腳則生出了首陀羅。

　　婆羅門是祭司，剎帝利是戰士、統治者，吠舍是透過畜牧、農耕、貿易而能提供財富的人。第四個分類，首陀羅則是工匠、從事各樣服務的人。後來多了一個階級，這群人從事沒有人願意做的工作，諸如鞣製皮革、收拾垃圾、埋葬死者。這些人可能曾經是達薩（奴隸）。今天印度官方稱這群人為「列表種姓」，不過他們習慣自稱「達麗特」（dalit，來自梵語用詞，意為受壓迫、被碾碎的、破碎的）。

　　種姓制度出現之後的幾百年，演變出許多複雜的分支，特別針對性行為與飲食這兩種人類基本活動設下許多禁忌，人們不可以跟種姓階級外的人通婚，不能接受其他種姓提供的食物，也不能一起吃東西，否則會遭到社會排擠、驅逐，嚴重甚至能致死。種姓身分後來連結了潔淨與汙穢的概念，婆羅門最為潔淨，達薩則最不潔淨。婆羅門如果跟達薩或非雅利安人同席吃飯，視為有罪。吠陀時代的祭司可以分享祭品中的水果（要等到後

來婆羅門才會茹素，不過這不包含喀什米爾、孟加拉地區）。要等到耆那教（Jainism）與佛教興起之後，茹素合乎道德倫常才成為社會共識，素食後來也成為印度教部分支派的核心概念，我們將會在接下來的章節更詳細地探討這個主題。

第三章
隱士傳統與茹素

公元前一〇〇〇至前三〇〇年

　　大約到了公元前一千年時，吠陀時代的印度人漸漸遷移到多阿布（Doab，意為「二水」）地區，位於恆河、雅穆納河之間，靠近今天的德里，再漸漸向東移動到如今的比哈邦，或向西到如今的加古拉特邦。這群人最早的政治體之一是「迦納桑哈」（gana–sangha，人民集合體），首領引導整個宗族，群體則提供協助。這些政治體有時被稱為原始共和，其成員可能隸屬單一宗族，或多宗族組成的聯邦，大多為剎帝利。兩大主要宗教支派就是出自迦納桑哈：耆那教與佛教，兩位創辦人都是宗族首領之子。

　　這個時期最強的政治實體是印度十六雄國（mahajanapadas），涵蓋範圍西北至阿富汗地區，東至比哈，南及文迪雅嶺。發掘鐵礦造就了這些強權，尤其是比哈一帶。自公元前八〇〇年起，當時的人們開始打造鐵器，包含武器、犁、鐵釘與其他器具。有了鐵斧之後，伐林清出空地變得相對容易，鐵耙、犁、犁刀也提升了農業生產量。人們打造出挖鑿工具，開鑿井、蓄水池、運河作為灌溉使用，這時也出現新的農耕方式，包含雙期作、輪作。

　　來自中國的稻作約在公元前三千年進入北印度，擴散至奧利薩、孟加拉，到了公元前三百年時進入安德拉普拉德什、坦米爾納杜一帶。雖然稻作是勞力密集的作物，產量卻很高，所以一年可達二種甚至三種。

　　多阿布地區的西部（今天的旁遮普、哈里亞納邦、拉賈斯坦、烏塔普拉德什的西部），人民主食是大麥，也有種植小麥的痕跡——可能是印度河流域文明的人們帶來的農耕習慣，因為我們發現有些地方的小麥品種跟該地區一樣——不過，當地飲食中，小麥相對而言沒那麼重要。考古挖掘已發現湖南稷子、珍珠粟、鷹嘴豆與其他豆類。榨油用種子包含芥末、芝麻、亞麻仁。人們會將種子放進大磨槽，由牛來拉磨，今天印度村莊的農民依舊使用這種器具。也有證據顯示當時的人會喝「傍」（大麻與牛奶一起煮沸的飲品）。

　　農業發展促進人口大幅增長、移民湧入新的地區，出現了很多新的城市、城鎮，不少位於河岸或海岸，歷史學家稱這段時期為「第二次都市化」（第一次是印度河古文明），其中最重要的是西孟加拉的占婆（Champa）、喀西（Kashi，現今的瓦拉納西）、烏塔普拉德什的秣菟羅（Mathur，古城名，也稱摩突羅，該城現譯為馬圖拉）與考夏姆比（Kaushambi），位於比哈的摩揭陀國（Magadha）首都，巴連弗邑（Pataliputra，古城名，也稱波吒釐、華氏城，今天的巴特那〔Patna〕），旁遮普的塔克西拉（Taxila）、西海岸的巴羅奇港（Bharuch）。城市裡的工匠製作的藝品包含織品、陶器、瓷器、玻璃器、金屬器、工具等等，提供本地社群使用之外，也作為商品出口。商人以本地的貨物換取阿富汗、波斯、中亞地區的馬匹、羊毛織品。除了城鎮的範圍，多數的人住在中型、小型的村落中。

　　到了公元前六世紀時，摩揭陀國已躍升成勢力最強大的王國，統治者頻毗娑羅王（Bimbisara，公元前五五八－前四九一年）打造了印度首支職業軍隊，並以此向東擴張帝國版圖。頻毗娑羅王可能是受到波斯第一帝國阿契美尼德王朝（Persian Achaemenid Empire）創立者居魯士大帝（Cyrus the Great，公元前五八○－前五二九年）啟發，居魯士征服了阿富汗部分地區、巴基斯坦、印度北部。兩百年之後，亞歷山大大帝（公元前三五六－前三二三年）在征服波斯之後，因為聽說印度富裕，而侵略印度。經過一番艱難的戰事之後，旁遮普國王波魯斯（Porus）戰敗。不過在公元前三二六年時，亞歷山大大帝的軍隊長年在外征戰，疲乏思鄉，迫使他撤軍印度；離開的另一個原因也可能是他收到了敵軍集結的情報。

　　亞歷山大大帝死後，他手下的將軍紛紛稱王，統治各自獨立的王國，其中有希臘化時期（或稱印度希臘時期）阿富汗地區的犍陀羅王國（Gandhara）。有些國王皈依佛教。這些地區則成就了繽紛的希臘－印度文化融合。犍陀羅貨幣、塑像兼容了希臘、印度藝術風格，舉例而言，把佛陀塑造成古典希臘神祇。婆羅門稱希臘人為亞凡納（yavana，意為愛奧尼亞人），後來這個詞的意思衍生成為「野蠻人」。

　　根據公元前一世紀希臘史學家普魯塔克的記載，亞歷山大大帝在印度時結識了一位叫「桑卓科塔斯」（Sandrocottus）的「小夥子」，這位很可能是旃陀羅笈多王（Chandragupta，公元前三四○－前二九八年），他建立的王朝也就是史上疆界首度橫跨印度國境的孔雀王朝（Maurya）。公元前三二一年時，旃陀羅笈多王年方二十，戰勝了短暫存在的難陀王朝（Nanda，公元前三四五－前三二一年），難陀王朝有時被稱為印度史上第

一個帝國，國土從孟加拉到旁遮普，南至文迪雅嶺。輔佐旃陀羅笈多王的喬那奇亞（Kautilya，又譯考底利耶，約公元前三七〇－二八三年）後來成為王的左右手，他有時也被稱作印度的馬基維利。旃陀羅笈多王趁著亞歷山大大帝後群雄割據的權力真空期，吸收了旁遮普、犍陀羅、阿富汗大部分地區，也向西擴張國土至古吉拉特，直達印度洋。到了公元前二九八年時，他決定遜位，到南方過著耆那教苦行僧的生活，繼承王位的兒子則是毘陀沙羅王（Bindusara，公元前三二〇－前二七二年），後者南征，收服了遠至卡納塔卡的地區。

　　孔雀王朝的統治者有許多希臘親友、鄰居，且關係良好。旃陀羅笈多王的妻子是希臘人，朝中也有希臘人作為外交官。不過，印度似乎不太受到希臘文化影響，反而深深受到波斯帝國影響，當時波斯帝國是世界上最強盛的帝國。一般認為旃陀羅笈多王的朝廷完全採用波斯式禮俗，而他也像波斯大帝一樣，避世而居，僅在宗教節慶場合露臉。

　　毘陀沙羅王之子，阿育王（Ashoka，公元前三〇四－前二三二年）在經過王位鬥爭之後繼位。公元前二六〇年時他打敗了羯陵伽國（Kalinga，今天的奧里薩〔Odisha〕），當時印度北部僅存的反抗勢力，慘烈的戰爭奪走了成千上萬人的性命。阿育王透過武力征服或結盟手段，不斷擴張帝國，直到公元前二五〇年，他的帝國涵蓋了次大陸全境，僅有最南端不在版圖中，整合了今天的巴基斯坦、喀什米爾、伊朗東南部、大部分的阿富汗，很可能還包含尼泊爾——國土約有一千三百萬平方公里，這是當時世上最大的帝國，也是印度史上最大的帝國，勝過後來的蒙兀兒帝國、大英帝國。在有條理的統治之下，數十年的承平時代讓農業、貿易、其他經濟活動蓬勃發展。到今天，阿育王依然被許多人認為是印度最偉大的君王，在他治理之下政務運作順暢，而他兼容並蓄的統治方式，受到人們尊崇。

印度社會的轉變：新思想浪潮

　　公元前八到前六世紀是世界文明偉大思想家的搖籃，希臘的畢達哥拉斯、恩培多克勒（Empedocles，哲學家）、赫拉克利特（Heraclitus，哲學家）與其他希臘哲學家、希伯來重要的先知、中國的孔子與老子、波斯的瑣羅亞斯德（Zoroaster，音譯為查拉圖斯特拉，祆教先知暨創辦人）。[1] 這時印度也慢慢醞釀出新的信仰、價值觀、習俗，且後來成為印度文化核心。傳統部落文化沒落、社會急遽轉變、都會區成長等背景因素促成了悲觀主

義，人們普遍感到焦慮、懷疑存在於塵世間的價值。有位學者曾寫道，當時的人「迫切地渴望逃離，超脫可怕的生死輪迴循環，超脫時間，不再是這條忽即逝而抱憾的存有」。[2] 也有人認為，這是因為農業發達、貿易蓬勃、中產階級興起所促成的富足與盈餘，能夠養活經濟上不事生產的人，包含哲學家、化緣托缽的宗教人士、隱士。

新興的思想收錄在哲學文集《奧義書》（*Upanishads*）之中，有時也被稱為「吠檀多」（Vedanta，意為吠陀的終點），成書時間約為公元前五〇〇年，書中有兩大概念：真我「阿特曼」（atman）以及宇宙「梵」（brahman）。生命的目標之一是獲得阿特曼的知識，且明白阿特曼與梵的關係，這個概念也就是梵語中的「汝即如是」（Tat tvamasi，進一步可解為「你就是宇宙」）。

書中為真我的概念提出不少解釋，包含呼吸（prana）與食物。食物、吞噬者、梵皆為一，也是一樣的：若缺一則不復存。吞噬者會成為另一吞噬者的食物，而後者又成為第三者的食物，直到萬有形成一巨大的食物鍊。食物是萬有的中心元素，永生的源頭，崇拜的對象。《奧義書》有篇狂喜的呼喊：

太棒了！太棒了！太棒了！
我是食物！我是食物！我是食物！
我是吞噬食物者！我是吞噬食物者！我是吞噬食物者！

書中另提到，真我必須面對永無止境的輪迴（samsara），從中衍生出業報，業（karma）意思是「行為」、「舉動」。我們的行為決定了我們未來會變成的模樣，要逃離循環，最好的方法是達到解脫（moksha），也就是化去一切業障。業報不是神所制定的準則，因為神不見於世，但業報存於現實法則中。

遁世而居（sannyasa）也是脫出塵世的方法：拋棄塵世身分而住在深林之中，這樣的場所稱阿施蘭（ashram，印度教修院）。遁世者也稱為苦行僧（sannyasi），有些會進行苦修，遵守齋戒、呼吸法，這是為了減輕業障。[4] 冥想、瑜伽也是從這個時期開始出現。「毋害」意為不傷、不害、不使用暴力，這個詞第一次出現在《奧義書》中，後來成為印度哲學、文化中最重要的概念，近代受其影響的人物有政治哲學家甘地、馬丁・路德・金恩，還有其他人物也倡導非暴力的政治行動。

毋害跟茹素的關聯有些複雜。雖然《奧義書》並未強調素食，遁世者

食之頌（截取自《鷓鴣氏奧義書》〔*Taitiriya Upanishad*〕）

諸生誠然生於食
無論居於世上的何種生物
而其誠然依靠食物而活
而其終歸於食物
實然，食物乃諸生之首；
因此為萬靈之藥
誠然，其祀梵如食者
得取諸食

諸生生於食
生而依食而長
食之，受食之
因此稱為食[3]

卻應該對眾生有惻隱之心，這是最應培養的美德。舉例而言，有經文提到，苦行僧採集食物時，不應摘取植物的任何部分，除非該部分已脫落；他應避免毀損種子，肉類只能來自已被野獸殺死的動物。[5]托缽苦行僧不可以從事生產，也不可儲存、甚至不可烹煮自己的食物，只能透過乞討取得飲食。林間的隱士只可吃野生、非耕種之物，這種習俗流傳到今天，成為印度教齋戒的一種方式：法拉哈（phalahar）。許多當今的風俗，根源確實來自非常古老的年代。同時，獻祭、其他儀式漸漸不再那麼重要，而婆羅門階級則因而承擔獻祭的工作。

　　修行生活吸引了許多年輕人，歷史學家塔帕爾甚至將這股風潮跟一九六〇年代相提並論。[6]有些苦行僧吸引了追隨者，這些小團體會發展成支派，壯大後成為修會或宗派，稱為僧伽（sangha）。信眾聚集到市郊的公園、森林中，聽領袖們佈道或辯論，有些聚落甚至會設有佈道廳，供這

類演說使用。最知名、有影響力的僧伽則是耆那教與佛教。

耆那教

　　笩馱摩那‧摩訶毘羅（Vardhamana Mahavira，生卒年可能為公元前五四〇－前四六八年，摩訶毘羅為尊稱，意為偉大的英雄，常簡稱大雄）常被當作是耆那教的創辦人，是位於比哈的小型王國的王子。耆那教的意思是「征服者（jina）的跟隨者」，摩訶毘羅之所以獲得「征服者」的稱號是由於強大的自制力。摩訶毘羅有過婚姻，也有孩子，但他為了尋求真理而離開了家庭。（當時人們並不認為他創立了新的宗教，而認為他是第二十四位征服得勝者，最新一任通曉萬物的得道導師，能教導人們如何得到解脫。）根據傳說，摩訶毘羅早期帶領十一位婆羅門皈依了耆那教，後來這群人成為這個僧伽的領袖。

　　當時與現在的耆那教都不接受吠陀或婆羅門的權威性。信徒認為人類存在的目標是將自己從羈絆和歧途中解脫，以達到通曉萬事的完美境界，最終得以脫離肉身；他們相信人們是受到業障所累而無法達到超脫。耆那教認為業不是精神上或看不見的物質，而是物理物質，一種極細微的物質，會依照因果報應依隨人的靈魂。當人們說了或做了錯事，業的粒子就會跟著人，比如說謊、偷竊、殺生。這些不好的行為會讓靈魂吸引更多業，成為惡性循環。

　　摩訶毘羅否定種姓，雖然他似乎將人分為四種階級，不過是依照行為而非出生。耆那教也有廟宇，但傳統上並未設立祭司。有些信徒成為僧侶、尼姑（分別稱為「sadhus」、「sadhvis」），他們放棄一切所有物，在各地赤腳漫遊，乞討為食。漫遊的僧人會清掃身前的地面，並罩住口鼻以免吸入昆蟲，這在今天的印度街頭依然是常見風景。

　　耆那教的核心教義是自然萬物皆有生命，小至石頭、植物，大到神祇等，萬物都有其不滅的靈魂，也就是吉瓦（jiva），雖然有些靈魂帶有的力量更大，或更複雜。這樣的觀念則跟「毋害」有了連結。摩訶毘羅所說「純粹不變的恆律」意思是「凡有呼吸、存在、有生命的，皆不應殺害或對其施暴」──明確否定了吠陀獻祭。耆那教禁止殺生的戒律十分激進，教徒甚至不能務農，因為農業必定會消滅土壤中的蟲子。

　　耆那教針對食物的規範是所有宗教中最嚴苛的。一位學者寫道：「單純把耆那教跟吃素劃上等號，根本不足以呈現部分教徒恪遵的戒律嚴格到

什麼程度，也不能理解飲食習俗是耆那教信仰生活的核心。」[7]耆那教徒
絕對不可以吃的有五種：肉及肉製品、魚、蛋、酒、蜂蜜。飲酒是罪大惡
極的行為，一來製酒發酵時會多次催生又摧毀微生物組織，且酒精使人腦
袋混淆，又可能導致暴力行為。耆那教僧侶甚至不可以待在會招待酒類的
場所。不可吃蜂蜜則是因為移除蜂巢會殺死蜜蜂。

　　僧侶、尼姑與遵守戒律的教徒還會避免其他食物，諸如：含籽的蔬
果，如無花果、茄子、芭樂、番茄（因為種子能萌發生命）；生長在地下
的植物，比如馬鈴薯、蕪菁、蘿蔔、蘑菇、薑、薑黃（因為將這些食材從
土中挖出來的時候，會殺害這些植物，也會殺害土中成千上萬的吉瓦；洋
蔥與大蒜（他們相信這會使人激動）；帶有酵素或發酵的食物；白花椰菜
與包心菜（葉子之中的夾層住有昆蟲）；花苞與嫩芽。

　　印度產出的蔬果與乳製品豐富無比，顯然能幫助純素飲食發展茁
壯——我們很難想像寒冷氣候帶的居民發展出全素飲食。耆那教飲食多半
隨地區變化，雖然限制重重，還是能達到美味可口[8]，畢竟印度大部分地
區的主食是穀物與豆類。大蒜也可以用阿魏來代替。日常烹飪依賴香料，
唯有齋戒期間暫時停用。印度耆那教徒大部分住在古吉拉特、馬哈拉什特
拉，這裡土壤豐腴，一年四季都有各式各樣的蔬果可供選擇。

　　耆那教沒有禁止乳製品、糖、印度酥油，富有的耆那教徒在烹調時，
運用這些食材也毫不手軟。（總體而言，印度罕有嚴格的純素飲食。）不
過，住在西部地區的部分耆那教徒會避免吃乳製品，這是因為製乳過程中
使用的機器有暴力之虞，而乳牛在不產乳之後就會遭到宰殺。

　　耆那教經典詳細記載了該怎麼吃、什麼時候能吃東西。教徒不可在日
落之後進食，以免不小心吃下昆蟲。水一定要煮沸，且每隔六小時須再煮
沸一次，所有的液體都要經過過濾才能飲用。牛乳要過濾，且在擠奶後
四十八分鐘內煮沸；優格不可放置超過一天，除非摻有葡萄乾或其他的甜
味品；麵粉在雨季只能儲放三天，冬天只能儲放七天；甜食需在二十四小
時內吃完。耆那教僧侶不可以吃路邊攤的食物。雖然在當今冷藏技術之
下，這些規則可能已經不重要，但這些反映出過往重視衛生與感染的風險。

　　消除業障的重要手段之一是禁食，在耆那教中發展成一門藝術。最終
極的禁食不能吃所有的食物與飲水，直到死亡為止。「絕食至死」稱為
「smadhimaran」或「sallekhna」。因重病、老年而臨終之人，若自認已經完
成了自身在世上的義務，就會採取這種齋戒，他們需要先得到資深僧侶的
許可，才可進行這種齋戒。[9]

　　傳說中，孔雀王朝的旃陀羅笈多王是位虔誠的耆那教徒，他就是絕食至死。耆那教發展早期，就因為不同導師的教導，分出許多門派，這些導師也從恆河盆地移居到其他地區。不同於佛教的是，耆那教並不積極主動傳教。在印度南方，耆那教受到王室支持贊助，尚軍武的君王甚至也會擁護耆那教，他們讚賞耆那教強調奮鬥、紀律與自制的教義。都會地區的耆那教則受到商人、工匠、珠寶商，甚至交際花等社會人士的支持。今天印度最富有的豪門家族中，有些就是耆那教徒。歷史上有些信奉耆那教的國王，後來回歸傳統的吠陀信仰，反而迫害耆那教群體。今天的印度僅有約四百萬耆那教徒，主要位於古吉拉特，以及旅居海外的印度裔人民，另有約三十萬居住國外的耆那教徒。不過，部分耆那教信仰、習俗後來也被主流宗教吸收，也就是後來人稱的印度教。

佛教

　　悉達多・喬達摩（Siddhartha Gautama，公元前五六三－前四八三年，即釋迦牟尼），後人尊稱為佛陀（意思是覺悟者），出身於印度東北部的小型王國，跟摩訶毘羅一樣是位王子。他早年住在王宮裡，對世事所知甚少，直到二十多歲時才第一次目睹一般人民所受的苦，這段經歷讓他開始修道之旅，期間他曾苦修，過著縮衣節食的生活，一度差點餓死。但這讓他有所領悟，不再繼續苦行，而以他所謂的「中道」修行。中道是指在自我放縱與自我禁慾的兩極之間，取中庸之道而行。中道修行的目的是終結那存在必然帶來的苦難。苦難的肇因是貪婪、慾望、無知、憎恨，去除的方法是遵行八聖道：正見（正確的見解）、正思維、正語、正業（正確的行為）、正命（正確的生活）、正精進、正念、正定（正確的禪定）。「不傷」為佛教核心宗旨，不過實踐上不像耆那教那麼極端。釋迦牟尼佛也採納業的概念，認為前世的作為會影響下一世的出身。佛教徒的終極追求是到達涅槃（nirvana），從生死輪迴中解脫。

　　釋迦牟尼主張眾生平等，所以佛教在世界各地都有強大的吸引力。他擅長組織事務，創辦寺廟、尼姑庵提供男女信徒修道（不過他看待女性的態度頗有保留），他以信眾聚會取代祭典儀式。早期的佛教跟耆那教差異在於組織化的苦修。由於不傷的思想，佛教明確否定動物獻祭。傳說中，拘薩羅王（Kosala）曾打算犧牲五百頭閹公牛、五百頭小公牛、五百頭小母牛、五百隻綿羊，但他採納了佛陀的建言，沒有照計畫獻祭。

在飲食方面，中道的作法則大為流行。早期的佛教並沒有限制一般信眾的飲食，不過佛陀曾多次呼籲飲食須節制，不要過度沉溺於口腹之慾。他曾在一次佈道中講述某個國王的故事，該王嗜食肉，甚至吃人肉，這導致王的臣屬與家人孤立了王，他最終得放棄王位，過著困苦的生活。佛教也禁酒及其他能讓人有醉意的飲品。

這時的寺廟設有規模不小且設計複雜的廚房，且像王宮一樣備有專用的食物處理工具，比如榨油器、碾糖器。佛堂僅提供素食。僧人應只取用維生所需的必要食物，且只能在日出到中午之間食用固體食物。他們早上吃飯與牛奶，中餐吃菜飯，下午吃一點印度酥油、油、蜂蜜或糖。出了寺院，僧人化緣乞食，且必須接受任何佈施，即使是魚肉也隨緣而食，因為食物本身「無過」，意思是：該葷食既不是為了僧人所殺，僧人也沒有眼見、聽聞或揣測施主殺生或其過程，所以殺生之過由施主承擔。除非生病，僧人不可特意要求吃肉、魚、酥油、油、蜂蜜、牛奶或優格。佛教禁止的食物僅有幾樣，比如酒、部分肉類，包含大象、馬、狗、蛇、獅、虎。他們可以吃鹿肉與其他野味。

佛教跟耆那教不同，傳教非常積極。公元前二五〇年，據說是由阿育王親自召開的第三次集結會議，決議派遣特使到次大陸各地、甚至更遠的地方。從那時開始，一直持續到公元後十三世紀，佛教使者與婆羅門祭司走訪各地，南亞、東南亞，斯里蘭卡、緬甸、柬埔寨、泰國、中國西南部，都有他們的足跡。七世紀時也曾有一波傳教運動，將佛教傳入西藏。這些使者也將佛教飲食、寺院規矩、素食一併傳到這些地區。不過後來佛教分裂成不同宗派，吃肉是否合宜也成為教義爭端。今天的南亞、斯里蘭卡，僧人會隨緣吃肉，不過在中國、韓國、越南等地，僧人必須茹素。西藏由於是個寒冷的國家，又少有蔬菜，所以吃素者很少見，就連達賴喇嘛也是葷食。[10]

佛教雖起源於印度，後來卻幾乎在發源地消失無蹤，唯教義、禮俗多被融入印度教之中，跟耆那教的情況如出一徹（釋迦牟尼佛常被視為是毗濕奴神的第十個化身）。印度二〇〇一年的人口普查資料顯示，只有八百萬人是佛教徒（占總人口〇‧八％），其中大多數為一九五〇年代期間，為了脫離嚴格的階級制度而大批皈依佛教的賤民階級。

新思潮運動帶來的改變

　　許多人民認為，比起婆羅門神祕晦澀又昂貴的祭典儀式，新潮思想所宣講的道德與價值觀更吸引人。一些婆羅門祭祀要求獻上數百頭動物，對農民而言是沉重的負擔，他們必須為此放棄牲畜；對統治階級來說，婆羅門儀式越來越講究排場，而政府除了祭祀，還得負擔不斷擴張的行政組織、軍隊所需的花費。再說，兩大新宗教都接納女性與受壓迫的階級。

　　釋迦牟尼跟摩訶毗羅一樣，受到政治階級的庇蔭。佛教成為許多國家的國教，包含摩揭陀國、拘羅薩國、考夏姆比國。阿育王曾大力支持耆那教與佛教。根據佛教傳說，阿育王一度過著放縱的生活，統治手段殘暴。公元前二六○年，他征討羯陵伽國，戰況慘烈，戰事帶來的苦難與破壞讓阿育王後悔不已，開始懷疑軍事衝突的價值。他受佛教教誨的影響，決意放下屠刀。他建造了許多佛寺，並出資贊助其運作，且派人到次大陸各地、甚至海外傳教。他興建了數千座窣堵坡（stupa，佛塔，似圓形的土墩，也稱舍利塔）以安置佛陀的舍利，並鋪路、建造旅社、植樹造蔭，也建造療養院治療人與動物。

　　阿育王的思想、宗教實踐的核心概念是達摩（梵語為「dharma」，巴利語為「dhamma」，世間一切的法則），該詞可譯為義務、社會秩序、公義或宇宙法則。他詳細解釋了達摩的意涵，寫成十四敕令刻在石頭或石柱上，地點遍及印度、尼泊爾、巴基斯坦與阿富汗，超過三十處。阿育王的達摩基本上是道德概念，包容憐憫、自由、誠實、純潔、溫和、良善。[11]

　　阿育王也關心動物福祉，他的第一道敕令拓文寫道：「吾主尊王少屠牲畜，民以為鑑，不斷物命，且禁漁也。」[12]最有名的拓文闡述阿育王如何實踐他宣傳的理念：

　　昔王廚日宰千百畜為食，而銘文之今僅屠其三：二孔雀一鹿，唯鹿非常食。然，未來三者皆不戮。

　　（或許孔雀、鹿肉是特例，不過在當時這是很受歡迎的肉品，特別常見於宴席、餐會之中，阿育吠陀醫者也認為這兩者有益健康。）阿育王的敕令另外列舉不應屠宰的動物還有：長尾鸚鵡、天鵝、鴿子、蝙蝠、螞蟻、陸龜、無骨魚、豪豬、松鼠、牛、犀牛、母山羊、育幼中的母綿羊、育幼中的母豬，還有小於六個月的動物。不可閹割公雛雞，不可將動物作

為另一動物的飼料。

　　不過，孔雀王朝的宮廷飲食並沒有留下紀錄。據飲食史學者瑞秋・勞登（Rachel Laudan）的揣測，孔雀王朝諸帝王在各方面都模仿波斯第一帝國（公元前五五〇－前三三〇年），從書寫系統、道路設計、藝術風格與建築形式皆然，很可能也會模仿當時波斯人的飲食方式，也就是美索不達米亞地區經過上千年所發展出來的精緻飲食。[13] 有上百道餐點的奢華宴席，內含小麥粉與大麥粉所製成之各種等級的麵包、鵝肉與其他禽類、魚、發酵且增添甜味的牛奶、大蒜、洋蔥、果汁、椰棗、葡萄酒。波斯第一帝國大批的廚師整天在偌大的御膳房裡忙著團團轉，他們擅長烹煮的料理如燉肉、烤肉、水煮魚、某些麵包等。

　　阿育王並沒有強制禁止宰殺公山羊、綿羊、閹公牛為食或獻祭（雖然某石柱上的銘文寫著「此處不可宰殺牲畜作為獻祭之途」），他以兼容並蓄為原則，贏得許多臣屬的認同。阿育王認為應尊重所有的信仰，舉辦佛教法會時，除了信徒外，也會廣邀非信徒參加。在阿育王死後將近兩千年，蒙兀兒王朝阿克巴皇帝也採用類似的政策，他改吃素，但包容境內不同的宗教。印度的飲食與政治，可說是密不可分。

寺院中的宴席，《羅摩衍那》（*Rámáyana*，一七一二）中一幕。

阿育王死後，孔雀王朝分裂成區域型邦國，不過幅員廣闊的阿育王帝國深植人心，從海的這端到另一端，從山林到半島地帶，人們依然受到其影響。象徵阿育王的轉輪符號，代表法理之輪，當今印度國旗正中央的位置，就是此輪，而印度國徽是阿育王在瓦拉納西附近的鹿野苑所興建的四獅柱飾。

庶民飲食

比起遠古印度時期，這個時期的資料記載較為豐富，讓我們能了解當時的飲食習俗，文獻主要來自希臘旅人的記述、佛教與耆那教經典，以及喬那奇亞所著的《論政》。

這時的希臘旅人跟日後旅行到印度的外國人一樣，對所見所聞大大驚奇，下筆描繪印度社會的時候，有點過度理想化。希臘使者麥加斯錫尼（Megasthenes，約公元前三五〇－前二九〇年）將他的觀察紀錄編成《印度見聞記》（Indika），雖然原始文本已然佚失，其中的片段倒是透過希臘地理學家史特拉伯（Strabo，公元前六四或六三－約公元後二四年）以及希臘羅馬歷史學者阿里安（Arrian，八六－約一六〇年）留了下來。印度的繁榮讓麥加斯錫尼印象深刻：

印度有許多大山，因而有各種果樹，有許多寬闊的平原，土壤肥沃……許多河川穿插其上。不僅如此，大部分的土地都有灌溉設施，經常一年兩穫。同時，印度似乎什麼動物都有。[14]

印度與糖

將蔗糖轉化成糖製品的技術，可能在公元前一千年左右時傳入印度。榨甘蔗的機器稱為「yantra」，這是種由牛來拖的大石碾，今天依然可以在印度鄉下看到。甘蔗汁過濾後，放進金屬大鍋中，慢火熬煮，燒火的燃料就是甘蔗梗。濃縮過後的甘蔗汁稱為「phanita」，類似糖蜜，會再進一步濃縮、乾燥，製作

成塊狀黑糖，稱為粗砂糖，方言為「gur」（可能來自古時的孟加拉「Gaura」地區，該地曾以品種優越的甘蔗出名）。粗砂糖也可以棕櫚樹的汁液來製作，這種糖的特殊風味適合製作特定的甜食。去除流沙狀固態物的過程，梵語稱為「sarkara」，意為沙或礫，也是英語中的糖「sugar」的詞源。

　　公元前三二六年，希臘人曾記錄：「狀如石，乳香的顏色，比無花果或蜂蜜更甜。」這段描述可能是指冰糖，稱為「khand」（英文糖果「candy」的詞源）。我們還不知道當時的人是如何製作出冰糖。

　　八世紀時，波斯人帶來了更進一步的精緻製糖技術。一六一五年，蒙兀兒王朝的官員向英國外交使者湯馬士·羅爵士（Sir Thomas Roe）展示一條糖霜，模樣「潔白如雪」。

　　十九世紀末，人們發現新大陸可以種植甘蔗，印度工人大量遷移到加勒比海地區開墾大片大片的甘蔗田。全球化的競爭讓印度的製糖業衰退，後來幾乎沒有人記得印度國產糖了。印度進口的糖來自中國（白糖的孟加拉語、印度語都是「chini」）、埃及（冰糖的印度語為「misri」，該名字來自埃及）、爪哇等地，價格不菲。一九一二年，甘蔗研究組織（Sugar Cane Research Institute）創立，旨在研發搭配新大陸植物的混種甘蔗，培育更粗、更耐蟲害，含糖量高於印度甘蔗的新品種。糖的產量因而大幅提升。今天印度是世界第二大產糖國，僅次於巴西。

熬煮糖蜜以製糖的過程，十九世紀晚期。

　　他繼續寫道，由於此地物產豐饒，居民「身量超過一般，步伐顯得十分神氣。他們精通許多技藝，人要是能呼吸最純淨的空氣、飲用上等的水，想必像這樣也是很自然的」。

　　印度社會分為七種階級，讓麥加斯錫尼十分好奇。其中之一，也是最顯赫的階級是「哲學家」（婆羅門祭司），為死者設立的祭典與儀式由他們主掌，報酬是禮物與特權。第二種是農人，地位「神聖不可侵犯」，因此他們的農地就連戰爭時期都不受侵擾。其他的階級還有牧人，他們住在林間的帳篷中，使國家免去禽、獸之害；另有工匠、士兵、海外旅人，以及政府官員。他觀察到，印度人不能跟階級之外的人通婚，也不能從事不屬於自身階級的工作。[15]

　　其他文獻中，曾引述麥加斯錫尼的話，表示印度人生活節儉，除了配合祭典流程，平常並不飲酒，食物主要是米飯搭配濃厚的燉菜，可能還有某種豆類或咖哩。一些哲學家被稱為博伽門（就是婆羅門），他們過著簡樸的生活，禁慾，凝神細聽嚴肅的對談。他們吃肉，但不吃勞動用牲畜的肉，也不吃重口味的食物。[16]另有苦行僧薩門（就是耆那教的出家人「沙門」，shraman），他們住在森林裡，穿著樹皮製成的衣服，只吃野果和堅果。麥加斯錫尼也曾記載一些醫生的飲食，他們吃飯、大麥麵粉，他們治療病人的方法不是投藥，而是規定飲食內容——這是最早提及阿育吠陀的外國文獻之一。

　　另外關於當時印度農業、飲食的文獻資料還有《植物史》（*Historia Plantarum*），作者是希臘哲人泰奧弗拉斯托斯（Theophrastus，公元前三七一－約前二八七年），他以亞歷山大大帝士兵的報告作為寫作素材。關於印度的米食，他是這麼寫的：

　　他們種得最多的植物是所謂的稻米，這是他們的穀物，水煮過後食用。這種植物類似艾默〔按：一種小麥〕，打穀過後很容易消化，類似脫殼後的艾默穀粒。該作物生長期的樣子像是黑麥草〔按：一種稀疏的歐亞植物〕，雖然整個栽種期都泡在水中，但結穗時並不作耳狀，而是類似羽狀，形似小米。[17]

　　亞歷山大大帝遠征印度的影響之一是將米引進西方古典世界，當時的人珍視米，當作藥物的一種，就像香料一開始流入西方一樣。雞最早馴化的地點是印度，在公元前六世紀時，藉由波斯帝國傳到了希臘。葡萄酒也

在同時間從希臘傳至波斯，再傳到阿富汗、印度東部。[18]

歐姆‧帕卡錫（Om Prakash）《古印度經濟與飲食》（*Economy and Food in Ancient India*）中針對佛教與耆那教經典做了歸納，認為米食是印度東北部、中部的主食。[19]兩大主要品種為需要插秧的沙里米（sali），冬季收成；以及撒種就能種植的一般品種韋利米（vrihi），秋季收成。兩者都是在雨季開始時種植。價值最高的品種是瑪哈沙里米（mahasali），米粒飽滿、芳香、有光澤，地位等同於巴斯瑪提香米（basmati）。當時還種植黑色、紅色品種的米，今天的印度東北部、南部依然可以吃到。

米或其他穀類熬成的粥類食物，通稱為偶但那（Odana）；米也可以跟優格、蜂蜜、印度酥油一起煮成耙偶但那（payodana）；若跟糖與牛奶一起煮，則稱為喀什拉但那（kshiraudana，也就是現代的印度米布丁，踢兒〔kheer〕）；米跟肉一起煮，姆撒但那（mamsaudana），這是當今印度抓飯丕婁（pilau）的古早版本。米的煮法是放在熱燙的沙中，直到米粒膨脹。今天的目里（muri，爆米香）是孟加拉常見的早餐與點心。目里可以搭配蜂蜜或糖做成甜食。米粒去殼，浸泡後在印度酥油中煮熟，是當時流行獻給神的供品。米麵粉、扁豆粉、小麥也能做出類似酥皮炸餅普里的餅食，有時會裹上糖粉食用。

珍珠大麥以水或牛奶滾熟，做成粥，可以喝或舔食。乾燥後的大麥磨成粉（有時與小麥麵粉混合）則用來製作麵包或餅。亞瓦估（Yavagu）是可甜可鹹的米或大麥粥，調味會加上長胡椒或黑胡椒、印度酥油，在當時的西部很受歡迎，後來變成阿育吠陀的食療法之一，用來治消化不良。[20]窮人會吃稠粥孤瑪夏（kulmasha），以少許

稻田一隅。

水熬煮穀物或扁豆，加上石蜜或油來調味。他們在田裡工作時，會帶上一球乾燥的孤瑪夏作為乾糧，今天的印度鄉村還有這種風俗。這時人們最常吃的扁豆是綠豆、紅扁豆、硬皮豆。先將豆子在滾水中煮成稀糊狀，稱為蘇泊（supa），通常搭配米飯或其他成型或乾燥的食物。扁豆也可以磨成粉，再做成球狀放置發酵，最後以印度酥油煎炸來吃。

　　替乳牛、水牛擠奶的時間是早晨與黃昏。若用牛奶來煮米飯，再搭配香料與糖，做成米布丁，叫做巴亞薩（payasa，現在這種食物的孟加拉語是巴亞許〔payesh〕，坦米爾語是巴亞薩姆〔payasam〕）。「昔卡里尼」（Sikharini）是混合優格、冰糖、胡椒、其他香料的食物，像現代的「昔卡罕」（shrikhand）。甜味的米麵粉或扁豆麵粉會製作成球狀，稱為莫達卡（modaka），這是今天印度最受歡迎的節慶甜食之一。

鹹味亞瓦佑

二〇〇公克（一杯）長米

一‧五公升（六杯）水

半小匙嫩薑泥

一小撮現磨黑胡椒

鹽，分量以喜好為準

水煮滾後，加米煮到米變軟。加入其他材料，攪拌均勻。

甜味亞瓦佑

二〇〇公克（一杯）長米

一‧五公升（六杯）水

一二〇毫升（半杯）牛奶

一二〇公克（半杯）糖

三至四個豆蔻莢

做法同上

莫達卡的調味材料包含五種不同的鹽（海鹽、黑鹽、岩鹽、廚用鹽、紅鹽）、黑胡椒、長胡椒、孜然、阿魏、訶子、薑、薑黃、芥末籽。這時最重要的製油用種子是芝麻，人們用來製作糕點，或作為調味料使用，也研磨製成烹調用油。傳言曾有佛教僧人由於嗜吃某種稱為「薩斯估哩」（saskuli）的甜食（形狀像大耳朵，材料為米麵粉、糖、芝麻，以印度酥油煎熟），他拜託一戶人家做給他吃，又在集會時懺悔自己破戒。

依照皮列卡許教授的看法，「這個時期人們普遍認為肉食是用來款待客人、獻祭給神明或祖先的，但不應該為了其他原因屠宰動物。」[21] 佛教經典有多處提到肉品：鹿肉、豬肉、雞肉很常見，不過綿羊、山羊，甚至水牛，也有人吃。人們將肉串起來燒烤，或是水煮熬湯，或加上香料、酥油、優格來做成咖哩，或以油煎炸再加上胡椒、鹽提味。公元前一千年

莫達卡

一二〇一四八〇毫升（半杯至一杯）水

一小匙蔬菜油

一二〇公克（一杯）米麵粉

一一〇公克（一杯）椰子絲

二小匙印度酥油（或融化的奶油）

半小匙豆蔻粉

九〇公克（半杯）紅糖

一撮鹽

將水煮滾後，加入鹽、油，再加入米麵粉，攪拌至麵糊光滑、乾燥後，放旁邊靜置。在酥油中煎香椰子絲，加入豆蔻粉、糖，拌勻，繼續加熱至濃稠狀。放涼後，將椰子絲糊搓成小球狀。取一小塊米粉團，在掌中壓扁，直徑約八公分，中間放椰子球，包起來，最上面掐一下，包好後看起來就像大蒜的外觀。把所有的材料都包完，排進蒸籠或濾網中，在滾水中蒸七到十分鐘即可。

時，印度已經出現以潔淨來區分肉類的概念了。當時不鼓勵吃的肉有：
狗、村子裡的公雞、肉食動物、村子裡的豬、牛還有其他動物的肉，不過
如果事關生死，還是可以吃。

　　食物放隔夜、發酸或經過兩次烹調的話，人們會認為不適合再吃，因
為有感染的風險。狗或烏鴉吃過的東西，如果去除被啃食的部分，還是可
以吃，不過吃之前要灑一點水。這個時候，若要接受不同種姓階級者所給
的食物，已經出現了一些規矩，不過還沒有像後來那麼森嚴。《法典》
（Dharmashastras，詳見第四章）記載了這些規矩與禁忌。

　　偉大的語言學家班尼尼（Panini，咸認此人為現代描述性語言學之父）
所著梵語文法書《八章經》（Astādhyāyī）中，有描寫他所身處的印度西北
部飲食習慣，約為公元前四世紀。[22] 作者將食物分成三類：蔬菜、肉、蘇
泊，蘇泊意思是豆泥燉菜，或可能類似今日南印的清湯「拉桑」（rasam）。
蔬菜調製需要鹽、優格、丘瑪（churma，酥油煎小麥麵粉加糖），也可以在
進餐的時候再加上石蜜、芝麻油或酥油來提味。

　　職業廚師男女皆有，有些廚師特別擅長某些料理，也有廚師以能端出
大量食物為招牌，廚師的薪資跟能力有關。廚具必須是銅、鐵、石、陶

巴特那的四名女子在販售食物。約一八五〇年。

器。麵餅會放在陶片上烘烤，肉類則串起在炭火上燒炙，或油炸。金屬鍋具、用品以爐灰來清理，木製器具清理則是刨刮表層。主要的烹調手法是燒烤、水煮、煎、炸，油品則有芝麻油、印度酥油、芥末籽油。

　　主人會提供餐點給家僕，這是薪水的一部分，他們也可以吃主人的剩食，不過對於誰可以吃哪種剩食，則有詳盡的描述：桌上大盤中剩菜給家庭理髮師，鍋中的剩菜給廚子，桌上已經配飯吃的剩菜可以給狗、烏鴉、其他腐食動物。

　　喬那奇亞《論政》是另一份頗有參考價值的文獻，談的是如何治理王國。[23] 政府官員負責管理的部門繁多，農業、度量衡、通行運費、酒精飲料、屠宰場、貨倉，甚至娼妓與大象都各有專門管理處。其中一名政務官的工作是檢查市場食攤的備料情形，確保消費者不受欺騙。比如，大麥煮成粥泥之後，體積應該脹大成原本的兩倍，小米粥則是三倍，一般等級的韋利米則是四倍，昂貴沙里米則是五倍。穀類磨成的麵粉製作過程已有規範，任意更動的商家將受罰責。城市也設有充足的店鋪販售肉脯、魚乾、其他乾貨，以防饑荒時節。

　　王國的主食是米，《論政》詳盡地記載了不同種類的人應攝取的分量，或許顯示當時有某種配給制度。一名雅利安人（三種上層種姓之一的男子）

火燒大鍋煮食，《羅摩衍那》（一七一二）書中場景。

一餐含一芭拉夏（prastha，一芭拉夏等同四十八份手能捧起的量，大約兩公斤）的米，四分之一芭拉夏的扁豆（半公斤），十六分之一芭拉夏（八分之一公斤）的澄清奶油或油。女性能分到的量是男子的四分之三，孩童則是一半。下層種姓的人民可以分得六分之一芭拉夏的扁豆，以及一半的油。動物也有分配的規則：狗能餵食的量是一芭拉夏的飯，鵝與孔雀則是一半。除了飯、扁豆，還有其他的菜色，包含肉與魚的咖哩，但書中並沒有明文列出分量。

《論政》提到的香料與香草，包含長胡椒、黑胡椒、薑、孜然籽、白芥末、芫荽、穿心蓮（*Agathotes chirayta*，另名「*Andrographis paniculata*」，帶苦味的藥草，生長於喜馬拉雅山一帶）、印度白芷（choraka）、艾草（*Artemisia indica*）、麻努瓦卡（*Vangueria spinosa*，羅勒的一種）、印度辣木（*Hyperanthera moringa*，也稱鼓槌樹）。今天只有阿育吠陀才會使用上述最後五種食材。

所有的動物都受到國家保護，包含馴化動物、鳥、狩獵動物、魚等。肉販只能販售新鮮屠宰的去骨動物肉，如果肉販秤量不實，或是肉中帶骨，他們得要賠償客人八倍的肉。不可宰殺小牛、閹公牛、乳牛，違反規定的人得付出大筆罰鍰。禁止販售不是在屠宰場宰殺的動物肉品，也不可販售自然死亡的動物之肉。

盜獵的罰鍰很重。國家所屬的森林中，應保留六分之一的野生動物自然生長，不過這個規定可能是為了保留統治階級的狩獵場。其他的動物不可受到「任何欺侮」，包含大象、馬、「擁有人類形體的動物」（可能指猴子）、鵝、伯曼尼鴨（brahmany duck）、松雞、孔雀、鸚鵡。

製造與販售酒飲是國家壟斷的行業，由掌管酒類的官員處理，從他的公務權責中，可看出當時酒吧林立。每村至少有一處由國家監管的商家販售酒精，並兼備酒館功能。這些店家設有房間，內附床鋪、椅子，還有鮮花裝飾。為了避免酒後鬧事，店家只能販售少量酒飲，且須現場享用，不過，公認品格良好的人則可以外帶。政府會派出祕密探員潛伏在酒館中，確保顧客沒有超支買酒，或隱匿贓物。外國客人會受到額外的關注，像是「言行舉止像雅利安人」卻跟美豔情人一起喝到醉倒。如果客人在喝醉的時候遺失了財物，店家需要賠償損失，還得付罰鍰。

一般家庭可在特殊場合自釀特定的酒，以供私用。人們可以在節慶、大型市集、朝聖旅行時，擁有四天的釀酒時間，唯其中一部分須上繳給政府。釀酒的材料有米、大麥、葡萄、棕櫚、芒果、木蘋果、甘蔗、長葉馬

在美加拉雅（Meghalaya）發現用來儲藏家釀米啤酒的容器。

府油樹的花（*Madhuca longifolia*）、茉莉、特定樹種的樹皮等。[24]一開始用來發酵的材料是蜂蜜，不過後來出現了石蜜、酵母及其他食材。協助發酵過程的技術包含將材料裝瓶後埋進土中，覆蓋糞肥或穀物，也有採取曝曬的作法。常見的發酵與增加風味的食材是山巴拉，這種混合香料的成分是肉桂、長胡椒、黑胡椒，以及其他香料。蘇克塔則是在夏天時把糖蜜、蜂蜜、發酵過的泡米水、乳清蛋白全部混合，放進砂鍋中，靜置在米堆上三天。[25]

《論政》裡，作者喬那奇亞也列出了五種酒類的食材：

梅黛卡酒：水、發酵米、綜合磨碎香料與香草、蜂蜜、葡萄汁、高粱籽、薑黃、黑胡椒、長胡椒。

璞沙那酒：麵粉、多種香料，普崔卡樹的樹皮與果實。

阿薩瓦酒：木蘋果（*Feronia limonia*）、糖、蜂蜜（也可以芝麻、甘蔗汁製作）。調味材料為肉桂粉與白花藤（*Plumbago zelanica*）、香附子

（*Cyperus rotundus*）、珠仔樹、檳榔、長葉馬府油樹的花。

　　阿里思颯酒：在砂鍋裡放入水、糖蜜、沒藥，裹上蜂蜜、奶油、長胡椒粉調成的封糊，砂鍋要放在大麥堆裡面，至少發酵七夜。

　　麥芮亞酒：由多種材料製造而成的酒，材料包含葡萄。

　　由於麥芮亞酒太受歡迎，釋迦牟尼特別禁止追隨者飲用這種酒。酒館買到的麥芮亞酒會加上糖、粗糖，或者濃縮甘蔗汁來增加甜味。當時有款葡萄釀成的酒頗有口碑，來自北阿富汗的卡皮希（Kapisi），這座遠古的釀酒重鎮，考古挖掘發現的文物有玻璃細口酒瓶、魚形酒壺與酒杯。

　　當時的其他文獻也有不少提到酒，可見雖然婆羅門、佛教、耆那教都不支持飲酒，當時的人依然好飲。後來，梵語戲劇作品中的角色會在故事中喝烈酒、椰子酒（可能是托迪酒〔toddy〕）喝到爛醉。時人認為女性喝酒更能顯出魅力，臉色更紅潤，舉止也更嫵媚。

　　自古以來，印度對酒的態度向來曖昧不明。雖然道德人士不贊成（甚至今天有許多省分禁酒，或是有所謂的「無酒日」），印度卻有悠遠豐富的釀酒傳統，以各種食材釀酒。

酒販與妻子，坦米爾納杜，一八三〇─三五年。

第四章
全球化下的印度與新正統

公元前三〇〇至公元五〇〇年

　　在本章所探討的歷史時期中，印度是世界經濟的一部分，貨物往來的地區有非洲、中東與中國。印度的常見料理出現了新食材，比如丁香、檳榔，而印度商人可能也把羅望子、大蒜、薑、薑黃、胡椒引入東南亞。根據飲食史學者瑞秋・勞登的研究，在第一至第五世紀之間，「印度對更大的亞洲區域有了關鍵影響，如同希臘、羅馬在地中海、北非、歐洲的地位。」[1] 雖然「印度教」的名稱還沒有出現，但某些跟印度教相關的信仰、習俗，都在這時期編纂成文，特別是跟食物有關的部分。

黃金盛世

　　孔雀王朝最後一位皇帝在公元前一八四年遭到刺殺，此後直到笈多王朝（Gupta）在三二四年建立以前，印度在政治上分頭而治。印度東北部，孔雀王朝被巽伽王朝（Shunga）取而代之，但巽伽王朝僅持續了一百年。西北部，希臘巴特利亞王國（Batria，可能是古時大夏，由亞歷山大大帝麾下將軍的後代統治）則占領阿富汗地區，到了公元前二世紀末時，勢力範圍已包含旁遮普。

　　許多中亞勢力南下侵略北印度，包含：斯基泰人（Scythians，也譯為西徐亞人、塞提安人，或稱塞族人）、巴拉瓦人（Pahlavas）、貴霜人（Kushans，公元一至五世紀）。隨著時間過去，這些侵略者慢慢改用印度名字、採用種姓制度成為剎帝利，並為了鞏固統治地位，支持婆羅門儀式。在拉賈斯坦、印度中部地區，部分外來民族成為混血貴族拉傑普族（Rajputs）的祖先。

　　笈多王朝（三二四－五五〇年）剛開始只有統治比哈地區的一些小型王國，他們透過聯姻、結盟、爭戰擴張勢力版圖，最後拿下了北方大部分的領土。笈多王朝有時被稱為印度文明史的黃金時期，因為這段時間相對

和平，繁榮有序。在當時，由於農業進步、多方國際貿易，笈多王朝是世界上最富裕的地區之一。笈多王朝的君王沒有延續阿育王的宗教路線，他們進行吠陀祭典，並同時資助佛教與婆羅門的機構，不過兩個宗教團體之間並沒有實際交集，因為佛寺位於城外，而婆羅門學堂則設在城內，距離宮廷較近的地方。

這個時期社會文化發展蓬勃，科學、藝術、數學、文學、邏輯、哲學、宗教都有精彩的發展。人們在這個時期發明了進位制，也注意到地球繞著太陽轉，並出現了西洋棋。當時著名的劇作家迦梨陀娑（Kalidasa，可能生活於四世紀），其作品到今天還有演出。比哈的那爛陀（Nalanda）是世界上第一座大學，創立於第五或六世紀，當時的學生人數超過一萬人，老師超過兩千名，吸引了遠從波斯、中國、希臘而來的學者。

南印度則分別受到獨立的氏族或王朝統治：哲羅王朝（Chera）、般茶王朝（Pandya，也譯龐帝亞王朝）位於東南方，朱羅王朝（Cholas）在西部，薩達瓦哈那（Satavahanas）也被稱為安得拉王朝（Andhra），控制了大部分的西部、南部、中部地區，超過四百五十年。

在巨大的國際貿易網絡中，印度位於中心。希臘的海上地理誌《厄立垂亞航海記》（*The Periplus*）中記載許多港口與水路，超過五十五個位於紅海，西岸與東岸則有二十個。這些港口位於河口處，經手從羅馬帝國、阿

《厄立垂亞航海記》中路線。

拉伯半島、西亞與東南亞來的進出口貿易。每年都有一百二十艘羅馬商船從埃及啟航（當時隸屬羅馬帝國），來到印度西岸，這趟旅程順風時需要四十天；後來他們得以繞過印度最南角，抵達東岸港口。三大主要港口分別為喀拉拉的穆茲里斯（Muziris）、朋迪榭里（Pondicherry）附近的阿里卡梅度（Arikamedu）、坦米爾納度的普哈（Puhar）。[2] 城市喧囂的街道上，商人的豪宅與倉庫林立。更往北邊的貿易港也在貿易網絡中，其中的巴羅奇港可能是從印度河古文明時期的商港，持續至此時期。

　　許多印度商人信奉佛教，部分原因是中上種姓階層的印度人為避免受到汙染，按規矩不得出海遠行。處理羅馬帝國貿易的商人多為阿拉伯人、埃及人、猶太人與希臘人。他們來印度採購香氛油、象牙、瑪瑙、平紋棉布衣、棉衣、進口自中國的絲織品、寶石、長臂猿、鸚鵡、孔雀、旁遮普產的鹽、喜馬拉雅地區產的番紅花與麝香、東南亞來的丁香與肉豆蔻、豆蔻、喀拉拉產的長胡椒與黑胡椒。羅馬帝國的黑胡椒消耗量非常大，人們喜愛黑胡椒風味是其一（羅馬食譜書《阿匹西烏斯》共四百六十八道菜，其中三分之二使用了黑糊椒，該書約在四世紀末至五世紀初成書），其二，黑胡椒由於價格高昂，成為身分地位的象徵。[3] 近來的考古研究發

科欽的漁網，可能是十四世紀時透過中國人傳入。

現，羅馬人可能也進口卡納塔卡地區的藥用植物。[4]

　　印度人賣出商品後，主要換得金幣或銀幣，沿海地區發現了不少寶窟，他們也收取奢侈品，包含葡萄酒（從希臘群島、義大利南方來的葡萄酒價值不菲）、獻給統治者的寵妾、中東與中亞地區的馬匹。近來，在朋迪榭里發現的地中海風格陶瓶殘留物中，含有橄欖油、魚露（發酵魚醬）、蘋果。[5]

　　頻繁的往來也有其代價。根據新約聖經《使徒信經》的偽經之一，耶穌門徒多馬在公元五二年乘船至印度傳教，最後在欽奈（Chennai）殉道。喀拉拉有些敘利亞基督徒團體號稱他們的信仰歷史可以追溯至多馬。猶太人為了躲避宗教逼迫，在公元六八年來到印度西南部，幾百年後又有中東來的猶太人加入該社群。許多人如今已經移民至以色列，但依然有少數留在今天的科欽（Cochin）。

　　羅馬帝國在三世紀時逐漸傾頹，貿易量衰退，不過印度跟東南亞、印尼的貿易量大增。黑胡椒換取丁香、肉豆蔻、肉豆蔻皮，當時僅有該地區生長此作物。這些香料究竟是什麼時候成為印度料理的一部分，十分耐人尋味。梵語中，丁香是「lavanga」，來自馬來語「bungalavanga」。公元前幾百年就有佛教、耆那教文獻提到肉豆蔻。最早提到丁香的文獻（用來調味肉品與餅）是由坦米爾語寫成，約在公元三到六世紀之間。檳榔樹、蔞葉，以及檳榔的其他材料，大概在五世紀末時從東南亞進入南亞。印度商人可能也將羅望子、大蒜、薑、薑黃、胡椒等食材引入東南亞與印尼，帶動這些香料的使用率，如檸檬香茅、南薑。

　　印度商人與祭司也將宗教信仰、儀式、舞蹈、音樂、治國觀念帶進東南亞。當地的統治者參與婆羅門的儀典以鞏固政治勢力、迎娶印度女子，並採用印度教儀式、典禮。兩大史詩《羅摩衍那》、《摩訶婆羅多》（Mahabharata）成為這些地區文化發展的重要元素，尤其是泰國與柬埔寨地區，人們將史詩故事刻進吳哥窟廟宇。泰國、越南、柬埔寨、印尼皆興起了所謂的印度教化王國，一直到十八世紀，今天的峇里島依然有人信奉印度教。這樣的文化擴張，放眼世界史可說幾乎是獨一無二的現象，不僅過程十分和平，沒有任何政治霸權領導，也不是來自任何印度君王企圖建立跨海帝國的結果。

　　印度跟中國之間的貿易往來除了海路還有絲路，後者沿途有佛寺，連結起南亞與東亞。中國商人在印度沿海地區設立貿易據點，帶來絲綢、瓷器、麝香，麝香在當時價值不菲，用於調味。沿途商人們會在麻六甲海峽

停留，購買肉豆蔻、肉豆蔻皮、丁香、蘆薈，也在斯里蘭卡購入肉桂，這些商品可以再度售往印度、波斯、阿拉伯。今天的印度還可看到中國商人曾駐足的痕跡，喀拉拉地區使用類似中式炒鍋的烹飪鍋，也用中式漁網捕魚。（另一個理論認為，這些物品是後來鄭和下西洋時帶來的，或是在葡萄牙人在澳門設立據點時傳入。）

印度不少食物的梵語名稱帶有「chini」，顯示來自中國，包含桃子（chinani）、梨子（chinarajaputra）、萵苣（chinialit）、樟腦（chinakarpura）、肉桂（dalchini，意即中國樹皮）。另一方面，印度佛僧則可能將精煉糖的技術帶入中國，最早的煉糖紀錄來自公元前二八六年。

新正統出現

公元元年前的一千年之間，婆羅門祭司編纂了《法經》（*Dharmasutras*），這是以散文形式寫成的系列文章，我們可以看作是吠陀儀典規矩的延伸。編纂《法經》的核心目的是為了定義「達摩」，這個詞可說是「貫穿整個印度文明的核心概念」。[6] 最初，達摩指的是正確儀典程序的規則，比如喪葬禮的場合、潔淨儀式等，但後來這個概念擴張了，納入了人們在公眾場合應有的正確言行舉止，比如婚禮、繼承等事宜，甚至包含私下活動，比如洗澡、刷牙、性行為、一般禮儀和飲食內容。

《法經》向人們傳達如何行事如儀，不過很可能跟當時人們真正行為有落差，特別是《法經》也有互相矛盾的論述及與觀點。理應作為指南的文本，內容卻有所歧異，「顯然推翻了常見的假設，總認為古印度社會十分制式化，婆羅門強推的正統觀念使社會更加僵化。」派翠克・奧利維爾（Patrick Olivelle）如此寫道。就連編纂正典的專家看法都大相逕庭，「當時的現實世界必定更加混亂活潑」。[7] 後來出現了《法典》（*Dharmashastras*），對《法經》的內容加以詳細解釋，其中最早且最著名的一篇是〈摩奴法論〉（Manu Smriti），以詩的形式寫成，寫作時間約在公元前二〇〇年到公元二〇〇年，寫作者是一位保守派的婆羅門（名為「摩奴」），住在印度北方，不過此篇作品更可能是由不同時期的多位作者共同寫成。〈摩奴法論〉至今在不少人心中依然是最有分量的印度教習俗規範。[8]

孔雀王朝、巽迦王朝崩解後，有段時間社會動盪、政治不穩定，促使這些文章問世，寫作動機（特別對當權者而言）是設立社會常規並保持穩定狀態。由於佛教、耆那教廣傳，王室支持新宗教運動，阿育王也限制宰

殺動物，如此種種，削弱了婆羅門的地位與勢力。婆羅門為了恢復優越的
地位、重拾王室的贊助，他們得搶得先機，在非婆羅門的苦行僧有所行動
之前，就展現出他們才是「正規苦行的終極典範」。[9] 這些經書顯現出他們
力圖恢復、鞏固勢力，合理化所身處的金字塔型社會。我們會在下文中歸
納這些經書的內容，將重點放在飲食規範與限制。

摩奴重申四大種姓的概念，婆羅門是最高種姓。婆羅門鑽研、教導吠
陀，提供祭典並主導獻祭，獻上也收取獻禮。剎帝利鑽研吠陀，提供祭
禮，供奉獻禮給婆羅門，並以武力保護臣屬。吠舍也研究吠陀，提供祭
禮，從事農耕、貿易、畜牧、帶利息的借貸。此三種姓稱為「再生者」，因
為他們可以舉行代表第二次出生的再生儀式。第四個種姓是首陀羅，其工
作是服侍上面三個種姓。

再生者只能住在特定地區，稱為阿雅瓦塔（Aryavarta），也就是雅利
安人區（不過這在當時因為人口成長的關係，不太可行），這個區域位於喜
馬拉雅山至文迪雅嶺間，東海與西海之間，這剛好是印度黑羚的自然棲
地。如果首陀羅迫於生計所需，可以住在任何地方。在阿雅瓦塔之外，有
個地方叫做姆來恰斯（mlecchas），這個詞有時翻譯為「外國人的」、「野蠻
人的」，代表非主流社會的族群。

婆羅門、剎帝利應該避免農耕，因為農耕會傷害住在土裡的生物——
這概念可能借自耆那教。如果婆羅門逼不得已，可以從事貿易，但不可以
販售肉品、熟食、鹽、酒、牛奶，或其他會讓他失去種姓地位的貨物。人
若從事高於自己種姓的行業，理論上為社會所不容。

不過，這四層分類並不能概括上千萬氏族、職業、部族，也就是伽
提。所以，法經的作者想出了妙招，把伽提出身劃入跨種姓的不同集合體
之中（他們這樣解釋並沒有什麼歷史根據）。首陀羅男子與婆羅門女性生的
孩子就會變成賤民。由於他們厭惡種姓混合，所以衍生出許多規矩，包含
飲食相關的規定。

飲食規定與限制

《法經》相關作品對於男人在不同生命階段可以吃什麼、什麼時候吃，
怎麼準備食物，從何人拿取食物，跟何者一同進餐，都有很詳盡的指示。
這裡說「男人」是因為作者假定讀者是男性。女人則不應研究吠陀與達摩
經典，甚至連閱讀都不應該。不過，雖然男性主宰社會常規，在家庭生活

中，女性也會強化、灌輸這樣的觀念。甚至到了今天，傳統的印度教家庭還是由女性來負責儀式中食物的潔淨工作、廚房事務、進行齋戒，這麼做的原因常常是為了丈夫與孩子。

理想中，再生者會經過四種阿斯拉瑪（asramas），也就是生命階段：學生、家庭支柱、隱士或林中居士（vanaprastha）、苦修者（sannyasi）。在這趟饒富深意的轉換旅程中，生命的軌道會融入前一階段的生活方式與稱呼（如隱士、苦修等）。各階段也有對應的飲食規則。學生時期得住在導師的家中，過苦修生活，禁慾，禁食蜂蜜、肉、香料、洋蔥、蒜頭、酸味料理，以及其他被認為會引發情緒波動的食物（今天的印度教阿施蘭依然遵行此規定），學生在特定時日也需要化緣乞食。

作為一家之主的時候，人們必須遵守符合自身種姓的飲食規範。當他們頭髮轉白，可以選擇隱居森林，過隱士的生活。屆時衣著須改為樹皮、獸皮，且不可進入村莊，也不可踏上耕地，須避免食用耕種而來的穀物（梵語稱為阿那〔anna〕），今天的印度教齋戒之一「法哈拉」依舊符合此規範。在齋戒期間，小麥製作的麵餅、點心需改用菱角或蓮子粉製作，且禁止食用洋蔥、薑黃、大蒜、薑、黑豇豆。

有一種隱士不得自己煮食，只能吃生的蔬果、根莖類、葉菜。「獨自在動物間起居，像動物般活著──即是可見的天堂信物。」其中一篇《法經》如此道：「此道甚美，遵行此道，遠離邪佞之人，遁林而居，婆羅門之身必得保全。」[10]

最後的生命階段中，人將預備迎接死亡，拋下一切俗世煩憂眷戀。此時，人居無定所，瑜伽冥想，化緣維生，避免傷害活物。這種生活方式保證人死後可以免於投胎。今天，這四種生命階段對印度教徒而言耳熟能詳，但很少人會付諸實現。

經文勸戒身為家庭支柱的人，要節制飲食：「賢人一餐僅需八口，林中隱士十六，家主二十二，學生不限其量。」[11]經中認為早上太早吃飯、晚上太晚吃飯、餐間進食、吃太多，都是不合宜的行為。人應在飯前、飯後洗手，至少身著兩層衣服，除去帽襪，朝東席地而坐，私下進餐，靜默不言。飯前，一家之主應獻些許食物給神明，然後將食物分給孩童、老人、新婦、病人、孕婦，他也應該保留食物給狗、賤民、病人、鳥與蟲。餐桌禮儀禁止在用餐時拗折關節出聲、彈指甲、敲碗、用手捧水喝、潑濺湯水或把食物用到同席的人身上。連這些規矩都要寫得這麼詳盡，想必當時的用餐場面十分精彩！

　　《法經》相關經文也列出再生者絕對不可以吃的食物，分為兩種：其一因其本質，萬萬不可吃的食物（abhaksya）；二則為平常可吃，但若因接觸特定人或物而致使不潔，則不可吃（abhojya）。[12]

　　再生者絕不可吃的食物如下：

大蒜、大蔥、洋蔥
蘑菇，所有從不潔之物中萌芽的植物
樹的切口所流出的紅色汁液
剛生小牛的乳牛所產出的濃牛奶，或任何產後十天內的動物乳汁
跟芝麻一起煮的米飯、拌入奶油的小麥、牛奶飯與小麥糕點，除非是獻祭之物
沒有經過灑水誦經的肉品
駱駝奶，單蹄動物，綿羊，發情的母牛或沒有奶牛的母牛，除了水牛的所有野生動物
所有發酸的東西，除了酸奶或特意製作發酸的食物
來自屠宰場的肉（相對於打獵所得的肉）
肉乾
村中的豬
大部分的魚
酒，尤其是蒸餾烈酒
特定種類的動物與鳥（見下文）

　　雖然洋蔥原生於中亞、阿富汗，印度也很早就開始耕種，洋蔥卻沒有在吠陀中出現，或許是因為人們認為洋蔥跟受到歧視的原住民有關聯，或是因為洋蔥氣味強烈。洋蔥跟大蒜向來被認為有催情的功效，所以學生、寡婦不可食用。（後來，因為洋蔥大蒜跟伊斯蘭飲食有關聯，導致禁令更強了。）直到今天，耆那教徒、嚴格派婆羅門教徒、寡婦、苦行僧、部分印度教徒，還是不會吃洋蔥、大蒜，而這兩者絕不會出現在宗教儀典上。

　　不能吃蘑菇的原因是它生長的土是髒的。禁食紅樹汁可能是因為它讓人想到血。（根據傳說，因陀羅神曾殺死一位婆羅門，祂的罪惡由樹來承擔，變成了樹的汁液。）不喝剛生小牛的牛乳，可以視為是要保護幼牛。

　　禁止喝酒的解釋是，身為婆羅門可能因酒醉而跌倒、沾染不潔，或是誤讀吠陀經文，或犯下其他的罪。犯戒的後果十分嚴重：如果明知故犯去

菱角普里（Singhare ki Puri，炸菱角餅）

兩個中型馬鈴薯，煮熟
一五〇公克（一杯）菱角粉
四分之一小匙黑胡椒
油炸用的油
適量鹽

　　馬鈴薯去皮壓成泥，加入菱角粉、鹽、胡椒混合，慢慢加入一點點水（約六〇毫升，四分之一杯）直到麵糊滑順且頗為堅硬。將麵糊製作成十二至十五個小球，輕柔地擀成餅狀，直徑約八公分。入鍋油炸，直到呈現蓬鬆狀。

喝酒，他必須喝下滾燙的熔化玻璃液；如果是不小心喝到酒，他必須做瑜伽、調節呼吸、吃印度酥油。婆羅門女子若喝酒，下輩子會變成水蛭或蚌，一輩子住在水裡。

　　《法經》經文對動物的分類之複雜，堪比聖經《利未記》。不可吃五爪、單蹄的動物，但可以吃裂蹄動物。不可吃有上下門牙的動物，只有單排門牙的可以吃。符合這個標準的動物只有山羊、野牛、綿羊、鹿、牛羚、豬。經文完全沒有提到狗，因為人們厭惡吃狗肉的行為，可能是因為吃狗肉跟旃荼羅有關，他們有時被稱為「煮狗的」。另一種不能吃的動物是會揮舞腳爪的鳥，帶蹼、純肉食的鳥也不可以吃。

　　不過，動物的棲息地勝過分類標籤：不可以吃住在村裡的鳥、動物，不過野外或農場飼養的動物就可以吃。所以，野豬的肉可以吃，但村裡的豬不可以。村裡的雞不可以吃，但野禽就可以。可能是因為人們認為住在村裡的動物不乾淨，因為動物會吃垃圾。另外全面禁止的動物是肉食動物，還有獨來獨往的動物。規定中沒有提到蛋，這可能表示當時很少吃蛋。

　　魚的部分，較早的經文認為所有的魚都可以吃，唯獨不可吃長相醜怪或形狀特異的魚。不過後來的作者禁止人們吃大部分的魚，只有少數特例，反映出人們認為魚是肉食動物。「人吃下什麼動物，吃的是該動物的

肉，但吃魚的人吃的是所有動物的肉。」摩奴如此寫道。

　　人類學家瑪麗・道格拉斯（Mary Douglas）曾解釋食物分類的起源，不潔、禁止食用的動物是因為這些動物「出格」，在某些方面偏離了所屬的類別。比如，猶太人禁止食用沒有羽毛的鳥、沒有鱗的魚、分蹄卻不會反芻的動物，是因為牠們不合常見分類，因而不潔。當動物跨越分類界線的時候，會被視為受到汙染。個別動物需要符合所屬類別，才是聖潔的，不可以混淆不同類別的事物。「完整如一才得以成為聖潔：具有一體、整全、完美且符合其所屬的個體，即為神聖。為了依照標準，才發展出飲食規範，這是為了象徵神聖。」道格拉斯如此寫道。[13]

　　關於食用肉類的整體規則，還有素食的部分，《摩奴法典》則是以評比優劣來呈現。反對吃肉的詩文（共有二十五處）數量遠勝贊成吃肉的詩句（三處），這些詩文的創作時間可能是來自不同時期，或許是為了符合傳統看重獻祭的觀念。贊同肉食的部分，摩奴則引用眾生之主、宇宙創造者帕拉賈帕提（Prajapati）的話：

　　可動者以不可動者為食，有尖牙的以無尖牙的為食，有手的以無手的為食，有勇者以膽怯者為食。以適當的生物為食者，即使每日如此，並不因此顯得骯髒。

　　神親自創造馴養的動物以作為牲禮，是為了整個世紀的繁盛，因此宰殺牲禮算不上屠殺。植物、樹木、牛群、飛鳥，以及其他的動物，若成為牲禮而犧牲了性命，將重生成為更高階的存在。

　　另一方面，摩奴也強調，雖然神規定牲禮的肉得以食用，但祭司如果將此用於其他場合，則是萬惡不赦，而再生者若違反此法，死後將遭受所吃之物吞食。婆羅門不可以為了口腹之慾吃肉，只能為了合乎法理的原因吃肉。如果他想吃肉，可以澄清奶油或麵粉製成動物的形狀來吃，否則來生將因此慘死。摩奴甚至動用辭源學做出牽強的解釋：「吾他（mam sa）將在來世吞吃我在此世所食之肉（mamsa）——此乃智者言，乃『肉』（mamsa）之真義。」

　　摩奴進一步闡釋，人若遠離肉食，其美德有如年年獻上馬肉為祭，並長達百年之久：「就算人只吃潔淨的水果、根莖，智者的食物，若無法遠離肉食，其獎賞也不如完全不吃肉的人。」摩奴最後堅定地宣布：「肉食、飲酒、性交皆無不法，其乃生物之自然，唯自克自制者得償碩果。」

　　不合宜的食物還有另一類：正常情況可以吃，但因接觸某人或物而致使不潔，因此棄食。這部分的規定可能是來自衛生考量，顯示當時對於感染源有大致的了解。比如，人不可以吃被狗碰過、牛聞過的食物；有老鼠屎或蟲子的食物；外觀叫人噁心的食物；陳放過久的食物（除了蔬菜或炸物）；被踩過或被衣角掃過的食物；噴嚏打到的食物；病人吃過的食物，或家裡剛死人的食物。

　　其他食物之所以不合宜，則是因為種姓隔離，或是個人偏見，甚至勢利眼的緣故，比如醫生給的食物，還有醉漢、鐵匠、金匠、妓女、剛生產或經期間的女子、獵人、首陀羅、執法人員、小偷、閹人、小氣鬼、賣酒的、木匠、沒有丈夫的女子、洗衣人、已婚婦女的情夫、養狗的人、娶首陀羅為妻的男子，甚至包含怕老婆的男子。這個清單中的部分人員（比如醫生、獵人）會接觸病患、死屍，在炎熱氣候帶可能會帶來感染。不過其他的人，比如金匠、閹人、怕老婆的男人，則毫無關聯，所以必須從其他方面來解釋，特別要注意時人認定「潔淨」與地位與此的關係。

　　人類學家路易・杜蒙（Louis Dumont）經典著作《階序人》（*Homo Hierarchicus*）曾言，印度的「食物分類本質上跟人的分類、社群的分類是連動關係，並沒有一個主要資料庫針對潔淨與否做出統整歸納。」[14] 瑪麗・道格拉斯則認為，嚴格限制只能吃群體該吃的食物，是為了保護自身族群不受下層階層的威脅，尤其種姓越高階，人數必然越少。此外還有「耽溺娛樂」的說法：跟外面的人一起吃飯，是跟他們上床的第一步，這樣的概念有句印度語俗話：「吃餅成女婿」（roti - beti）。

　　食物汙染的主要原因是體液，包含口水，這類潛意識的憂慮，顯露在現代許多印度習俗之中。[15] 有些人喝水不願意以口就杯，要倒進嘴裡，因為就算是自己的口水，也可能會汙染食物。如今，許多印度婦女煮飯的時候，並不會同時試味道。嚴格派印度教的作法是，進廚房之前要先泡澡，且換上剛洗過的衣服。[16] 只可以用右手吃東西，左手處理如廁事務。除了近親，不可以吃別人碗裡的食物。

　　關於剩飯的規矩非常複雜。人只可以吃比自己位階還高的人留下來的飯菜，這對婆羅門而言意味著他們只能吃神的剩食（就是祭祀食物），剎帝利可以吃婆羅門的剩食，吠舍可以吃婆羅門、剎帝利的剩食，首陀羅則可以吃以上三者的剩食。學生可以吃導師的剩食。再生者不可吃女子的剩食。[17]

　　不過這個規矩可能並沒有表面上那麼嚴苛。根據《法典》，婆羅門在

特定情況之下可以吃首陀羅的食物，只要首陀羅的身分是佃農、家族朋友、他的牧人或奴隸（可能是因為這樣的情況下，主人會知道該人的衛生習慣）。提供食物者的態度也很重要：眾神曾比較吝嗇的婆羅門跟慷慨的債主所獻上的食物，認為兩者價值相等。不過，經文對旃荼羅人的態度就沒有那麼寬容，這些人只能住在村外，且只能討食而不能自己煮食，別人要給他們的食物還得裝在破裂的容器裡。

改變飲食習慣可以是提升社會階級的方法。模仿更高種姓的儀式、生活習俗（或者有時候單靠賄賂），個人或群體可以提升種姓的位階。人類學家席尼瓦（M. N. Srinivas）稱這個過程為「梵化」（Sanskritization）：

種姓制度完全不是僵硬不變的系統，其中的成員與位置並不是固定恆常的。位階移動向來可能發生，尤其是位階介於中間的部分。一個種姓可以在一代或兩代之間，藉著茹素戒酒、梵化儀式、眾神崇拜，而移動到層級較高的地位。簡言之，低種姓的人盡可能改採婆羅門的習俗、儀式、信仰，過著婆羅門式的生活，雖然理論上並不允許，但實際上似乎很常發生。[18]

雖然有些禁忌、限制一直持續到二十世紀，甚至更久，但現在也逐漸消失，在都市的狀況尤其如此，畢竟人們可能不清楚鄰居或同事的種姓階級，或者也毫不在乎。席尼瓦在二十年以前就寫過：

印度的大城市中，少數富人受過教育，過著高度西化的生活方式。他們的生活方式受到種姓的影響極小，但受到階級的影響極大。他們的職業跟傳統種姓講究出身的相關職業也沒有關聯。他們不在意破壞規則，吃禁止的食物，交友遍及印度各地，甚至有外國人，他們的子女婚嫁不只跳脫本身種姓，偶爾跳脫地區、跨越語言、宗教。[19]

人們究竟吃什麼

種種飲食禁忌與規矩，讓遠從中國來的佛教學者大開眼界。這些僧侶來印度集結經文以進行翻譯。法顯法師（三三七－約四二二年）寫道：

全國上下，人民都不殺生，不飲酒，不吃洋蔥大蒜。唯一例外是賤民

姌荼羅，這種人（被認為）是邪惡之人，不可跟其他人住在一起。當他們進城、入市的時候，需要敲打木頭，讓人們知道他們來了，得以遠避以免接觸。該國之人不養豬禽，不販售活牛，市中沒有屠夫肉鋪，也沒有酒販……只有賤民從事漁獵而賣肉。[20]

　　法顯身為佛教徒，他的觀察筆記可能有所偏頗，因為其他文獻就有提到人們吃肉喝酒。另有一位法師觀察到社會分層的現象，玄奘（六○二－六六四年）是位學者與翻譯家，他周遊中亞與印度多地，將十七年所見所聞寫入《大唐西域記》。根據玄奘所言，「屠夫、漁人、演員、劊子手、清道夫等，都住在城外，他們出入城內時，需要靠左行，直到返家為止。」[21] 玄奘還記錄了人們分為四種姓，搭配不同程度的潔淨儀式，且只能在種姓內婚嫁。他讚許伴隨簡樸生活而來的名望，而「虛度光陰，飲食奢侈，衣著浮華者」則落得羞愧難當。[22] 人們的整潔習慣讓他印象深刻，飯前必定清洗自己，不吃剩食，也不利用廚餘煮食。

　　玄奘觀察到飲食方面的某種民主現象，首陀羅以及混雜種姓背景的人可以跟其他人吃一樣的食物，唯一的差別是煮食的廚具不同。不過，飲品方面則又是另一回事：剎帝利可以喝葡萄與甘蔗製成的酒，吠舍可以喝發酵過、酒精濃度高的酒，但婆羅門只喝某種含酒精的葡萄或甘蔗糖漿。

　　玄奘表示，不可能把印度所有的水果寫進書中，不過他記錄了最常見的芒果、羅望子、長葉馬府油樹、甜瓜、棗子、木蘋果、訶子、無花果、椰子、波羅蜜、番石榴、南瓜以及甜橙。這時的人還不知道椰棗、枇杷、柿子。桃、梨、杏桃、葡萄只生長於喀什米爾。可以吃的東西還包括薑、芥末、崑達（olibanum，一種芬芳的樹脂，有時會被誤認為乳香）。人們不太吃洋蔥、大蒜，因為吃的人會遭到排擠。[23] 最常吃的食物有牛奶、奶油、鮮奶油、軟糖與冰糖、芥末籽油、多種麵餅。偶爾會吃魚、羊肉、鹿肉，切成塊或片狀，不過禁止食用閹公牛、驢、象、馬、豬、狗、狐、狼、獅、猴、猿等。

　　雖然印度人有不少烹飪工具，卻不知道可以蒸煮食物，這讓玄奘很驚訝。食器由陶土製成，每人各分得一盤食物，上面會放滿各種食物，以手取食，不使用筷箸或湯匙（除非生病，病人使用銅匙）。

　　這時期最詳盡的飲食風俗紀錄出自唐代的義淨和尚（六三五－七一三年，俗名張文明），他的著作記載了周遊東南亞、印度二十五年間的見聞，包含他待在那爛陀大學的經歷。[24] 根據他的紀錄，佛寺的基本餐點包

含濕軟的食物如飯、水煮大麥、豆子、烤過的麵粉（可能指麵餅類）、肉、糕點。如果僧人吃完還會餓，他可以再得到一道菜，會是堅硬需咀嚼、咬碎的食物：根莖類、菜莖、葉菜、花與水果。每次用餐都會有牛奶、鮮奶油以及其他乳製品。

　　義淨筆下的北方，主食是小麥，西方是米飯或大麥，比哈與南部則是米食。所有的地方都會食用奶製品與油，各處有不同的麵餅、水果，難以一一列舉。他寫道，由於物產豐饒，就算平民也不太需要吃肉。

　　義淨感到吃驚的是，在中國很常見的食物，在印度卻幾乎看不見，比如糯米、糯小米、小米、冬莧菜（*Malva verticillata*，食其嫩芽與葉）。印度的芥末籽跟中國的品種不同。印度人不吃洋蔥，也不生吃蔬菜，禁止吃洋蔥的原因是吃洋蔥會導致疼痛、破壞視力、使人體虛。

　　喝酒顯然是常見的行為。五世紀劇作家迦梨陀娑的作品對社會所有階

德里月光市集（Chandni Chowk）中販賣乾果、堅果、香料的小販。

級都有描寫，其中暗示酒或醉酒的場景多得數不清，甚至女人也喝酒，據說這讓女性更有魅力。迦梨陀娑的史詩《羅怙世系》(*Raghuvamsa*)中，阿迦的皇后就丈夫的嘴來喝酒，羅怙的軍隊全部都喝了椰子酒。上層階級的人會在酒中添加芒果花、橙皮，好降低酒味，讓口氣芬芳。

此外，哈席（Hashi）與泰本·雷喬杜里（Tapan Raychaudhuri）寫道：「跟刻板印象……恰恰相反。印度教的靈性修行，或是所謂社會常規反對世俗享樂，並沒有阻止人們享受飲食的樂趣。」[25]

七世紀的梵語詩人單迪(Dandin)詩作《十王子行》(*Dasakumaracharita*)生動地描述了男女生活的樣貌，並不教導人該如何生活。詩中有兩大頁詳細描述了一位女性下廚的過程，以及她的客人是如何享受她的廚藝：

她將粥拌入兩盤中，放在他面前，盤下墊著淺綠的蕉葉。他喝了，感到身體恢復，心情愉悅，四肢暢快。

她又給他兩勺飯，帶點酥油與調味。其餘的飯她附上凝乳、三種香料、芬芳宜人的白脫牛奶與粥。他大快朵頤，吃得一乾二淨……〔水〕的香氣帶著薰香、新鮮水仙花香、盛開的蓮花香。他捧碗就口，眼中閃著冷雪般的水光；涓滴流水聲使他的耳朵愉悅……他的鼻子為這甜美的芳香敞開，他的舌頭為這美妙的味道歡騰。[26]

印度南方

商勘文學記錄了人們的日常生活——坦米爾詩歌集著作、編纂成集的時間約在公元前六〇〇年至公元後三百年間。這些詩的背景環境有六種：乾燥的山丘或森林地區、牧地、森林、沿海地區、貧瘠地區、河谷的豐饒地區。最初這些地區的居民遊牧、隨耕地遷居，不過隨著鐵犁、灌溉系統發達，農業發展也變得穩定。主食是豆類與小米。後來河谷地區出現了稻作。河谷土壤肥沃，據說一頭象躺臥的面積可以種出養活七個人的作物。人們也經營森林產出的農產品，包含竹子、波羅蜜、蜂蜜、黑胡椒、薑黃。喀拉拉當時以黑胡椒農場聞名。[27]

米飯以羅望子或芝麻加上糖來調味，也可以跟扁豆、肉、酥油一起煮。米要先浸泡，再放進熱砂裡加熱，再壓扁或加熱至蓬鬆狀，就可以跟牛奶一起食用——類似今天的普哈（梵語 poha，坦米爾語 aval）。米飯或米粥放置隔夜，發酵做成飲料，這種飲品連婆羅門也可以喝（雖然這違反規

Mewah Feroze. Sellers of fruit.

巴特那的菜販，一八二六年。

定，食用久放的食物、酒類，顯示在當時這些規定尚未在南方普及）。[28]
其他文獻提到的食物有米粉（idi–appam），阿瓦（aval，米飯壓扁後浸泡牛
奶）、竹籽飯（用竹種子煮成，今天的喀拉拉、部分卡納塔卡依然可以吃到
這道料理）。還有不少文獻提到椰子、丁香，後者用來調味肉類與醃菜，
混進傍（大麻加牛奶煮沸的飲品）來喝，或者直接咀嚼。

第三世紀的商勘詩中，有段招待流浪歌者的敘述。獵人給他紅米飯、
蜥蜴肉，盛在柚木葉上；牧羊人給他高粱與豆子、以牛奶煮熟的小米；農
工們給他白米跟烤禽作為一頓飯；沿海漁民給他包在扇椰子葉中的魚飯；
婆羅門招待他的是高級米飯，佐醃漬芒果、奶油香煎番石榴與咖哩葉；農
人則給他甜食、波羅蜜、香蕉、椰子水。[29]

扁米指的是將去殼的米粒壓扁，形成乾燥、輕薄的片狀，跟堅果、香料稍微炒過後，可作為點心享用。

位於夫林達凡（Vrindaban）的甜食鋪。

第五章
新宗教潮流與運動：盛宴與齋戒

五○○至一○○○年

　　大約在公元後五百年時，印度開始出現新的信仰形式與崇拜儀式。君王即使封聖，依然得仰賴吠陀式獻祭，大眾信仰吠陀的人數卻減少了。許多人改為在家進行崇拜儀式，或是去廟裡參與叫做普迦的儀式（puja，也作 pooja，供養、祭祀、禮敬神的儀式，或供奉神明的法會，宗教節日也使用同一個字）。人們興建了不少廟宇，南方尤其多；有些廟只供奉一位神，也有多神的廟。廟宇的資金來自統治者與富商。這些新興廟宇成為王室典禮、任命儀式的地點，因為君王被認為是特定神祇的代理人。

　　這時出現新宗教運動稱為「古傳神話浪潮」，這是對應佛教、耆那教式苦修的沙門（Shraman）作風。古傳神話浪潮名稱來自一系列的「往世書」（Purana）神話，這些故事敘述的是神話、傳說、神明的族譜與來歷，英雄聖人的故事，也描述宇宙起源，談論哲學與地理學。往世書以梵文寫成，成書時間橫跨千百年，可能追溯自公元前四世紀，直到公元後一千年。婆羅門讀了這些神話故事，再將故事以自己的方式翻成在地方言，於各地廟宇中傳播。實際上來說，這些故事就是平民百姓遵行的聖典。

　　古傳神話的主要神明是毗濕奴、濕婆，以及代表宇宙原始力量的母神夏克提（shakti），前兩位神在吠陀神話時期時，只是小神。今天在印度與尼泊爾的多數印度教徒，信奉毗濕奴、濕婆，以及母神：難近母（Durga，音譯為杜爾迦，意思是「難以親近的」）、母神迦梨（Kali），或是其他母神形象。隨著時間發展，眾神變得越來越有人性，祂們娶妻生子、演奏樂器、取得武器與坐騎（可當作同伴動物與馱獸的動物）。比如，濕婆娶了雪山神女（Parvati，或譯帕爾瓦蒂），祂們生下的孩子是象頭神甘尼許（Ganesh，人面象首）、戰神卡提基亞（Kartikeya）。濕婆的坐騎是公牛難陀，濕婆廟外總會有座公牛像。眾神也有各自的脾性跟飲食偏好，比如濕婆天性暴力、憤怒，人們認為祂喜歡吃辛辣刺激的食物，特別愛吃青辣椒。毗濕奴性情寧和，喜歡溫和的印度酥油，還有以牛奶為基底的食物，

不愛辣椒。印度西部的毗濕奴信徒大部分茹素，富有的商人信徒會挹注大筆善款推廣素食。許多毗濕奴的普迦，都需供奉食物。

毗濕奴後來成為全人類的神聖救主，祂有九位化身（如果納入釋迦牟尼，佛陀也算為其中之一，就有十位），當世界受到威脅、災害時，祂就

什麼是印度教？

「印度」（Hindu）一詞最早出現在九世紀，外人以此描述住在次大陸的居民們。這個詞來自信德地區（位於今阿富汗），當時隸屬波斯，意思是信德河（也就是印度河）岸邊的土地。這個詞本來無關宗教，指的是次大陸上的居民，但後來穆斯林、英國人陸續用來稱呼信奉本地原生宗教的印度人民（相對於伊斯蘭教或基督教的印度信徒）。到了十九世紀，在印度建立國家認同的過程中，部分印度人採用這個詞來自稱。

歷史上，大多時候印度教信徒並不會說自己信奉印度教，他們比較常稱呼自己為某神明的信徒（如毗濕奴教徒、濕婆教徒），或者信奉某神明下的某派別。有時他們會說自己信的是「永恆之法」（sanatana dharma），這個詞的意思是永恆或絕對的義務（dharma，達摩、道、法），所有的印度教徒都肩負這個責任。

不同於基督教或伊斯蘭教，印度教並沒有創始人，也沒有將眾經文集結成單一至高的聖典（雖然許多信仰傳統崇奉吠陀經典，視之為天啟），更沒有信條教義，或核心權威組織。[1] 印度教是由許多脈絡與傳統結合而成，大致上是關於種姓、輪迴、一神或多神崇拜等概念，不過所包含的信念、宗教習俗、世界觀、理念十分多元，有時會互相矛盾。印度教認為接近神有許多種方式，其實也可將其看作印度教的核心特色，誠如某古老經文所言：「諸道歸吾主，論數（Samkhya）瑜伽，帕蘇配達（Pasupata，信奉濕婆），毘濕納瓦（Vaishnava，信奉毗濕奴），不過河川之蜿蜒，終將入海矣。」[2]

黑天神小時頑皮，到鄰居家偷奶油。這是印度藝術中的經典橋段。約一七五〇年。

會現身。其中兩個化身最為知名，其一是羅摩，也就是《羅摩衍那》的主
角，另一位是黑天神，皮膚黝黑，原本是地方草場的神。[3] 黑天神的故事
收錄在《薄伽往世書》（ *Bhagavata Purana* ），詩歌中描述祂年少時，住在印
度北方溫達文村（Vrindavan，德里往南約一六〇公里）放牧乳牛，該村如
今是信徒朝聖的重鎮。人們供奉的黑天神有很多面貌：神聖牧童戈瓦達
（Govinda）很淘氣，還會偷奶油，祂的玩伴兼情人是拉達（Radha），其他
擠奶女工也喜歡祂，祂同時教人道理。祂的傳說故事中，不同的面貌所作
所為有時會跟《法典》中的道德觀抵觸，因為祂的魅力與誘惑力，使拉達
與其他農女拋下丈夫跟祂胡來。這些愛情故事可解釋為反映了信徒對神明

十八世紀晚期，位於拉賈斯坦的納德瓦拉廟（Nathdvara）中的畫作，描繪阿納庫塔節中獻給黑天神的食物。

的愛。

黑天神崇拜常以飲食性的隱喻來表達，比如：「我渴望有如瓊漿玉液般的虔誠。」世界上飲食相關的活動之中，阿納庫塔節（Annakuta，意思是食物山，也譯為五穀節）可說是最蔚為奇觀，舉辦地點在溫達文附近的哥瓦丹山（Mount Govardhan），每年雨季結束時舉行。[4] 阿納庫塔節是為了紀念黑天神，年幼的祂說服地方的牧民，不要將該年的五穀、豆類收穫祭獻給因陀羅，而改獻給哥瓦丹山，被激怒的因陀羅後來降下暴雨來懲罰人民。這個故事常出現在印度繪畫作品中。慶典上，信徒會在廟宇前院堆上大量的米，米堆方位朝向駐有神明的落院，有時可重達千萬斤，旁邊再堆起千百甜點、鹹食、蔬菜、穀類，全是素的，且不含大蒜、洋蔥。信徒會來哥瓦丹山朝聖，觀賞、享用慶典上的食物，食物山也會在儀式結束後分發給信眾。

有個創立於十五世紀的宗派也會舉辦類似的食物節慶，一年一度，稱為伐拉巴（Vallabhites）或普西迪馬格（Pushti Marga），創教地點在古吉拉特，教徒崇拜嬰兒形態的黑天神，神像通常一手高舉，掌中握有奶油。該教派極為重視食物，甚至有學者認為他們是「印度教界無與倫比的美食家」。[5]

位於捷提普拉（Jatipura）的伐拉巴寺廟中，有幅黑天神的畫作，畫中的嬰兒一天吃八餐，供奉的食物摻雜了古吉拉特、拉賈斯坦、南印度及地區料理，口味如果不是甜的，就是清淡的，因為鹽分、香料不利於孩童敏感的味蕾。普西迪馬會舉辦大型的食物慶典，其中最亮眼的是恰本波伽（chappanbhoga，意為五十六道料理）。五十六種素食，每一種各以五或六種煮法變化，每道菜裝滿五十六籃。印度境內與海外的普西迪馬格寺廟都會舉辦類似的慶典，規模稍小。

美國伊利諾州惠靈（Wheeling）的斯瓦米納拉揚廟（Swaminarayan）慶祝阿納庫塔節，供奉神明的菜餚高達兩千道。

　　有些學者認為，印度河古文明信奉濕婆的雛形，因為考古發現的封泥上，有位受動物簇擁的瑜伽者。（不過，世界上其他地區也有發現類似架構的上古圖像，比如斯堪地那維亞、西亞地區。）濕婆的起源也能追溯自吠陀時期的閃電神樓陀羅。人們信奉的濕婆有許多樣貌：眾生之主、舞蹈之主、創造主。許多濕婆信徒茹素，不過也有葷食信徒。最常吃的動物是山羊，必須以瞬殺（jhatka）方式屠宰，也就是不論使用刀或箭，屠宰時須一擊斃命。

　　神明的配偶可能最初是地方的豐饒之神。濕婆的太太是雪山神女，信徒供奉的化身是難近母、迦梨女神，在印度東部尤其如此。迦梨代表初始的現實，信徒通常供奉山羊為祭，特別是加爾各答的迦梨女神廟（這可能是延續早於雅利安人時期的古老習俗）。較為溫和的女神則有薩拉斯瓦蒂，學習女神，有時被認為是婆羅門的妻子，在印度東部則被認為是難近母的女兒。財富女神拉克須米（Lakshmi）是毗濕奴的妻子，信徒主要分布在北部、西部。

Ganésa.

手持節慶甜食莫達卡的象頭神塑像，位於巴特那，十九世紀初。

桑奪（Sundal）

二杯（五八〇公克）乾燥鷹嘴豆，浸泡一晚後沸水煮熟，也可使用二杯罐頭鷹嘴豆，瀝乾、洗淨。

半顆紅洋蔥，切碎

一大匙薑末

一小匙青辣椒末，或憑喜好加入少許咖哩葉

鹽

三大匙椰子絲（新鮮或冷凍皆可）

二大匙蔬菜油

油加熱，煎香洋蔥、青辣椒、薑、咖哩葉，直到軟化，加入熟鷹嘴豆。以適量鹽調味。撒上椰子絲，淋點檸檬汁。

拋滾拌勻，趁熱吃。

食譜由納里尼・薩離格（Nalini Saligram）提供

不分地區最受愛戴的神明是象頭神甘尼許，大肚腩配上象頭，祂是濕婆與雪山神女之子，人們敬重祂，因為祂能排除阻礙。（神話故事中，雪山神女有次要洗澡，要求甘尼許幫她守門。濕婆一來，沒認出兒子身分，進門受阻的情況下，砍掉了甘尼許的腦袋。濕婆發現真相後，答應讓兒子復活，把第一個經過的生物的頭給兒子，正好經過的是一隻大象。）甘尼許出了名的嗜甜食，祂的神像總是拿著節慶甜食莫達卡（油炸或蒸熟的餃子，內餡是椰子、堅果、石蜜、香料）。據說甘尼許有次因為月亮嘲笑祂太愛吃甜食，而詛咒月亮，月亮因此出現了圓缺變化，不斷失去美貌，有時甚至完全消失不見。

到了這個時期，平民百姓最主要的崇拜模式變成了普迦：信徒在儀式中誦讀梵語經文，向神獻上焚香、鮮花、樹葉、甜食、水果。普迦形式可以很簡單，家中的神龕即可執行；也可以很莊重，到廟裡由祭司主持。儀

式程序可包含：以牛奶或酥油替神像沐浴、更衣，並製作食物獻禮，稱為納維帝亞（naivedya），這個習俗可能是從十一世紀開始出現。祭祀的食物一定要是素食，千萬不可含有洋蔥、大蒜，有些廟也禁止番茄、馬鈴薯、紅扁豆、紅蘿蔔、白花椰菜——這可能是因為蔬菜的顏色跟鮮血類似，或者不是本土蔬菜。甜點幾乎一定會出現在祭祀中：有些廟宇的小冊子中列出的甜食食譜超過兩百種。不過，添加發酵劑製成的凝乳乳酪佳拿（chhana，這是許多孟加拉地區甜點的基礎食材）比較少用於祭祀，因為人們認為這破壞了牛奶的純粹性。[6] 祭祀食物通常會用印度酥油來烹煮，這在儀式上有潔淨的意思，也認為帶來吉祥。

祭司會作勢將食物餵給神像，然後再代替神明吃下去。神明品嚐過食物後，剩下的祭品稱為僕拉薩（prasad，這個詞可以翻譯為「恩典」），會分給信眾當場享用，也可以帶回家跟親友分享。祭品受過神明加持，非常有價值。有位作家如此描述這類的經歷：

　　許多信徒單單只是供奉、接收僕拉薩，就能感受到性靈上的鼓舞。我們不妨將此看成神明的恩慈……讓人能有力量、活力來侍奉神主。享用僕拉薩是親近神明的方式中，最受信徒尊崇的，這種經驗非常私人，神明與人的唾液，在分享食物時混合。從靈性層面來看，食物、神明、信徒在該時空下成為同體——這種經驗的核心，就是俗話說的「你是什麼人就吃什麼，而你吃的是什麼就會讓你成為什麼人」。[7]

　　毗濕奴的祭典上，食物祭品非常重要，不過另一方面，濕婆的信徒反而會避免去吃神明的剩食，只有祭司會食用。[9]

許多廟宇設有寬敞的廚房，讓婆羅門廚師煮食，好提供給信徒與朝聖者。[10] 比如，斯里凡喀特斯瓦拉神廟（Sri Venkateswara，印度最多香客的寺廟，也是世界上的宗教聖地中，旅客數僅次於梵蒂岡的地方）位於安德拉普拉德什的蒂魯伯蒂（Tirupati），每日前來朝聖的香客就有六萬人，在慶典期間單日訪客數更高達二十萬。廟中販售的特製甜點萊杜（laddu）是由扁豆、糖、堅果與香料製成的小球，廟方也另外製作巨大尺寸的萊杜，稱為卡里那萊杜（kalyana laddu）。

位於奧里薩普里的賈迦納神廟（Jagannatha）供奉黑天神，廟中提供的食品超過一百種，都是以酥油烹煮而成。神明們一日有五次儀式供奉，朝聖者可以選擇跟眾人一起在餐廳用餐，或是在廟內的市集中購買僕拉薩。

寺廟獻祭用的帕拉尼式潘卡迷坦

一百片熟的香蕉片
十公斤粗糖
一公斤去籽椰棗
五○○公克冰糖
五○○公克葡萄乾
二十五公克完整小豆蔻籽
二五○公克印度酥油

用手將香蕉片碾碎，與粗糖混合，加入椰棗、冰糖、葡萄乾，然後再加入小豆蔻籽與酥油。只能使用右手來攪拌混合，直到食材變得有黏性。享用之前需要靜置幾小時，讓它能稍微發酵。[8]

　　坦米爾納度地區的帕拉尼有座穆盧干神廟（Murukan），廟中店鋪販售的帕拉尼式潘卡迷坦（pancamirtam）十分有名，這是一種色澤深紅，果醬般濃稠的物質。信徒會在晚上將這道甜品搭配牛奶一併獻上，隔日會成為給信眾的僕拉薩。

　　印度最有名的廟宇食品來自卡納塔卡的小鎮烏德比（Udupi），該鎮有座知名的黑天神廟，還有其他較小的廟宇，以及八座修道院。各廟的廚房都會聘用婆羅門廚師。二十世紀時，部分廚師開設自己的餐廳，販售類似的素食料理，從地方餐廳起家，一路茁壯，搖身一變成為全國性的餐廳，甚至在海外也有店面。這類的南印餐廳，店名通常帶有「烏德比」[10]、「烏德比」一詞，餐廳菜單上的基本款有：扁豆咖哩「桑巴」（sambar）、香料蔬菜湯「拉桑」（rasam）、蒸米糕「伊迪立」、米薄餅「度沙」、炸豆餅「瓦戴」、椰子酸甜醬。邁索爾伍蘭餐廳（Mysore Woodlands）、德薩帕喀什連

---

10 該地名已成為素食的代稱，雖然烏德比也有不少葷食。

鎖餐廳（Dasaprakash），都是以這樣的模式起家。德薩帕喀什最早的店面位於欽奈（Madras），店面的大廳、門廊擺設了多尊印度神像，甚至設有小型的禮神廳。（神像幾乎可說是南印餐廳的基本擺設。據說，首先登上聖母峰的艾德蒙・希拉里爵士〔Sir Edmund Hillary〕與嚮導諾蓋〔Tenzing Norgay〕在攻頂後，發現早有人比他們搶先一步了——某位南印餐廳老闆！）

　　一開始，烏德比的旅館會特別區隔出給婆羅門階級使用的飯廳，或者禁止穆斯林、賤民入館（有些旅館雙管齊下），不過一九五○年代之後，便不再有這種做法了。餐廳只聘用婆羅門廚師的規矩也不復存在，部分原因是願意以廚師為業的婆羅門人數減少了。[11]

譚崔教

　　反婆羅門的風潮中，另有一個更極端的教派，稱為譚崔教（Tantra，也譯為坦忒羅，一般常稱為印度密教），該教派於六至八世紀之間發跡，

印度教祭司將椰子、鮮花、甜食獻給甘尼許神。

位於火葬場的譚崔儀式，這類地點常用於譚崔儀式中。約一七九○年，

發源地位於印度東部、東北部。譚崔的主張是，要從存在中解放、達到涅槃自由，應尋求的方法不是要超脫身體，而是透過身體。想要加入譚崔教派的信徒，需要經過大師引導，行祕密儀式得入教，有的儀式地點還是火葬場。儀式中需要五重修行：酒（madya）、肉（mamsa）、魚（matsya）、烘或煎的穀物（mudra）、性交（maithuna）。[12] 有的儀式也要求信徒喝下五種體液，也就是「五寶」。有些譚崔信徒崇拜單一母神，也有崇拜濕婆的派別（喀武拉派〔Kaula，意指家、完滿個體〕、卡辟力卡派〔Kapilika，意指骷髏人〕）。

譚崔重要經典《大涅槃譚崔》（*Mahanirvana Tantra*）中對五重修行有詳盡的描述。[13] 酒可用糖、米、蜂蜜或棕櫚樹汁製作而成，製作者階級不拘。最好的魚是無刺的魚，不過，還是可以供奉魚刺很多的魚，前提是獻給神明之前要完全烤熟。最好的烤穀是薛里米（shali，冬季精緻米品種）與大麥，若以奶油煎熟特別美味。

不過，譚崔也有其限制。根據《大涅槃譚崔》，須避免宰殺動物，只有為了儀式才允許宰殺，只有經過譚崔儀式淨化的肉才可以吃。人若在其他狀況下吃肉，需要贖罪。

《大涅槃譚崔》中如此稱呼酒：

> 多羅〔母神〕自身也是液態，萬物救主，愉悅與解放的母親……凡人若能自制，以心來品酒，即為在地上的不朽之神，就像濕婆自己一樣。（十一・105 節）

不過，經中也告誡人不可貪杯，以免自毀或毀人。

譚崔儀式歡迎所有的階級，也接納婦女。他們不禁止人們跟放逐者一同吃飯，或向他們拿取食物。「精通〔譚崔〕教義之奧妙的旃荼羅，乃在婆羅門之上；而欠缺奧妙的婆羅門，反不如旃荼羅。」在譚崔經書中如此道。該教的部分概念，後來融入哈達瑜伽（hatha）中，比如昆達里尼瑜伽術（kundalini）認為人潛在的能量儲藏在脊椎中，盤蜷如蛇。

慶典與宴席

人們慶祝神明的喜慶，舉辦慶典，並齋戒或宴席，有時兩者兼具，有些節慶只有當地或該區域的人民才會慶祝，有些則舉國上下都會慶祝，甚

至延伸到海外印度裔族群，比如灑紅節、排燈節（Diwali，也譯為萬燈節、光明節、屠妖節、印度元宵節）。依照節慶特色，有些以家族為中心，有些則需要上寺廟參拜或到聖地朝聖，共襄盛舉的香客時而多達數百萬。

甜食是許多慶典必備的環節，可能因為這是窮人少有的奢侈品，而且因為甜食多為素食、炸物，人人都可以享用，無須顧慮階級或宗教。傳統上，甜食都是家裡自製，不過今天多數人會向專業甜品商家購買。

因為絕大多數的慶典得看陰曆，所以每年日期並不相同。陰曆的一年之始是豐收慶典：北部的瑪克桑格拉提節（Makar Sankranti）、旁遮普地區的洛禮節（Lohri，可視為豐年祭）、坦米爾納杜的龐戈節（Pongal，許多東南亞國家也慶祝該節）、安德拉普拉德什地區的桑格拉提節（Sankranthi）。龐戈是節慶也是料理的名字，新婚婦女將當季新米加上牛奶、石蜜、腰果、酥油、椰子來烹煮，當鍋中開始沸騰時，她們會高呼「龐戈」，意思是「大滾了！」人們會將部分的龐戈獻給象頭神作為僕拉薩。在安德拉普拉德什的豐年祭，印度教徒會準備巴亞薩姆，這是以牛奶、米、石蜜做成的米布丁。

三月中旬的瑪克桑格拉提節是印度人普遍會慶祝的節日，紀念濕婆迎娶雪山神女。當天信徒會進行齋戒，晚上冥想，隔天他們會崇拜林伽石（lingam），形似陰莖的石像，濕婆的象徵。信徒會用恆河水、牛奶、優格、蜂蜜來清洗林伽石，並供奉牛奶、優格、糖、蜂蜜、酥油、木敦果樹葉與果實、檳榔葉與花。有些大型廟宇有時會出現由大量牛奶、水果所匯流而成的小河。瑪克桑格拉提節跟其他慶典不同，崇拜儀式結束後沒有宴席，信徒要接著齋戒一整天。到了中午，他們會吃一種特別的素餐，裡面有法拉哈（不含穀物的料理），然後繼續齋戒，從這餐之後齋戒三十六小時，直到第三天早上。

印度教最熱鬧繽紛的慶典是灑紅節，於每年初春第一個滿月日慶祝。孩童、青少年會朝親友、鄰人、路人噴灑彩色的水、粉末，所以當天所有的人都會穿上舊衣服。節日的特殊飲料是「添怠」（thandai），這是種迷幻性質較溫和的傍，以扁桃仁粉、糖調製而成。西部地區流行的灑紅節零嘴則是普蘭波里（puranpoil）與含石蜜的版本，這是種甜餡餅，內餡是扁豆、當季製作的石蜜。

黑天神誕辰（Janmashtami）在每年的八、九月，信徒當天齋戒，午夜時吃甜食以紀念黑天神的生日。

甘尼許降臨日（Ganesh Chaturthi）時間是初秋，慶祝象頭神誕辰。最

有看頭的慶典位於馬哈拉什特拉、孟買，人們會用陶土做成巨型甘尼許像，立在家中、特殊場所共十天，然後再將塑像沉入河中或海中。該節日的主要甜品是象頭神的最愛，莫達卡。

　　有兩個稱為九夜節（Navaratri）的慶典，用來紀念難近母，一個在春天，另一個在初秋。南印度的人們會在家中以九種穀物與豆類做成料理，隔天獻給女神，並分給親友。常用的食材包含大麥、小米、米、樹豆仁碎、綠豆、黑鷹嘴豆、白扁豆、黑芝麻、黑豇豆、硬皮豆。孟加拉西部的人民會大肆慶祝難近母普迦節（Durga puja），長達九日。社區聘請工匠為女神打造精緻的神龕、陶土神像。交換、食用甜點則是節日中不可或缺的一環，餐廳、甜點店在節慶期間生意興隆。節慶的最後一天，人們會準備素的大鍋飯，內容可能包含特別製作的米豆粥「契科黎」（khichri）、蓬鬆空心炸脆餅「魯其」（luchi）、蔬菜、多種甜點。

　　印度北方在初秋時還會慶祝十夜節（Dussehra），紀念羅摩王戰勝魔王拉瓦那（Ravana），這段故事記載在史詩《羅摩衍那》中，許多街頭戲劇也會演出。在慶典開頭時，人們會種下少許小米種子，天天澆水，第十天收穫新芽，做成沙拉來吃。南印度的節慶向來較有宗教色彩，在十夜節時人們也一樣會每天特地準備一道素食料理，輪流獻給難近母、財富女神拉克須米、學習女神薩拉斯瓦蒂。

　　排燈節（在南印稱為「Deepawali」，意思也是燈）在深秋，是跟家人一起過的節日，全國人民都會慶祝，慶祝羅摩王在流亡十四年後，終於回到自己的國家阿瑜陀國（Ayodhya），該節日象徵邪不勝正、光明勝過黑暗，所以節期間人們會點上小燈。人們也會在此時以純粹的白糖做成動物、玩具的形狀，分送給孩童，鄉村地區的農夫會餵牛群吃甜食，以示尊敬。

　　還有一種宗教性活動：朝聖。聖地稱為特塔斯（tirthas），通常位於河畔、山間。人們會為了還願、許願、淨化心靈而朝聖，也有人只是純粹想看看聖地，畢竟觀看神聖之地能提升靈性。通常苦行僧會住在離聖地不遠的地方，而人們認為他們能為該地注入能量。朝聖者的旅行也是種苦修，因為他們離開舒適的家，承受跋涉之苦。[14]

史詩中的宴席

　　黑天神與羅摩是印度兩大史詩《摩訶婆羅多》、《羅摩衍那》中的主角。

羅摩、妻子悉多與羅摩的兄弟拉克什曼那，三人在林中煮食。一八一五－二五年，
《羅摩衍那》插圖。

此二史詩在印度文學分類上是古譚（itihasa），敘述過往之事，並穿插哲學
洞見與評論。這兩部作品以口耳相傳的方式流傳了數百年之後，才有文字
紀錄。《羅摩衍那》成書時間可能是公元三世紀，《摩訶婆羅多》開始有文
字形式紀錄的時間則更早，但完成時間也更晚。我們很難追溯詩中的事件
確切發生的時間，因為其中許多篇章是後人添加的。

　　《摩訶婆羅多》是世界上最長的詩，詩句超過二十萬行，敘述婆羅多
家族兩大支派的戰爭：俱盧族（Kauravas）、般度族（Pandavas）。故事場
景在恆河與雅木納河之間，靠近今天的德里，詩中的事件可能發生在公元
前八、九世紀。故事中不時穿插黑天的敘述，詩中的黑天是有神力的地方

部族首長或君王，他是般若族的親戚，也常為他們出主意。故事中也常穿插哲學、宗教性的談話，其中包含印度教最重要的經典之一《薄伽梵歌》（*Bhagavad Gita*）。

《羅摩衍那》的篇幅短上許多，場景往東走，內容敘述的可能是公元前一千年之間，新興王朝勢力與山林部族之間的區域性衝突。相傳作者為蟻垤（Valmiki），他是公元前四、五世紀的人，不過這部作品有許多梵語與地區方言的版本。《羅摩衍那》故事以羅摩為主角，他是阿瑜陀國流亡的君王，他的妻子悉多（Sita）被魔王拉瓦那擄走，羅摩在神猴哈奴曼（Hanuman）的幫助下，奪回妻子。一些印度人認為羅摩與太太悉多是理想的男女典範，而羅摩的王國則是理想之邦。

兩首史詩的主角都是剎帝利，狩獵是這個階級的生活方式，史詩中也有多處談到打獵、吃肉。比如《羅摩衍那》中，羅摩的兄弟拉克什曼那（Lakshamana）獵殺了八隻羚羊；悉多把肉曬乾，獻出部分給眾神後，享用餐點。在《摩訶婆羅多》中，流亡的般若族五兄弟維生的方式是「從野地採集食物，只用箭羽獵鹿為食，先將獻給婆羅門的部分區隔出來，才食用剩下的食物」。這樣的飲食方式顯然有益健康，因為詩中的人們沒有一個「看起來蒼白病弱、瘦弱無力，也不會顯得憂愁畏懼」。[15]《摩訶婆羅多》中，羅摩的父親十車王（Dasaratha）擺設宴席的場景如下：

> 甘蔗、多種甜點、蜂蜜、碎大麥、葡萄酒及其他美釀、熱騰騰米飯堆得像山一樣高、牛奶、燉菜，另有融合六味的菜餚，多到數不清的配菜，席間送來石蜜做成的甜點……
>
> 男人們看著數不清的料理，羊肉、豬肉、鹿肉、其他的肉，以果汁煮熟，在奶油中煎香，稍微加上丁香、藏茴香籽、扁豆爆香。上千器皿盛滿香料飯，上面撒上鮮花與彩旗……蜂蜜從樹葉上滴下來，湖中注滿馬瑞亞氣泡酒（Maireya），岸上以珍饈裝飾，比如鹿肉、雞肉、孔雀。席上菜餚千百款，器皿堆積成山，裝滿了以藏茴香籽、薑調味的優格，還有其他芬芳的香料也都在這裡。[16]

般若族的大家長堅戰王（Yudhisthira）所主持的宴席也一樣豐盛：

> 勤奮的管家們監督著乾淨的廚師們，端上大塊的串燒烤肉、以羅望子和番石榴製成醬汁的燉肉、乳水牛肉淋上酥油串起炙燒、酥油炸乳水牛肉

再以酸水果、岩鹽、帶香味的葉子調味。大塊的鹿臀肉，以不同方式燙熟，加上香料、芒果、撒上調味品。動物的肩肉、後腿肉抹上酥油，撒上海鹽、黑胡椒粉，以蘿蔔、番石榴、檸檬、香草、阿魏、薑來提味。[17]

話說回來，詩中其他部分對於葷食的態度反而頗為保留。《摩訶婆羅多》中，有婆羅門問一位虔誠的屠夫，怎麼能從事這麼殘酷的行業，屠夫回覆說，他所宰殺與販售的牲畜與肉都帶有業障，因為這些肉餵飽神明、賓客、僕役，又能安撫先祖。如果不是聖火那麼喜愛動物之肉，人們也不

印度古食譜書《廚學》中的食譜

茄子

將一條茄子切小丁，在熱水泡十分鐘後撈起，放在乾淨的碗中備用。取孜然粉、芫荽粉、黑胡椒粉，加入全熟的羅望子、芒果粉、凝乳，充分拌勻，再將每個茄子塊都裹上混合香料糊。取煎鍋，放入少許酥油，將香料茄子丁煎熟。離火，加入鮮花與樟腦增香。以散龍葵葉包裹茄子丁，再以熱油煎香，起鍋後去除散龍葵葉子，即可食用。

苦瓜

苦瓜去頭尾，切丁，大小如一，放入平底鍋中，加岩鹽、印度檸檬汁（jambirinimbu），開始加熱時蓋上鍋蓋（否則成品會苦）。離火，以新鮮酥油煎香。在鍋中放入阿魏粉並拋甩鍋中物以拌勻。另外混合胡椒粉、肉桂粉、月桂葉碎、豆蔻粉、乾燥鐵刀木（Mesua ferrea）的花苞，混合後拌入阿魏粉中，製成綜合香料粉。撒上綜合香料時，一併加入葫蘆巴粉、孜然粉、芫荽粉、毛楊梅粉。加入樟腦與野薑黃（kasturi）提香。倒冷水在綜合香料粉上，加入苦瓜丁，小火加熱，煮熟後，在酥油中將苦瓜丁炸酥，即可食用。[19]

可能會吃下肚，更何況，「不論是誰以動物為食之前，只要先安分恭敬地獻給眾神與列祖，就不會被吃肉的惡行所汙染。」

屠夫也認為，他從事自己應做的行業，是他的達摩，也是一種功德。就連耕地的農夫，都在耕作時大大地損害了動物的生命，因為無數的生物活在土壤中，而智者、覺者在行走、睡覺時，也一樣破壞了動物的性命：「空中與土中充滿著活著的有機體，而人在無意間由於無知，將其摧毀。」於是他下了定論，戒律要求人不可傷害一切生物，是因為古時人們對其中真正的事實一無所知。[18]

還有一段詩譴責意味更濃：

> 為了別人要吃肉而去殺生的惡人，所犯之業極重無比。吃的人的業反不如他。按照吠陀的道路所示之儀式與祭典，惡人出於口腹之慾而殺生，此人必然下地獄。人曾吃肉，其後節制葷食，他忌口的功德是大的。為了得到肉而奔波張羅的人、允許這樣張羅的人，宰殺牲畜的人，販售或購買肉的人，烹煮肉的人，把肉吃下肚的人，都是吃肉的人〔也承受其業〕。〔因此〕人若要避免災害，當忌葷，不吃一切活物之肉。[20]

詩中前後矛盾的觀點可能是因為各段落的成文時間有落差，或者出自不同的作者，所以詩中既融入婆羅門教觀點，也摻入了大眾視角。

《摩訶婆羅多》中穿插了大量無關故事主軸的段落，有些跟食物有關。般若五兄弟之一怖軍（Bhima）的特色是他燒得一手好菜，食量也很可觀。有次他被迫偽裝成廚師，在昆羅多王（Virata）宮中做菜，王對他端出來的美味料理大為讚賞。

尼煞達國（Nishada）的那羅王（Nala）是神話人物，相傳是印度第一本食譜書《廚學》（Pakasastra）的作者。他因為一連串的事件失去王位，輾轉成為阿瑜陀國王的馬車伕。他為大王煮過一頓飯，由於太過美味，國王命他成為御廚之首，而他最後也成功奪回王位。他的食譜以梵文寫成，集結成為《廚學》（又稱《那羅料理》〔Nalapāka〕），分成十一章，共七六○行詩文。這本著作有許多不同的梵文版本，甚至有方言版本，不過這些版本是否忠於原文，則依然有爭議。到了今天，印度北部的廚人被稱為「摩訶羅闍」（maharajah，意思是尊王、大王），或許就是沾了他的光，而「那羅料理」一詞則意味著高檔美食，這個詞也是許多餐廳、熱門電視烹飪節目的名字。

《薄伽梵歌》

　　《薄伽梵歌》是印度文學中最知名的作品之一，意思是神之歌，內容是《摩訶婆羅多》中的一段對話，人物包含般若五兄弟之一阿周那（Arjuna），以及喬裝成阿周那車伕的黑天，兩人在兩族大戰前夕一陣長談。阿周那感到迷惘，他一方面是有義務戰鬥的戰士，但另一方面，他並不想殺害他的親族與朋友。黑天表示，從苦難與輪迴之中解脫的道路，是人以自律的行動（即「業瑜伽」）來遵循他的達摩（社會義務與職責），卻不計較利益得失或成敗。因此，阿周那應盡戰鬥的義務。

　　黑天在討論達摩的時候，表示其帶有三大特質（guna），而在當今印度的飲食觀依然符合這樣的分類法：「悅性」（sattvic）通常也翻譯成純粹、清明、冷靜的；「變性」（rajastic）也譯為熱情、躁動不安、有活力的；「惰性」（tamasic）意思是緩慢、遲鈍、倦怠、無知的。這三種特質模塑出人的個性，也決定了一個人會吃什麼東西，反之，一個人的飲食喜好也反映他的天性。婆羅門、瑜伽士、冥想者、學生，這些人有悅性的氣質，應該吃悅性的食物；剎帝利需要充滿活力、有戰鬥力，所以吃變性食物；至於惰性食物通常跟賤民有關。黑天說：

> 讓清明之人吃了會感到愉悅的食物
> 是鹹味、滑順、堅實又濃郁
> 這些食物使人長壽、清明
> 有力量、健康、愉悅、歡樂。
>
> 血性之人渴望的食物
> 是苦、酸、鹹、辣
> 嗆鼻、刺激、辛辣
> 帶來痛苦、悲傷、病痛。
>
> 陰沉怠惰之人
> 愛吃的食物是放太久的食物
> 難吃、腐敗、發臭
> 不夠格作為祭品的遺留物。[21]

　　其他的古文對食物的分類解釋則更細，尤其是哈達瑜伽相關的著作。
[22] 悅性食物包含米、大麥、小麥、鮮果、蔬菜（尤其是綠葉類）、綠豆、
牛奶、新鮮優格、扁桃仁、種子、冰糖、乾薑、小黃瓜、酥油。變性食物
則包含不是剛做好的發酵食物、乳酪、部分根莖類蔬菜、魚、蛋、很鹹、
酸辣的食物、白糖、香料，還有（當代著作提到的）咖啡、茶。惰性食物
則包含超過一天的剩飯、醃漬食物、油炸食物、肉、酒、其他有迷醉效果
的物質，還有（當代著作提到的）速食、罐頭食品。

齋戒

　　齋戒是印度飲食中的重要傳統，也是在這個時期成為常見的習俗。
《未來往世書》（*Bhavishya Purana*，最早於公元前五○○年左右開始寫作，
其後數百年間不斷增添內容）中每一年都列了將近一百四十種齋戒。陰曆
正月上旬的八、十一日被標記為齋戒日，另有其他日子紀念不同的神祇。
梵語的齋戒是「瓦嗒」（vrata），意思是誓願。今天的印度人齋戒的原因很
多，人們可以為了宗教節慶、祭神形式而齋戒，可以因為感謝神明的祝
福、向神許願而齋戒，也可以藉此訓練自制力，或是作為整頓身體的方
法。通常女性比男性更常齋戒，她們也會在特別的日子齋戒，以為家庭、
丈夫祈福，如每年一度的女人節（karvachauth），印度北部人會過這個節
日，孩童則不需要齋戒。

　　通常齋戒不是指完全禁絕食物，而是有所限制的飲食。齋戒可以吃的
食物一定是素食，規矩最少的齋戒餐可能是要求在烹調時以印度酥油替代
一般油，或者以海鹽來代替岩鹽。有時齋戒指的是只允許食用「喀洽食物」
（kaccha，意思是「沒煮過的」，但水煮不在此限）。齋戒當天只能吃一餐，
只在早上進食。規定最嚴格的齋戒，當天不可吃任何食物，水也只能喝幾
口。有些印度教徒會每週固定一日齋戒，通常是週二，或是陰曆每兩週的
第十一日，這一天稱為愛喀達西日（Ekadashi，新月後十一天，以及滿月
後十一天）。集體齋戒通常跟宗教節日有關，比如羅摩誕辰（Ram
Navami）、濕婆節（Mahashivratri）、黑天神誕辰，印度教占星師建議每日
齋戒，以抵抗天體運行帶來的禍害，同時也推薦特定的食物，來阻擋負面
影響力。

　　在今天，印度教徒中最世俗化的人，當父母或至親不幸過世，還是會
遵守傳統喪禮儀式。在遺體火化之前，家中不可用餐、煮食，遺體火化越

快進行越好。長子主責哀悼，要象徵性地點燃火化儀式。該戶一般的飲食習慣會中斷十到十三天，依不同族群習俗。至於這段時間吃什麼、怎麼準備食物，則有極大的差異。嚴格派印度教家庭一天只能吃一餐，不可煎炸食物，也不可使用香料，特別是薑黃（因為薑黃是喜事的象徵）。主要哀悼人可能得自己煮食，內容可能是煮白米、扁豆、麵餅。平常吃肉的家庭在這段期間可能只能茹素。在古老的習俗中，第十三日時，家人會餵牛吃飯糰，再餵給烏鴉，因為人們相信烏鴉會帶死者的靈魂到天上去。自此齋戒結束，親友會吃一頓大餐。每年到了喪禮這一天，該戶會吃特別的素食料理。傳統上，印度教寡婦必須終生吃素，在過去人們還會希望寡婦此後都得清貧度日。

常見齋戒方式包含某類的食物，稱為「法拉哈」。食物分為兩種：需要特殊器具才能收穫的食物是「阿那」（anna），比如米、小麥、大麥、扁豆；不需要刻意耕作就能生長的食物是「法拉」（phala），比如野穀、蔬菜、水果、特定根莖類與瓜類、樹葉與花。法拉哈餐只能吃後者那一類的食物，這樣的分類可以追溯到古時苦修僧的生活方式。麵餅、點心不用麵粉，改用菱角粉或蓮子粉，也不能用其他穀物磨成的粉。其他禁止食用的食物包含洋蔥、薑黃、大蒜、薑、海鹽、黑豇豆（因為該豆顏色黑，像肉）、香料。可以食用牛奶、酥油、水，也可以喝茶、咖啡、無酒精飲料。

耆那教跟印度教的節慶多有重疊，不過耆那教徒慶祝的時候不會吃大餐，而會禁食。耆那教的重要慶典是培里烏山楠節（Paryusanan），每年八月或九月時舉行，為期八天或十天，期間教徒得盡可能效仿僧尼清修時的生活方式。有些人整個節期都齋戒，只喝煮開的水，也有人只在最後一天齋戒。節期最後一天，教徒會向他們得罪過的人請求原諒。悉達[11]脈輪日（Siddha Chakra）一年兩度，期間教徒每天只能喝水，並只吃一種水煮食物。四月時有不朽節（Akshaya Tritiya，這一天是一年之中的大吉之日），如果有人全年齋戒，他們會在這天喝甘蔗汁。[12]

生命階段轉變

在轉換生命階段的過程中，食物的角色也至關重要，婚姻、懷孕、生

---

11 悉達指已解脫一切塵世業障，最純粹完美的靈魂
12 作為全年齋戒修行的結尾。

子等階段，皆有不同。印度人民不論族群，都會投入大量的時間、精力、財力來安排、慶祝子女的婚事。結婚的每一個過程都會安排娛樂活動作為慶祝，有些活動可以長達數日，款待賓客不止數千，有些經濟能力不夠的家庭甚至會因此負債終身。婚禮上，宴席比結婚儀式更重要。新娘、新郎的家庭藉此提升地位和聲望，而婚宴上招待的食物品質與數量成為顏面與名望的象徵。人們可以在席間恣意比較婚宴的等級，彼此討論過去曾參加的婚宴。[23]

　　婚禮前也有不少活動，包含談定婚事、宣布訂婚、訂婚儀式等等，這些場合一般會發送點心、甜食，或者需要請一頓飯、送食物到對方家裡去，並交換討吉利的食物，尤其是甜食。在印度南方，當雙方家庭談妥婚事的時候，雙方家人會交換檳榔塊，以此為憑。有些地區則看重魚，這象徵好運、幸福、昌盛，舉例而言，西孟加拉邦、孟加拉國的新娘家庭送給對方家庭的禮物，就包含以鮮花裝飾的大鯉魚，有時甚至會替魚畫上口紅、額紅（已婚婦女額頭上的紅點裝飾），好代表新娘。[24]

　　婚宴由女方家支付，會聘請專業的外燴團隊，由團隊負責炊煮器材與張羅食材。傳統上，婚宴地點會搭大帳篷，在新人家族所屬土地或附近的地舉行。賓客入席後，呈長列席地而坐，食物端上來的時候，會擺在賓客面前的蕉葉上。服務員們端著大鍋，在行列間移動，撈起鍋中食物盛到葉子上。食物會淋大量的酥油，象徵好彩頭與財富。對婆羅門、嚴格派印度教徒而言，當時的婚宴一定是素食。席間的飲料是水或白脫牛奶，罕有酒類。今天的婚宴上，桌椅越來越常見，雖然桌上還是會擺上蕉葉作為菜盤。富有的家族會在俱樂部、高檔飯店舉辦婚宴，有時中產階級的家庭也是如此，餐點可能會採自助式，有時有一些泰式、墨西哥式、歐陸料理，甚至有雞尾酒。

　　生產、懷孕的過程也有特別的食物。根據阿育吠陀、民間習俗觀念，懷孕是「熱性」狀態，因此孕婦不可以吃任何在當地被歸類成「熱性」的食物，否則恐怕有流產之虞。舉例而言，孟加拉地區認為鳳梨、特定魚類是熱的。而另一方面，人們認為寒性食物會增強孕婦的力量、促進順產，乳製品就是寒性食物。在印度北部，孕婦的父母會在孕期第五個月的時候，贈送椰棗乾、椰子片、白麵包、酥油炸的萊杜，不過在安德拉普拉德什，人們會給孕婦吃酸辣的料理，好讓她有食慾。產婦生產過後五天內，會吃半流質的食物，比如牛奶煮粗麵團、清雞湯、水果。到了第六天，產婦會吃一頓大餐，裡面有各式營養豐富的食物，傳統上，菜色會以六為單

位，這頓飯的目的是讓吃奶的嬰兒更有體力，也讓嬰兒能間接接觸不同的食物。[25] 當嬰兒六個月大時，會舉行進飯儀式（annaprasana，印度教人生十六聖禮之一），這是嬰兒人生中第一次吃固體食物的儀式，餵食的是甜的米布丁。

印度南方十九世紀初葉的繪畫，描繪進飯儀式，這是嬰兒人生第一次吃固體食物的儀式。

第六章
飲食與印度醫生

公元前六〇〇至公元六〇〇年

　　關於古印度飲食的記載中，最有參考價值的是醫療文獻。對印度人而言，食物與醫藥基本上是一體兩面。所有的食物都各自有影響身體、心靈的屬性特色，連同正常情況下禁止食用的食物亦是。印度醫生非但不提倡吃素，還建議人們吃肉、大蒜、菇類，甚至許多情況下推薦飲酒。印度醫生並不會感到不妥。十一世紀的某個醫生如此寫道：「用藥的建議並不是要讓人積功德（達摩），那是為了什麼呢？這些是為了讓人能身體健康。」[1]

　　一個社會對食物的看法南轅北轍，並不是印度獨有的現象。飲食史學家肯・阿巴拉（Ken Albala）在作品《近現代歐洲的飲食》（*Food in Early Modern Europe*）點出，精緻肉派或許會在菁英階級之間頗為流行，卻會在五旬節時受到天主教會禁止，而醫師可能禁止病人食用，因為其中許多食材難以消化。[2] 醫師在飲食上砲口一致，這在今天如此，在兩千年前也是一樣。

　　在吠陀時期，人們認為疾病跟超自然力量相關。曇梵陀利（Dhanvantari）是吠陀眾神時期的醫生，在印度部分地區也被尊奉為醫神。《阿闥婆吠陀》（*Atharvaveda*）成書時間約在公元前一千年左右，集結了對抗疾病、惡魔、巫術、惡獸的咒術、符咒，不過裡面也有一點醫藥建議。比如，書中建議以黑胡椒治療箭傷。

　　希臘人觀察到印度人絕佳的健康狀況與體態。阿育吠陀醫學讓亞歷山大大帝大開眼界，他甚至派遣好幾位印度醫師到希臘去，這些印度醫師可能對希臘醫學有些影響（或許四大體液理論就是由他們引入的，不過這還沒有定論）。梵文醫學著作被翻譯成阿拉伯語、波斯語。在阿拉伯聞名的黃金時期（七四九─一二五八年），巴格達的哈里發宮廷中，希臘與印度醫師彼此競爭，希望比對方更勝一籌。

　　在部分印度地區，特別是孟加拉、喀拉拉，阿育吠陀的醫者稱為吠狄亞（vaidya），他們形成了獨特的種姓階級，而阿育吠陀醫者則演變成世襲

的職業。[3] 其中一支派以手術見長。早在數百年前，印度醫師已發明了特別的工具來執行手術，如造鼻、移除白內障、截肢、剖腹產等。十八世紀時，歐洲人曾到印度學習這些手術。不過，由於印度文化中禁絕接觸屍體，所以印度醫師對人體內部的解剖構造所知有限。

阿育吠陀醫者將重心放在預防與治療病痛。他們會上門治療病患，也在自己家看診，家中設有儲藏室，存放藥物、醫療器具。醫師會自行搭配藥草、植株來調製藥方，他們會採集藥草，也會自行種植。藥典規模頗為可觀，醫師妙聞（Susruta，詳見下文）記載的藥草超過七百種，隨著時間過去，中亞、西亞的藥物流入印度，也被納入其中。喜馬拉雅山脈尤其以出產草藥聞名。

更有野心的吠狄亞會以成為宮廷御醫為目標。大型王宮會有多位醫生，他們的上司則是國王的專屬御醫。國王的個人御醫職責不只是治療生病的君主，也要在平時為君主養生，讓君王能健康、長壽、有活力。吠狄亞也監管御廚的工作，確保君王有健康的飲食，他也必須負責檢驗、預防小人毒殺君王，從醫療文獻頻繁記載的程度看來，君王遭到毒害的風險從未消失。

阿育吠陀文獻主要由三位大師寫成，他們被稱為三醫：妙聞，可能於公元前七〇〇至前六〇〇年教授醫術；遮羅迦（Caraka），生活於公元二世紀，他也可能是集合了多位醫師的形象化身；伐八他（Vagbhata），可能在公元六或七世紀時，居住於信德地區行醫。最重要的著作有《遮羅迦本集》（Caraka Samhita），這本巨著之厚，是任何一本希臘醫學著作的三倍；再來是《妙聞本集》（Susruta Samhita）。兩本古籍都包含討論飲食、食物的章節。[4] 我們難以斷定這兩部作品的成書時間，或許在歷史上曾經存在原著，由公元一世紀的多位醫師共同編纂而成。伐八他《八支心要方本集》（Astangahrdaya）則是公認最偉大的印度醫學概要，譯本包含藏語、阿拉伯語、中文，還有其他語言。其他重要的文獻資料還有《包爾文書》（Bower Manuscript），（一八九〇年英國軍官漢彌爾頓・包爾在東突厥斯坦發現了一部梵文醫療文集，這份文獻以其為名）這批著作的寫作時間可追溯至四或五世紀，內容包含一篇著名的大蒜研究，以及其他資料。

印度醫學寫作的傳統一直持續到十八世紀。約在一三〇〇年時，薩恩加達拉醫師（Sarngadhara）寫下一篇廣為流傳的醫學研究，裡面包含許多食譜。梵文醫學文集另有一部叫做《吠狄亞之道》（Vaidyajivanam），作者是十六世紀後葉醫生，羅黎婆囉亞（Lolimbaraja），他住在西部的浦那

（Pune）。簣馬薩瑪（Ksemasarma）所著《飲食與健康》（*Ksemakutuhalam*）約在十六世紀中葉出現，內容十分有意思：除了討論不同食物的藥用屬性，作者對於諸料理的味道、烹調方式很感興趣，還在書中寫下食材分量。

阿育吠陀的原則

阿育吠陀的中心思想是，世界上存在的一切萬物（宏觀宇宙）都存在於人體之中（微觀宇宙），一切物質都是由五種元素所構成：土、水、火、空氣、乙醚，兩兩搭配則會出現十種正反屬性：輕重、冷熱、油／潤－乾、慢－緊湊、動靜、軟硬、乾淨－黏膩、粗糙－滑順、細小－粗鈍、固態－液態。

身體構造中的骨與軟骨主要是土。油脂及維生的體液，比如淋巴液、血液、精液、鼻涕則主要是水。消化性液體、內分泌激素、體溫、製造心裡感受的物質等，是火。任何有移動能力的身體構造，包含神經系統，是空氣。體內讓各種東西——血、淋巴腺、汗腺、神經——流通的管道則是乙醚。人體中的各元素組成三大督夏（dosha），在體內流轉，該梵文詞彙有不同的翻譯，可以理解為「病素」或中古歐洲醫學所稱的「體液」，此三大督夏為：由空氣與乙醚組成的風（vata）、火與水組成的膽汁（pitta）、水與土組成的黏液（kapha）。

風（主要位於大腸）調節所有的生理、心理活動；近年來研究糖尿病、治療發炎時，發現腸道菌叢的角色確實跟古印度醫療觀念相符。膽汁（在鼻腔）負責所有的轉變過程，比如消化。而黏液（在胸腔）的角色是穩定其他的生理機制。[5] 三大督夏的屬性可以總結為分別掌管動作、代謝、恆定性。

只要三大督夏能在正確的位置流動、累積，就讓身體保持健康，過多或過少的督夏，或停滯在錯誤的地方，則導致身體不適、發炎，也就是疾病。許多事情都能影響督夏平衡：季節、年紀、活動力、情緒壓力、環境冷熱、飲食。人們尤其容易因為季節轉換而生病，而時常進行潔淨儀式、齋戒，有助於保持健康。古時的風俗習慣，部分已經演變成節慶儀式。

人們用許多方法來調控督夏，諸如按摩、運動、良好睡眠習慣、藥草，尤其是飲食。遮羅迦寫道：「飲食不正，用藥罔效，飲食得宜，則毋須用藥。」[6] 因此，醫生自然十分關切病患的飲食與用餐習慣。通常醫生開給病人跟健康的人吃的食物，並無二致，只是病人會多加上草藥。

　　阿育吠陀極度看重消化，因為一個人若消化不良，食物就無法發揮應有的功效。梵文的消化是帊克喀（pacaka），這個字也是烹煮的意思，而消化力則被稱為火（agni）。食物被消化之火煮過之後，會在胃中變成糊狀，然後隨著溫度轉變，成為血液、肉、脂肪、骨髓，最後才是精液，後者被認為是最高等的人體精華。能提高精液量的食物素質極為重要（並沒有針對女性的同等概念）。沒消化的食物累積而成的池子，叫做阿馬（ama），一定招來疾病。要消滅阿馬，阿育吠陀的療法通常以齋戒開始，這是最重要的治療方式之一。人體的能量與力氣來自謳賈（ojas），這是良好消化能力的結果，也是原因。食物依特性分為輕盈（容易消化）與厚重（難以消化）。

　　對當時的人而言，一共有六種味道（rasa）：甜、酸、鹹、苦、辛、澀。為了維持健康、養生，飲食應該將六種味道全部納入，今天大部分的印度料理都至少帶有其中幾種味道。不過，其中澀味如今幾乎消失無蹤，只有阿薩姆地區的料理還會提到鹼味（khar）。不同味道也會刺激胃口、促進消化、改變督夏。比如，苦味食物會減少膽汁與黏液，但增加風；甜味食物則增加黏液，但降低膽汁、風。

　　阿育吠陀經典用數十種形容詞來描述食物的醫藥特性，主要是六種味道、十種正反屬性，以及其他。舉例而言，食物可以是甜或酸性的，甜的食物（包含多數肉類與牛奶）容易消化，能夠撫平風、增進黏液的分泌，而酸性食物則相反。但我們不能就字面意思去理解這些形容。人類學家法蘭西斯・季莫曼（Francis Zimmermann）寫道：「這些形容肉類的詞彙──『冷』、『油膩』等──顯然並沒有敘述性的意義；我們應該只用約定俗成的概念來解讀這些詞，就像理解特定製藥過程所使用的技術性語言一樣。」[7]

　　另一種分類則是以自然棲息地來區分植物、動物、人。第一類是將格拉（jangala），形容乾燥、少水、疏林、多風、陽光充足的地區，比如印度－恆河盆地、大草原、位於旁遮普與拉賈斯坦或古吉拉特的半沙漠與沙漠地區、烏塔普拉德什延伸至坦米爾那杜的乾燥熱帶雨林。[8]與此相反的是安努帊（anupa），指的是潮濕、多樹的地方，比如沼澤、雨林、紅樹林與山區。這個地區包含東部的季風雨林、印度西岸，位於孟加拉、阿薩姆、喀拉拉的雨林。

　　根據記載，將格拉地區少有疾病：住在那裡的人的體魄乾燥、耐勞苦。而安努帊地區有豐富的督夏，該地居民嬌柔脆弱。特定疾病在這兩地都會傳播，如果人不想生那些病，就得要吃跟居住地區屬性相反的食物。

將格拉的動物包含許多種鹿、羚，這些在過去是印度常見的動物，還有野禽，比如鶴鶉、山鶉。[9] 這些動物吃的食物屬輕盈，所以牠們的肉也容易消化。來自安努帊的動物，或是在泥地中打滾的動物（比如豬、水牛、犀牛），牠們的肉則屬厚重、難以消化。

食療處方

阿育吠陀經典詳述多種料理、食材及其功效。有些敘述難以辨別究竟所指為何，有時是因為現代印度諸語言中，已經沒有那些字詞，而有時同一種動物的名稱高達數十種。《妙聞本集》中認為，有頭腦的醫生會依照下列資訊來判斷病人該吃什麼：病因與疾病特質、當時季節、食材屬性、搭配食材與調味料後改變的特性、病人在督夏混亂時心中會想吃的食物。比起食材本身，食物的分量、處理、烹調方式更能影響食物屬性。舉例而言，水煮白飯很難消化，但煎炒的飯則屬輕盈。人應該等到半飽的時候，再來吃厚重的食物，而輕盈好消化的食物則想吃多少都可以，吃膩為止。

阿育吠陀十分看重肉類。遮羅迦列出了四種將格拉動物，認為阿育吠陀醫院應該常態性豢養：鶴鶉、山鶉、兔、羚羊。肉在烹煮時加上酥油、優格、酸米粥、酸水果（番石榴、油甘果）、辛味香料如黑胡椒、阿魏，是有益健康的食物。另一個烹煮方式是將肉切成小塊，在澄清奶油中煎過，再放到水中滾到水分收乾，最後撒上孜然籽與其他香料。絞肉做成肉餅狀，放在炭火上煮，或者裹上酥油，串起後燒烤（類似現代串燒旋轉烤肉）。肉類會以芥末油、香料醃入味，再放在炭火上烤，直到顏色轉為蜜色。雖然人們認為肉類料理不易消化，人們也認為肉可以促進食慾、讓人變聰明、促進組織增生、提升精液量。

若病人有呼吸急促、咳嗽、肺癆等症狀，或記憶力不佳，或食慾不佳，且因為發燒、心臟內膜炎而消瘦，或因其他疾病而失去生命力，他的處方會是肉清湯。在滾水中放進絞肉、糖蜜、澄清奶油、黑胡椒、長胡椒、薑來使病人有力氣。人們認為肉湯中加入番石榴汁、香料之後，功效更強大，因為這湯可以抑制體內躁動的三種督夏。不過，肉如果失去其精華，比如烹煮時間過長，就會失去功效，人們也認為肉乾特別不易消化。

米飯具有多種療效。搭配澄清奶油、肉、酸味水果或任何扁豆而煮成的飯，可以促進組織生長，增進力氣、長胖。炒飯可以緩和嘔吐與痢疾症狀，若經過磨碎處理，可以緩和嘔吐、乾渴、皮膚燒灼感。青米或新收成

的米可以促進組織生長。舊米、熟成米可以促進骨折修復。舊米比新米容易消化，在所有的米之中，生米的消化較為不易。

目前所知，阿育吠陀建議的煮米方式中，最常見的是熬粥（蒙尼爾—威廉爵士〔MonierMonier-Williams〕編纂的《梵語辭典》列出了八十個跟粥有關的字）。任何病弱的人，或是剛剛接受排毒、催吐治療的病人，醫囑都是米粥。酸粥勘吉喀（Kanjika）的作法是熬粥到隔天，直到粥呈現微微發酵的狀態，吃的時候冷熱皆可。（現代印度語中，勘吉〔kanji〕、甘吉〔jangi〕就是米湯，通常會給虛弱的病人喝。）

曼達（manda，今天這個字的意思是甜米蒸餃）這種粥是將長胡椒薑粉炒飯放到水中煮成。亞瓦估可以指米粥，也可以指其他穀類熬成的稀粥，這是種像粥的料理，將穀類跟肉、水果、蔬菜一起熬煮，這種粥非常粗糙，不易消化，但能增強體魄。還有一種米飯料理叫做巴亞薩（payasa，現代的版本是甜米布丁巴亞許，或米麵線甜布丁巴亞薩姆），這是飯、牛奶、糖做成的米布丁。

根據阿育吠陀經典，綠豆有許多優點。綠豆跟葡萄、番石榴汁一起煮，可以抑制督夏混亂的情況；如果跟蛇瓜、印度苦楝一起煮，可以治療皮膚疾病；跟辣根一起煮則可以減緩咳嗽、鼻涕、發燒、喉嚨疾病。硬皮豆煮成的燉菜是氣喘、鼻涕、膀胱與腹部腺體疾病的良藥。煮扁豆燉菜的時候加入番石榴或油甘果汁，則可以緩和混亂的督夏、治療癲癇與肥胖。其他可以跟扁豆一起煮的食材有乳製品、米粥、孜然籽、黑胡椒、特定水果。任何未經去糠的扁豆煮成的湯，都屬輕盈，有益健康。

治療過程中，有時應避免食用蔬菜，因為蔬菜帶澀味，可能會封閉體內的通道。妙聞對蔬菜沒什麼好話，只說綠葉蔬菜（夏卡，shaka）煮到熟透，完全瀝乾後再放進油中煮，這樣的菜有益健康，但如果用其他方式烹煮，則沒有功效。

阿育吠陀認為，印度酥油實際上是萬靈丹。某位十八世紀的醫師曾寫道：「酥油能回春，酥油美味，酥油緩和膽汁、風，能排毒、延年益壽、促進生長，還能破壞罪惡與貧窮。」[10]印度酥油在許多阿育吠陀食譜中，不但是烹飪油，也是調味料，可以跟多種香料、香草調和。

甜食若是以酥油煎炒，或置於陶器或炭火上烤熟的，屬於輕盈、滋補的食物，可以美白、改善視力；但是如果是油炸食品，則屬沉重，辛味重，會引起皮膚問題。《妙聞本集》詳細記載了許多甜鹹食品，不過缺乏製作步驟，以今天的眼光來看，這些食物都屬點心類。葛地卡（gaudika）是

昔卡罕食譜

三公升牛奶

一大匙優格（作為酵母）

一大匙糖，酌量增減

幾絲番紅花，微微乾煎至香，或泡在微溫的牛奶中

五顆小豆蔻莢，磨碎

扁桃仁、開心果切碎

將牛奶煮開後稍微放涼，趁有熱度時加入優格，攪拌均勻，蓋上鍋子，於溫暖處靜置隔夜。

隔天早上將鍋中優格倒入過濾用的白紗棉布，將布的四個角打結，懸掛在大碗上方，直到濾乾所有的液體（這個過程需要數小時）。

取出棉布中的優格，加入糖攪拌，再度過濾優格。

加入番紅花、小豆蔻，攪拌均勻，最後撒上堅果碎，冰鎮狀態食用。

糖蜜餡麵粉球，或許跟今天拉賈斯坦的丘瑪類似。薩嗒卡（sattaka）是優格、石蜜、綜合香料粉（薑、黑胡椒、長胡椒，可以在阿育吠陀的藥房買到這種香料組合）拌勻後，以紗布過濾，再以樟腦、番石榴籽調味。費那喀（phenaka）是種炸物，以麵粉、酥油、石蜜製成，內餡是含香料的綠豆與絞肉（聽起來很像今天的街頭小吃扁豆口味普里，或喀洽烏里〔kachauri〕）。

妙聞認為，最能使人恢復健康的水，要加上糖蜜、粗糖、酸水果，再以樟腦增香。以番石榴汁做成的飲料有安撫效果，也能使人強健。大餐過後，或是督夏紊亂的時候，特別需要幫助消化的餐後飲料，也就是阿育吠陀版的法式餐後酒。一般餐後酒冷熱皆有，常見食材是綠豆、酸果汁、酸米湯、牛奶、濃縮肉湯、阿薩瓦（asava，一種葡萄酒）、烈酒。

妙聞十分在意酒精飲品跟食物之間搭配，孜孜不倦的程度彷彿法國酒

侍。他將酒分成兩大類，蘇拉、阿薩瓦，不過書中並未對分類詳細解釋，註釋也通常僅以「釀造酒」帶過。每一種禽肉或獸肉，妙聞都能推薦專屬的酒與之搭配，酒單之長，可以看出印度古時釀酒廠師傅的匠心獨具的創造力。附表是妙聞推薦酒單的一部分。

阿育吠陀醫師還推薦的一種飲料是尿，來自牛、水牛、山羊、綿羊、其他動物的尿，只要該動物的尿液是辛味刺鼻、辣、淡而有鹹味。[11]

《遮羅迦本集》是合集，編纂者可能不止一人，寫作時間橫跨數世紀，內容多達一百二十章，分為八部，討論飲食、疾病成因、解剖、胚胎學、診斷、治療、藥方。書中對不同食物的屬性，有此總結：

> 就像食物本身的自然特性，水能濕潤，鹽能融化，酸能融解，蜂蜜能將斷裂之物黏合，澄清奶油能用於抹油儀式，牛奶讓人有活力，肉促進生長，肉湯提供虛弱者營養，酒讓削弱的肉體恢復，席度酒〔sidhu，以過熟甘蔗汁製成〕造成組織成屑脫落，葡萄酒能刺激消化之火，法泥嗒〔phanita，濃縮甘蔗汁〕能使督夏積聚，優格能造成水腫，芝麻油渣能造成疲倦與憂鬱，黑豇豆湯會造成大量排便。[12]

遮羅迦列出六十種榨油用種子及影響，包含芝麻、芥末籽、紅花籽、亞麻仁、蓖麻油、奇隆子、木墩果、可樂果等等，另也列出數種動物脂肪，一併比較。

文本中列舉超過六十種水果、堅果，包含蘋果、扁桃仁、香蕉、開心果、胡桃、四種不同品種的棗子、兩種葡萄、兩種番石榴、柳橙（nagaranga）、楊桃（原生於印度東部及東南亞）。文中也提及十餘種甘蔗，並附上其藥效。遮羅迦認為，越白、越純粹的糖，屬性越「涼」。大麥是頗為常見的食材，人們會磨成麵粉來做餅（梵語稱為「kulmasa」、「yavapupa」），也會煮成粥，或煎炒（dhana），也會炒大麥芽（viruda-dhana）。其他的食物還有米粥，稀稠皆有（梵語為「pepa」、「velepika」）、長胡椒與薑煮成的米湯（lajamanda）、炒飯煮成的粥（laja-saktu）、米麵粉揉成的炸螺旋（saskuli）。有些食物對現代人來說應該頗為美味：米或麵粉做成餅皮，包上蜂蜜綠豆泥餡，再用印度酥油炸熟，稱為「普帕梨喀」（pupalika）；攪打過的優格搭配肉桂葉、豆蔻、肉桂粉、孜然、薑，就是「羅薩拉」（rasala）；以長胡椒、黑胡椒、薑調味絞肉，稱為「維薩瓦拉」（vesavara，後來其他食譜也有收錄這道菜）。

妙聞飲食搭配建議

食物	推薦搭配飲品
高脂食物	熱水
蜂蜜、優格、巴亞薩	冷水
米飯或綠豆	牛奶、肉精
多肉的飲食	釀造酒
含多穀類的餐食	棗子做成的酸湯？
鹿肉	釀造酒搭配長胡椒
吃種子的禽鳥肉	棗子酒或無花果酒
吃腐食為生的動物之肉	無花果樹酒
穴居動物之肉	椰子、椰棗酒
猛禽類	印度人蔘酒（withania）
單蹄動物	三訶子酒 （由三種不同品種的訶子製成）
沼澤或潮濕地帶的動物， 軟體動物或蜥蜴	菱角香甜酒
酸味水果	蓮藕酒
澀味水果	番石榴酒，或波羅蜜水果酒
甜味水果	根答酒（Kanda？）加上崔可塔粉 （trikatu，由黑胡椒、長胡椒、薑等 混合而成）
扇椰子屬的果實	發酵酸米粥
辛味水果	波羅蜜、某種小米
長胡椒	以「山羊頭」這種香料製成的酒
南瓜	具芒小檗（tree turmeric）酒或 酸豆酒
爬藤類、綠色蔬菜、小黃瓜	三訶子酒
椰棗樹的樹髓	酸水果製成的酒

資料來源：《妙聞本集：梵文原文英語譯本》（*The Sushruta Samhita: An English Translation Based on Original Sanskrit Texts*），畀沙奎納（KavirajKunja Lal Bhishagratna）譯（新德里，二〇〇六年），第一輯，四五七－六六頁。文本雖然提及多種酒類，卻沒有記錄任何釀造方法。有位學者認為，就語言學與考古文物判斷，印度人釀造酒最早時間可能是第四世紀，甚至可以追溯至印度河古文明。詳見阿爾欽（F. R. Allchin）《印度：上古酒鄉？》（*India: The Ancient Home of Distillation?*），Man，n.s.，XIV/I（一九七九年三月），五五－六三頁。

　　當醫生要求病人吃肉的時候，必須考量該動物的棲息地、特性、肉的部位、烹調的量與方式，並且衡量病人的消化之火強度如何。遮羅伽認為不宜吃太多烤米、乾的肉、乾的蔬菜、蓮藕、肉豆蔻，因為這些食物屬性較沉重。而可以常常吃沙里米、鹽、訶子、大麥、雨水、牛奶、印度酥油、森林動物的肉、蜂蜜、綠色豆類。

　　遮羅伽建議肺癆病人喝雞湯，搭配酸味、辛辣食材，再以印度酥油調味。這道料理也適合痔瘡、發燒、風寒。其他能促進健康的料理有甜小麥餃雞湯、四禽湯：麻雀、山鶉、雞、孔雀。[13]

　　遮羅迦留下的文字另有一段引人注意，這段內容表示作者了解當時印度或其他地方的其他族群，有著不一樣的飲食習慣：

　　巴克利亞人（Bahlikas，今阿富汗北部與烏茲別克南部）、巴拉瓦人、中國人（Cinas）、蘇力卡人（Sulikas）、塞族人（Sakas）、希臘人（Yavanas）習慣吃肉、小麥、蜂蜜酒，〔以便〕奮戰。東邊的人喜歡魚，而信德的人民喜歡牛奶。阿濕波人（Asmakas，印度十六雄國之一）、阿樂提伽人（Avantikas）的傳統口味喜好脂油、酸味。馬來亞的居民喜歡根莖類與水

如何戒掉不良飲食習慣與減重

　　如果有人想要戒掉不健康的大麥，改吃健康的紅米的話，第一天他吃的飯裡，四分之三是大麥，四分之一是米；第二天大麥、米各半，第三天同前一天；第四天，四分之一是大麥、四分之三是米；第五天、第六天同前一天；第七天開始，他只吃健康的米飯。

　　卡克磐尼達塔（Cakrapanidatta），十一世紀阿育吠陀學者暨醫師，引自伍賈斯提克（Dominik Wujastyk）《阿育吠陀之源：梵文醫療文選》（*The Roots of Ayurveda: Selections from Sanskrit Medical Writings*，倫敦，二〇〇一年），頁四三。

古老的印度香料薑黃，具有多種療效。

果，南方的人喜歡牛奶，東南方的人喜歡攪打飲料。中央地區的人喜歡大麥、小麥、牛奶。醫生在開處方箋的時候，應考量各地人民的喜好，因為這些偏好可以使人很快得到活力，就算過量也不至於有害。[14]

　　阿育吠陀視大蒜為最強的靈藥。根據《包爾文書》的說法，魔王偷喝永生之水，毗濕奴斬下祂的頭為懲，魔王的血落到地上，變成了大蒜，不過由於大蒜源自身體，婆羅門不可食用之。

　　《包爾文書》作者與寫作日期至今不明，內容詳述了大蒜的特性與療效：

　　造物者令其能消減三大督夏，且能克制一切疾病。大蒜能使風衰減，因為大蒜嚐起來酸、辣、有油脂；也能撫平膽汁，因為它既甜又苦；大蒜還能和緩黏液，因為它熱、苦、辛。大蒜能強化消化之火，促進健康，讓人有好氣色。它能讓人氣色不再蒼白或消瘦、增加胃口、強健消化、消除

腹部腫塊、咳嗽、痲瘋病。大蒜能消去風，導正紊亂的經期，讓人雙手有力，消除肺結核、腹痛、脾臟腫大、痔瘡。也能治癒半邊癱瘓、風濕性腰痛、蟲類疾病、腹絞痛、尿道疾病。大蒜能完全戰勝倦怠、流鼻涕、風濕造成的手臂或背部不適，以及癲癇。[15]

想要大蒜發揮療效的話，病人必須要先潔淨身體、禮敬神明，再喝下用布過濾的新鮮大蒜汁，或是將大蒜汁混合三分之一的酒後，以之漱口，文獻沒有言明是哪一種酒。以上都完成之後，下一餐需要食用牛奶或扁豆濃湯，或者將格拉動物的肉，吃完之後，病人得要喝葡萄酒，或是等量的蜂蜜酒，或烈酒混蜂蜜酒、李子白蘭地、糖蜜製成的萊姆酒、稠米酒、混合烈酒，或任何可取得的烈酒——喝酒時為避免醉酒，一定要兌水，且一次只喝一杯。不喝酒的人可以喝溫水、將米或大麥或豆糠發酵做成的酸穀湯，或乳清。

也有替代食療法，將剝皮大蒜浸泡在酒中一夜，將其打碎、過濾後，混入酒、牛奶或肉湯之中。若想要額外療效的話，將幼嫩的蒜球壓碎，混合等量的印度酥油，須在清晨與木敦果一併食用，至少連續十日。

大蒜可以跟肉串在一起燒烤，或者搭配冷盤泡菜與香料調味肉品一起食用，也能以酥油或一般油來烹煮，搭配大麥料理、發酵米湯、醋，大蒜也能加入以麵粉增稠的肉湯裡煮，還可以加進綠豆粉、綠色香草、香料與鹽裡。

有道療效強大的配方內含三十二份大蒜汁、八份酵母、一份油、六份研磨大蒜，混合後靜置，直到混合物呈液態後，加入十六份武靴藤（Gymnema sylvestre）與兩份研磨大蒜。靜置二十五天後，該液體色香味俱全，可作為油品使用。《包爾文書》作者如此說明：「這油也可作為酒用，勤於使用的話，疾病大軍將潰敗撤退，就像在戰場上，發現對手有子彈的時候，撤退為上策。」[16]

婆羅門不可食用大蒜，不過他們可以透過乳製品攝取大蒜，而不受懲罰：三天只給牛極少量草糧，再餵食二比一的草與蒜苗，如此餵食的牛隻所產的奶、優格、酥油或白脫牛奶，婆羅門食用無妨。

飲食通則

遮羅迦認為健康飲食有幾項原則。人不應該同時間吃下大量同樣味道

的食物，也不應該沉迷於追求不同的味道。一天的主要餐點只有一餐。避免吃麵餅，因為不易消化，如果非得吃麵餅不可，須喝比平時多兩倍的水。屬性沉重的食物只吃半份，輕盈的食物則可任意食用。避免吃下無法互補的食物，比如乳製品與魚。（這樣的觀念在非洲、中東、歐洲、北美皆十分普遍，而這是最早的文獻記載之一，或許該說法源自印度。[17]）也有原則跟今日的觀念相去不遠：

> 消化前一餐之後，再吃妥善結合的食物，以利所有的物質流暢疏通。
> 用餐場所應安靜順心，同席進餐的人應和善友愛，好教心情不致抑鬱。
> 用餐速度不快不慢，用心感受食物的品質。
> 專注用餐不談笑，進食時考量自身健康、所吃之物的損益。
> 勿於飢餓、抑鬱、煩亂時用餐，也不要在運動後馬上吃東西。
> 盡可能拉開兩餐之間的間隔。
> 盡量坐著用餐，向東而坐。
> 要在祈禱中感謝創造者，祂賜給你食物、消化之火。
> 不可單為自己煮食，分送食物是最好的禮物。

> 為滿足五感而吃：欣賞食物的外觀、享受其香氣；傾聽食物發出的聲音，尤其是烹煮之時的聲響；以手就食，享受其觸感；細細咀嚼每一口，充分體會味道。
> 飯後百餘步，幫助消化。
> 日落之後不要吃屬性沉重或產生黏液的食物，如優格、芝麻，睡前兩小時不要吃東西。
> 切勿浪費食物。[18]

食物應該「具有生命力」，才能將生命帶給吃的人。生的食物比熟的食物更有生命力。人不應吃下過度烹煮、沒有煮熟、燒焦、難吃、未成熟、過熟、腐敗、陳舊的食物。剩飯要盡快再加熱，最好避免剩食。

印度傳統觀念認為，烹調、盛裝食物的方式，會影響食物的屬性。人們認為金銀是最好的材料，因為兩者都不會產生反應，又「純潔」。十六世紀時，阿克巴大帝（Akbar）的醫師要求首席御廚以銅器煮米飯，以消除脹氣、脾病，也曾指示以金器煮米飯，以除去毒藥、增進活力。今天的印度人依然認為銅器是潔淨的金屬，常用來做塔利（thali，拼盤定食）的食器，

小碗上會鍍一層錫，避免酸性造成化學反應。[19] 妙聞所記載的宮廷飲食中，澄清奶油會裝在金屬碗中，流質食物裝在銀碗中，水果甜食盛在葉子上，肉類料理盛裝在金盤上，湯或肉精裝在銀碗中，調味料與白脫牛奶裝在石製器皿中，冷牛奶、果汁則裝在銅器中，其他的飲料、酒、非酒類飲品則裝在陶鍋裡。

依妙聞的意思，上菜得有一定順序。首先吃甜的食物，以抑制風，接著吃酸、鹹的料理來促進消化，最後才吃辛辣食物來抑制黏液。進餐時應該常常洗嘴或漱口，因為乾淨的味蕾能讓菜餚的風味更明顯。飯後要用水清洗嘴巴、以牙籤剔去卡住的食物，或許可以咀嚼檳榔葉，該葉用於包裹檳榔子、樟腦、肉豆蔻或丁香——這是記載檳榔塊最早的文獻之一。休息一陣子之後，應該走上一百步，再到床上以左側躺臥，這時聆賞「輕柔的聲音、愉悅的風景、香甜的香水、柔軟絲絨的觸感」。

其他醫學理論

涼性、熱性

印度人普遍有個觀念：食物依其對身體的影響，分為涼熱不同屬性。該觀念可能在公元前六世紀時，自印度傳入中東，後來再傳入希臘、歐洲，在中古時期已廣為流傳。中國也有類似的概念。

食物屬涼屬熱，跟食物本身的特質沒什麼關係。雖然大多數的印度人都可以告訴你某食物是涼或熱，但不同地區的分類大相逕庭。舉例來說，印度南部認為小麥屬於熱性食物，但北方人認為是溫性。西部印度認為大多數的扁豆品種都是涼性，但北部人認為是熱性。南部認為木瓜非常上火，但北方人並不認同。各地區都認為大部分香料是熱性，不過少數香料是涼性，比如孜然、茴香籽。特定的食物組合被認為有害健康，比如魚與乳製品，而一些組合被認為有益，比如吃了芒果、木瓜之後喝牛奶。

夏天適合食用涼性食物，冬季、季風季適合熱性食物。特別的情況如懷孕、感冒時，也有特別適合或禁止攝取的食物，但各地區又有不同的看法。某些地區認為，孕婦不應吃「涼性」食物，因為可能會帶來死胎（死亡是冰冷的），但其他地區卻認為孕婦不可吃熱性食物，因為可能會早產或流產。

三大特質

印度思想的核心概念是特質，也可理解為性情、氣質。我們在第四章裡已談過，三大特質包含：「悅性」：純粹、清明、冷靜的；「變性」：熱情、外向、追求感官愉悅；「惰性」：緩慢、遲鈍、倦怠、無知。每種特質都跟特定食物有關，而擁有該特質的人也偏好這樣的食物，食物也刺激人的特性。[20]

雖然曾有學者想把三大特質跟三大督夏畫上等號，但這兩者各有其歷史脈絡，並不能完全對應。不過，阿育吠陀醫師應該要熟知病患的特質，並當作治療的考量因素之一。

喀洽 vs. 普喀

另一種食物分類則是依據烹調方式。[21]喀洽食物（Kaccha）是由家庭廚房水煮或燒烤的食物，比如飯、豆泥燉菜、米豆粥「契科黎」、烤餅（無

洽巴提是種全麥烤餅，也稱為洛提（roti），在火上烤到餅皮膨脹即可食用，在印度北部很常見。

酵烤餅「洽巴提」〔chapatti〕、發酵烤餅「饢」）、蔬菜──也就是家常食物，不論貧富都會跟其他料理一起在家食用。

此外，喀洽食物只能給家人吃，傳統上較高種姓的印度教家庭會在家吃喀洽食物，也只會跟親戚收授食物。另一方面，普喀食物（pukka）則是可以跟外人分享，或是從市集購得的食物。許多小吃炸物就屬於普喀。由於種姓區隔逐漸模糊，大體來說，這兩者的分別已不復見，都市居民、年輕人尤其不會這樣區分食物。不過，廟宇、族群節慶、慶典等場合出現的食物，必定會是喀洽食物。

這種分類法可能是來自食安疑慮，因為烹調時油比水溫度高，能消滅更多細菌。[22] 史學家巴沙姆（Arthur Llewellyn Basham）曾寫道：

> 許多文獻並不特意提及感染或食物中毒的危險性，這讓人十分驚訝。印度社會用心保存儀式純淨的同時，似乎無意間找到了在亞熱帶環境之下，盡可能保持健康的方法。

其他醫藥體系

悉達（Siddha）

這套系統大約在七或八世紀的南印度形成，今天主要由講坦米爾語的族群使用。悉達的原則跟阿育吠陀很相似：人體為宇宙縮影，食物與藥物也是如此。悉達與阿育吠陀的主要差異是治療方式大量使用金屬、礦物，尤其常用硫與汞。

尤納尼（Unani）

穆斯林則習慣採用尤納尼醫學，其醫學的理論框架來自希臘醫師加侖（Galen，約一三〇－二一〇年）、希波克拉底（Hippocrates，公元前四六〇－前三七七年）的著作，一般認為後者的學說發展出了兩大醫學：對症醫學（西方慣行醫學，台灣也稱對抗療法、西醫）、尤納尼醫學。阿拉伯語「Unan」一詞意指希臘。[24] 尤納尼醫師稱為亥金（Hakim）。

蒙古人在十四世紀入侵波斯、中亞，當時許多醫師逃亡至印度，德里的蘇丹、後來的蒙兀兒帝國皇帝則聘用了這些人。德里成為尤納尼醫學中

在孟加拉的餐食中，苦瓜通常是第一道菜，同時也是阿育吠陀的糖尿病藥方。十八世紀末或十九世紀初。

心，在十三至十七世紀之間達到鼎盛期。英國殖民時期，尤納尼一度衰落，但印度在一九四七年獨立之後，政府又重新對尤納尼醫學釋出善意，今天印度是世界上最先進的尤納尼醫學國家，能頒發專屬執照給醫師、醫院、醫學院與研究中心。

尤納尼醫學奠基於希臘理論，認為人體有四大體液：血液、黏液、黃膽液、黑膽液，四大體液由四大元素構成：土、水、空氣、火。各季節有不同特性、人有不同性情，皆可分為四類：樂觀活躍、暴躁易怒、冷漠遲鈍、抑鬱憂愁。

每個人生來的體液組成都與眾不同，若遭逢內在或外在因素而導致體液失衡，人就會生病。治療目標是讓人恢復體液的狀態與平衡。飲食是治療手法之一，再加上手術、藥物、特別治療（比如按摩、蒸汽浴）。他們的信條之一是，規律的消化可以預防許多疾病，反之，消化不順會導致痼疾。引發消化不良的食物有許多，比如腐敗速度快的食物（牛奶、鮮魚）、需要長時間才能消化的食物（如牛肉）、陳舊的食物、香料與辣椒、酒、濃茶、咖啡、油膩的食物。不過，只要適量攝取，所有的食物都可以吃。幫助消化的食材有熬藥汁、番石榴汁、藏茴香籽茶、薄荷茶、茴香籽與芫荽籽茶，以及其他香草與香料。

以食療來治療病痛時，病人的飲食內容與量都需要符合規定。跟阿育吠陀一樣，食療常以完全斷食作為開始，讓病人的生理系統得以休息。病人的食物屬性會跟疾病相反，舉例來說，樂觀活躍體液太多的人，身體會燥熱，因此需要吃涼性食物，比如大麥水、魚、涼性香草（不過各地區各有寒熱分類系統跟習俗）。部分治療方法可能是從民俗療法發展而成，比如感冒的推薦藥方是薑汁加長胡椒粉與蜂蜜，喝完之後再喝加薑黃粉的牛奶。治療器官虛弱的方法是吃動物的相同器官。阿育吠陀、尤納尼療法皆認為糖尿病患者應食用苦澀味的食物。

今天的印度，阿育吠陀、悉達、尤納尼醫學以及對症醫學，皆受到印度政府認可，省立大學也開授相關課程。近年來，特別是糖尿病等疾病患者持續上升的情況下，阿育吠陀在印度再度受到關注。在西方，由於阿育吠陀在治療疾病時講求整體調養，也累積了不小的支持度。許多大學、醫學中心進行臨床實驗以驗證阿育吠陀療法，比如以苦瓜治療糖尿病、薑黃治療阿茲海默症與癌症，還有其他疾病。[25]

第七章
中古世紀：《心之樂》、《利民論》與地區料理

六〇〇至至一三〇〇年

　　七世紀初至十三世紀之間，次大陸的統治者來自地方或區域性的王朝。有些史學家比照西方歷史，稱這段時間為封建時期或中古世紀。這段時間的飲食習慣漸趨精緻化，也是印度歷史上，飲食首度在文字紀錄中留下了較多細節，其中包含了許多流傳至今依然廣受歡迎的區域性特色料理。這段時期的飲食文獻，既不講求醫藥療效，也不具宗教性，我們會特別提到《心之樂》（Manasollassa）、《利民論》（Lokopakara）兩部作品，這兩者因為缺少詳盡的食譜，不能直接以當代食譜書的標準看待，但書中所提供的資訊是了解該時期料理的珍貴史料。

　　巴連弗邑是佛教王國波羅（Pala）的首都，全盛時期版圖包含印度北部、中部大部分地區。衰微後，部分帝國被印度軍接管，東恆河王朝則在十一至十五世紀之間控制了奧利薩、部分西孟加拉、安德拉普拉德什。瞿折羅—普臘蒂哈而臘王朝（Gurjara Pratiharas）則在六至十一世紀之間統治大部分印度西、北部，首都位於馬瓦（Malwa），王朝衰敗後，其版圖分裂為許多小國，拉傑普諸王國（Rajput）也包含其中。

　　印度南方則屬於數個王朝的統治範圍：位於卡納塔卡的遮婁其（Chalukya）、首都位於坎契普藍（Kanchipuram）的帕拉瓦（Pallava），以及朱雀王朝，後者在全盛時期勢力範圍涵蓋大部分印度次大陸與斯里蘭卡。後來的南印度王朝還有般茶王朝、哲羅王朝。到了一三四三年，這些王朝盡皆傾覆，取而代之的是勢力龐大的維查耶那加爾帝國（Vijayanagar）。

　　權力交替之際，帝國將土地賞賜給區域性統治者，好讓地方願意為中央效力。這時的農業活動比以前更有組織，在耕作、農具、灌溉、播種、蟲害防治、施肥、天氣預測等方面都大有長進。這段時期造訪印度的外國旅人，依舊為其昌盛感到驚奇。

　　八世紀初葉，阿拉伯人占領了印度西北部的信德地區，不過比起軍事統治，他們對貿易往來更有興趣。跟占領勢力打交道的印度商人因而受

惠，有些變得極為富裕，他們捐獻建造宏偉的寺廟，如奧利薩的賈迦納斯神廟（Jaganath）、拉賈斯坦阿布山（Mount Abu）的多座耆那教神廟。北方勢力覬覦該地區的昌盛，將近公元一千年時，阿富汗伽尼茲的統治者馬穆德（Mahmud of Ghazni）開始掠奪北印度地區，他的繼任者則建立了第一個統治大部分次大陸地區的伊斯蘭王朝，統治勢力長達數世紀之久。耆那教徒人數減少，逐漸集中居住在印度西部、西南部，而一度立足東部的佛教，幾乎在印度半島上消失無蹤。

印度飲食之著述

　　書寫印度飲食史的挑戰之一是缺乏食譜書的文字紀錄，人類學家阿君・阿帕度萊寫道：

　　　　印度教文獻在美食相關議題上著墨甚多，在烹飪相關議題上，卻付之闕如。這個意思是，雖然在印度教的法律、醫學、哲學文獻中，有大量討論吃食的著述，卻沒有太多關於煮食的文獻……在傳統印度教思想中，食物若非有關道德，即是作為醫藥之用。[1]

　　食物相關的文獻會提到食材、未經烹煮的食物，有時是為了探討食材對督夏的影響，或食材的季節性，但很少寫到怎麼處理、將食材變成料理的過程，即使寫了也僅是概括性的描述。這麼做的原因之一可能是強調食物在道德、醫藥上的功用，得以讓人在看待食物的時候，不會單獨想到口腹之慾。婆羅門作為重要傳統經典的創作與守護者，並不特別在意飲食的烹飪層面，富有的商人也未必在意，畢竟其中有許多是茹素的耆那教徒、毗濕奴信徒。同時期的中國地區發展出餐廳文化及帶有類似實驗性質的美食文化，不過由於印度對於同桌進餐依然有種種限制，人民也擔心食物因此不潔，抑制了餐廳文化。

　　這樣的社會環境帶來的結果之一是，一直到現代之前，印度並沒有發展出泛印度料理，雖然印度在其他社會、文化層面都明顯有眾所接受的標準或常態，在飲食方面卻沒有任何傳統是全國通用的。雖然印度發展出一些區域性的精緻料理、宮廷美食，整體而言印度的烹飪傳統「保持口耳相傳、不離門戶、地區為界……傳統印度料理完全是各據山頭的局面」。[2]

　　第一部無關醫藥的烹飪文學是梵語詩文《心之樂》，作者是西遮婁其

王朝的第八位國王蘇彌首羅三世（King Somesvara III，於一一二六至三八年在位），自十世紀晚期至十三世紀，該王朝統治大部分的印度西南部，範圍包含今天的卡納塔卡、果亞（Goa）、馬哈拉什特拉、喀拉拉、安德拉普拉德什。國家擁有豐饒的土地，生產作物有稻米、扁豆、黑胡椒、小豆蔻、檳榔與檳榔葉、椰子、糖，西遮婁其王國也跟東南亞、中亞、中國地區有密切的貿易關係。

　　在當時，統治者常會展示自身學問，以各種主題記錄成書。《心之樂》涵蓋主題包含醫藥、魔法、獸醫學、寶石、車乘、統治術、大象、繪畫、音樂、舞蹈、文學、女人、魚、植物、料理。提到料理部分的章節是「飲食之樂」（Annabhoga，一三四一至一六〇〇節，頁一一三至二八，阿蘭達蒂譯本）。[3] 文中描述近百種料理，許多到今天依然存在，尤其在印度西部、南部地區，也有一些已然罕見：血腸、酸燕麥粥熬羊頭、烤胃膜、烤河鼠。

皮拉塔是種無酵餅，原味或包入蔬菜餡，在鍋中煎熟後食用。

　　跟大多數印度統治者一樣，蘇彌首羅是位剎帝利，也就是說，他不必遵循婆羅門茹素的規定。[4] 人們認為皇室吃肉合情合理，尤其是野味，所以書中有許多野禽、鹿、山豬的食譜，不過卻沒有雞肉或牛肉。

　　《心之樂》最常見的辛香料是阿魏，使用時通常溶於水中——今天馬哈拉什特拉、古吉拉特地區的人民依然會這麼做。其他的調味料包含新鮮或磨成粉的薑、薑黃、黑胡椒、岩鹽、芥末籽、芫荽、孜然，偶有樟腦、豆蔻。僅有一道食譜提到丁香，肉桂則完全缺席。少數食譜使用洋蔥、大蒜，這或許表示，禁令之外，西部地區並不常用洋蔥大蒜。香料可以在烹煮過程中加入，也可以在上菜時加入。柑橘類、油甘果、羅望子、番石榴、優格則增添酸味。椰子並未入菜，不過文中提及椰子水時，認為是種健康飲品。

　　基礎味道共有六種（甜、酸、鹹、苦、澀、辛），融合在一道菜中，或統整在一餐之中。蘇彌首羅認為肉類應該跟酸的食物一起食用，牛奶則搭配甜的食材，鹽要搭配酸的物質，澀味食物搭上酸或鹹的食材。食物應該配合季節食用，遵循阿育吠陀的道理。春天吃辛辣的食物，夏天吃冷性、甜的食物，秋天、冬天吃甜的料理，雨季吃鹹的食物，秋末吃燥熱且油膩的食物，涼季則吃熱性與酸味的食物。

　　烹調手法有油炸、油煎、滾煮，有時候一道菜會包含多種手法。油炸、煎煮所使用的油是芝麻油、印度酥油。常見的手法還有炭烤，特別是串燒肉。

　　典型的皇室餐點會先上辣米飯與綠扁豆佐酥油，然後是搭配扁豆烹煮的軟肉，再來是某種香料燉菜（咖哩）。下一道菜會是搭配酸味葉菜的肉、季節蔬果，以不同方式調味而成。任何食材都可以搭配米飯。一頓飯吃到一半時，會送上巴亞薩姆米布丁、酸或甜的水果。國王在吃飯的時候喝的飲料可以是水、帕拿坎（panakam，以水、糖蜜、果汁、香料調成的飲料）、香料白脫牛奶。一餐的結尾是優格，以幫助消化。

　　當時的主食跟今天該地區一樣，是米飯。蘇彌首羅列出了八種米，包含紅米（今天持續在部分印度地區產出，尤其是南部、東北部）、長米、香米、羯陵伽地區的米、厚粗米、小粒米、六旬米（在熱季種植，六十天就收成的米）。煮飯要用銅鍋或陶鍋，以小火慢煮，在米還有點硬度的時候離火、過濾鍋中水，並加入牛奶或酥油。濾出的煮米水可以加入香料調味，當作飲料。

　　香料扁豆可以搭配任何一種飯，或「較不美味」的穀類（也就是窮人

吃的穀物），比如小米或野米。書中列出七種豆類：綠豆、白扁豆、鷹嘴豆、樹豆、黑豇豆、紅扁豆、豇豆。煮扁豆的調味料包含阿魏、鹽、薑黃粉，再配上一片鮮薑。也可在豆泥中加入茄子丁、山羊肉、動物骨髓，最後撒上黑胡椒或薑粉增添風味。

當時的人們喜愛甜鹹點心，許多點心跟今天的人所吃的十分相似。「薄如白布」的白麵粉圓餅，煎熟後稱為曼塔卡（mandaka），類似現代的皮拉塔、普立卡（polika，這個字跟現代的甜餡薄餅「普藍波里」〔puranpoli〕有關，後者可說是有甜扁豆餡的皮拉塔）。在炭火中烤熟的白麵粉球，烤到表面有點焦最好吃──神似拉賈斯坦的巴提（baati，硬麵球，以爐灰烤熟，搭配豆泥、丘瑪來吃，是種小麥基底的甜食）。同樣的麵團，加入糖、牛奶、酥油、黑胡椒、豆蔻粉後，揉成球狀，在酥油中炸過，再塞入小麥餅皮包成餃狀，這種食物叫做烏盾波拉（udumbara，可能是來自梵語的「無花果」一詞，用以形容外型）。

扁豆粉或鷹嘴豆粉加入阿魏、鹽、糖、黑胡椒粉、豆蔻、水，混合成稠狀，再做成小圓盤狀，油炸後即是普立卡，這是現代帕迪（papdi）的前身，後者是種圓形甜脆餅，是熱門小吃帕尼洽（papdi chat）的材料之一。將黑豇豆粉、黑胡椒粉製成的泥發酵後，揉成球狀，油炸後就是瓦迪卡（vadika），吃的時候泡在牛奶或優格中，這道小點心到了現代變成流行小吃酸奶泡餅（dahi vada）：炸香料扁豆球淋上厚厚的優格，再撒上孜然粉、香料，並搭配酸甜醬。

煎薄餅土席卡（Dhosika）的食材是黑豇豆、豇豆或青豆製成的泥，加上阿魏、孜然、鹽、薑調味，以些許油在熱鍋中煎熟，到了現代則變成米薄餅度沙，其麵糊成分是米與扁豆。根據阿奇亞教授的看法，食材中的米可能是在十三世紀時加入的。[5]炸物小吃還有維代拉帕卡（vidalapaka），混合五種扁豆，加上薑黃、岩鹽、阿魏作為調味；以及喀特卡納（katakarna），這種炸餅是由青豆、豇豆泥製成；還有伊打哩喀（iddarika），這是由黑豇豆泥做成的小球，撒上胡椒、孜然、阿魏。

《心之樂》中有許多肉類食譜，部分烹調手法複雜且大量使用香料，一般認為印度肉類料理發展要等到穆斯林進駐，這本書證明事實不然。肉塊以蘋果泥、薑醃入味，再串起炭烤，最後以黑胡椒、酸果汁調味。也有食譜將肉塊反覆捶打至薄如棕櫚葉，再以薑粉、糖、優格、豆蔻調味，並香煎而成。

當時認為動物背部的肉是最上乘的肉，人們會串烤或做成類似咖哩的

帕尼洽是很受歡迎的小吃，主要材料是帕皮尼（papri）——這是種圓形脆餅，上面加上馬鈴薯、鷹嘴豆、醬料。

料理。綿羊的血、肉會跟酸果汁一起烹煮，直到液體收乾，再加上阿魏、孜然粉、樟腦、黑胡椒調味，並以酥油煎熟。人們也將血加入水、檸檬汁、薑、孜然、阿魏、胡椒、芫荽、鹽、油，再塞入動物的腸道中，綁成繩狀，慢火烹煮，直到血腸變硬——這就是十二世紀的黑布丁。有道菜叫五色（panchvarni），是慢煎小腸塊佐芥末籽、訶子、薑、酸味調味料、鹽、阿魏、直到醬汁變稠狀。人們也將小腸做成串燒，要烤到呈硬脆狀。

　　當時的人會吃叫做「瓦肥」（vapa）的動物部位，可能是指胃的筋膜，人們將瓦肥折成數層後切成塊狀，以油煎熟或者串燒炭烤。這個部位也可用滾軸壓扁後，加上柑橘類與鹽，切成塊狀再煎熟。人們會以小火煨煮山羊腦酸米粥。

　　《心之樂》中，蘇彌首羅列出了三十五種魚，並附上各種魚的棲息地（鹹水或淡水）、尺寸、外觀、餵養慣例。人們在大池塘裡養殖魚類，有些魚吃純素的飼料：芝麻籽球、鷹嘴豆粉、飯；有些魚則吃肉，或者肉搭配

喀洛里（Kakori）的串燒烤肉。

穀物。大型魚在煮之前會分切成塊，小一點的魚則整隻下鍋。刮掉鱗片之後，人們會在魚身上抹上鹽、油以去腥，再用薑黃水洗魚，瀝乾後，水煮並調味。人們會將魚卵煮硬，切塊油炸，再加上鹽、胡椒、阿魏水調味。另一方面，龜肉（據說吃起來像大蕉）在烹煮前要去掉四肢與龜殼，放進熱油鍋中烘烤。蟹肉則是以銅鍋烤熟。

　　水果、葉菜、莖、花可以生吃，也可以煮過，搭配肉或不配肉都可以。葉菜類（蘇彌首羅共寫了二十五種）可與優格、柑橘果汁混合食用。水果（書中列出四十種，大多沒有英語對應稱呼）、根莖類、竹筍、竹葉可加鹽調味，或混合黑芥末籽粉、芝麻油與鹽。書中還有一道沙拉，內容是生芒果、大蕉、苦瓜、波羅蜜，淋上芝麻與黑芥末籽醬，聽起來就像當代高級印度餐廳菜單上會有的料理。

　　書中記載的部分甜品是用戈亞（khoya）製成，這是將牛奶或水牛乳慢火煮至濃稠、半固體狀的乳製品。昔卡里尼再度出現在記載中（將優格

《心之樂》所收錄之食譜

烤田鼠

黑鼠住在田間或河岸邊，體型壯碩，稱為米加（maiga）。抓著老鼠的尾巴，放進熱油中燙，直到鼠毛脫落，放進熱水中清洗，再剖腹，內臟可跟油甘果、鹽一起煮。剩下的老鼠肉以鐵籤串起，在燒紅的炭火上烤至皮呈焦色。烤熟時撒上鹽、孜然、乾燥的薑。

串烤肉

將羔羊或山羊肉切成小塊，與阿魏、薑黃、薑混合後，串在鐵籤上。炭火上的烤肉串須不斷轉動，烤熟的時候以鹽、胡椒調味。這道料理叫做巴迪刷坎（bhaditrakam），美味、清爽又健康，能增進食慾。另一道食譜中，肉的醃料是酸味醬汁（或許是柑橘類果汁）、阿魏，再混入薑汁、芫荽、葫蘆巴粉、孜然粉。連同醬汁將肉放進酥油中煎，直到醬汁收乾，再以胡椒調味。

瀝乾後添加香料）。人們在牛奶中加入發酸物質以分離乳水，包在布中擰去水分後，做成凝乳，也稱佳拿，不斷攪拌凝乳直到質地變得滑順，再加入糖，以小球狀煎熟。

當時有類飲料叫帕那卡（panaka），以多種水果製作，有時會加入白脫牛奶。人們也會喝新鮮椰子汁、稀釋糖蜜水撒上胡椒、瑪吉卡（majjika，攪打白脫牛奶，以黑胡椒與芥末籽調味）。酒精飲料有高狄（gaudi，以糖或糖蜜釀造的酒，類似萊姆酒）、馬維（madhvi，以長葉馬府油樹的花釀造而成）。

同地區更早一點的作品《利民論》所描述的料理就親民許多，該書以當地語言卡納達語寫作（《心之樂》以梵文寫作），成書時間約為一〇二五年，作者是治汶達拉雅二世（Chavundaraya II），耆那教詩人暨學者，於傑

《利民論》所記載的燉豆泥（huli）

要做一道美味的湯，研磨肉桂、孜然、芥末、黑胡椒、豆蔻、芫荽籽，加上水。滾熟任何一種扁豆，直到呈現粥糜狀，加入研磨香料粉後，邊攪拌邊煮。最後提味時，加少許酥油或油煎香芥末籽、孜然籽、阿魏、咖哩葉。

辛哈二世（Jaisimha II，一○一五至四二年在位）的朝廷服務，也就是西遮婁其國王之一。書中除了飲食，也討論天文學、建築學、預兆、香水、道金探測術、獸醫學、人類醫藥學。

書中有章〈烹飪之藝術與科學〉（Supa Shastra），收錄了五十七道食譜雛形，全是素食，不含洋蔥、大蒜，其中許多是甜食與點心，有可能是因為這些食物的作法比較複雜。第一道食譜討論正確的煮飯方式，米要洗三次才可以下鍋，鍋中水要多，飯熟了之後將水倒出（至今印度依然偏好這種煮飯方法）。

書中僅有兩道菜使用大麥作為食材（當時米飯幾乎已全面取代大麥作為主食）。將大麥泡在牛奶中後瀝乾並炙烤，再磨成麵粉，後加入番紅花、肉桂、肉桂葉、豆蔻等粉狀調味料，並混入糖、印度酥油，即可做成粥。另有一類似的料理稱為擂溫底（rave unde），以小麥或杜蘭小麥麵粉製成，今天卡納塔卡的慶典上依然可以吃到。也有替代作法，可將大麥牛奶麵糊做成球狀，在酥油中煎炸。今天在特別的日子裡，也會吃到一種類似的食物叫做開加亞（kajjaya），是用米做的。

書中最常使用的扁豆是綠豆、黑豇豆、鷹嘴豆，扁豆的煮法是在水中煮到呈濃稠狀，再於豆糊中加入豆蔻、孜然、芫荽、黑胡椒、芥末籽。豆泥咖哩要加入羅望子或檸檬汁調味，最後提香加入爆香過的芥末籽、孜然籽、阿魏、咖哩葉，這個組合叫做歐格喇尼（oggarane）。[6]

有幾樣甜食的食材是佳拿，也就是將牛奶加熱攪打製作成凝乳，再加入糖、酥油、肉桂粉、豆蔻粉，然後做成球狀。印度人最愛的甜食之一，萊杜（詳見第五章），基底是薩味吉（savige，一種米細麵，以優格、酥油、

米麵粉製作），加入酥油、糖漿，做成球狀後在酥油中煎熟。可以添加羅望子汁、棗子汁來增加味道。還有一種甜點是將椰子、椰棗剉成細絲，加糖後，將餡料塞進麵糊中，並以酥油炸香──這跟今天卡納塔卡的甜食薩迦帕（sajjappa）如出一徹。

最複雜的食譜是昔卡里尼。將肉桂、乾薑、黑胡椒、岩鹽、糖蜜、肉豆蔻、莪朮（zedoary）、鐵刀木的花、訶子、蜂蜜、甘蔗汁等拌入優格，最後加入可食用樟腦。

書中還有一道簡便米粥，調味料有桂皮萃取、大麥粉、芝麻籽、黑豇豆、阿魏、薑黃粉，塑形成球狀後，曬乾後儲藏。炸來吃的時候，米球會脹大，稱為桑地（sandige），今天在卡納塔卡地區依舊是受人歡迎的點心，人們最愛在雨季時吃。食譜中有伊迪立，把黑豇豆粉泡優格水，再加上阿魏、孜然籽、芫荽、黑胡椒，做成泥狀，不過食譜跟今天的不同，沒有採用米，也沒有發酵。根據阿奇亞教授的說法，米要作為食材，可能要等到十五世紀。[7] 有一說認為，發酵食品要等到八至十二世紀時，印尼的印度教國王造訪南印以尋覓王后人選，發酵技術才傳入印度，但另一個解釋更有可能，幾乎所有的文化都各自發展出不同程度的發酵食品，印度人可能自然而然獨自發展出發酵食物的文化。

跟中國地區不同，印度人做素食料理時，鮮少企圖模擬魚或肉，不過，《利民論》中有處例外。有道料理以烤鷹嘴豆粉做成，將豆糊放入魚形壓模後，在芥末油中煎熟。

《利民論》中花了不少篇幅記錄食物的保存方法，書中使用優格、鹽、糖蜜醃漬食物，另也記載了如何去除野外摘採的蔬果、根莖葉中的有毒物質與苦味──顯見平民費心操持飲食上的家用。比如，保存青芒果的方式是切塊後抹上黑胡椒與鹽後曬乾；熟芒果則可以泡在糖漿或蜂蜜中保存數日。

區域性料理展露頭角

北印

最後一位德里王國的國王普里特維拉吉・喬漢（Prithviraj Chauhan，一一四九至一九二年）當朝時，有位詩人描述宮中的餐食：各種風味的肉料理、五種薩格（sag，綠色蔬菜）、水果、六味蔬菜、醃菜與調味料、白

脫牛奶、優格。[8] 甜食包含米布丁踢兒（kheer，含豆蔻、其他香料與堅果）、巴亞許（也就是巴亞薩姆，慢火煨米加糖）、拉巴里（rabari，將牛奶煮至濃稠再加糖）、喀薩拉（kesara，麵粉、糖、酥油做成的小球）。鹹食則有其攸臘（khirora，蒸米糕球）、霸拉（bara，炸扁豆丸）、坎維（khandvi，鷹嘴豆、麵粉製成的鹹食）、萊步昔（lapsi，牛奶煮碎小麥，拌糖、香料來吃）。有錢人愛吃米豆粥契科黎，米、扁豆混合，加上酥油、香料、蔬菜煮成。

萊杜，使用鷹嘴豆粉、杜蘭小麥麵粉或其他食材做成的丸子，可能是印度最受歡迎的甜食。

平民的食物缺乏變化，也沒有太多油脂。阿拉伯地理學家伊德里西（al-Idrisi，一○九九至一一六一年）曾寫道：「他們的食物主要是米飯、鷹嘴豆、豆子、菜豆、扁豆、豌豆、魚、自然死亡之動物的肉。」[9]其他主食是古老的沙突、契科黎，不含酥油。牛奶、乳製品是上層階級才能享用的食物。另一位阿拉伯旅人留下的評論表示，印度人不喜歡飲酒，不論是自己喝或別人喝，也不是因為宗教因素，而是因為酒精令人神智不清。[10]

東印

印度東部（今天的孟加拉國、西孟加拉地區）是次大陸土壤的肥沃地帶之一，大麥、米作為主食已有悠久歷史，該地小麥不多。其他常見的食物有水果（包含柑橘類）、根莖類、葉菜類、植物的莖與花（今日孟加拉料理的特色）、牛奶與乳製品、石蜜、煎大麥碎、鷹嘴豆。文本中至少列出了十二種甘蔗。人們愛吃的蔬菜有絲瓜、茄子、蘿蔔、苦瓜。普遍使用的調味食材包含薑黃粉或薑黃泥、芥末籽、乾燥薑、孜然籽、長胡椒、丁香、芫荽籽、阿魏。當時人們已經會種植蒟葉（betel creeper）與檳榔樹，嚼食檳榔也很常見。椰子樹在當時隨處可見，人們會食用椰子肉與椰子汁。

當時除了部分嚴格派婆羅門、寡婦、耆那教徒之外，大多數的孟加拉人並不吃素。中世紀制定法律的人，特別留下准許吃魚的紀錄（有鱗片的魚類），除了每月特定的日子之外，也可以吃肉。[11]當時認為魚乾不適合給人吃，不過沿海地區的窮人會吃魚乾。雖然禁酒，不過十二世紀的歌謠顯示，孟加拉地區的酒館不只賣酒，還賣大麻。八世紀時有位密宗佛教徒寫過一首詩：

> 那釀酒女走入兩間房
> 她以細緻的樹皮釀酒
> 抱緊我吧，夏哈珈，再釀點酒
> 那樣一來你的雙肩將健碩，你的身體也不受歲月或死亡所擾。[12]

史詩《曼薩滿戈》（*Mansamangal*）寫作時在十三至十八世紀，詩中描述富人的日常生活。[13]他們吃油煎茄子、綠色蔬菜拌孜然籽、胡椒、鮮薑、各種扁豆與魚，尤其愛吃鯉魚（rohu）、雲鰣（Tenualosa ilisha）、山羊與鴨肉、各種披塔（pitha，米粉與石蜜做的煎餅）、各種品種的米飯。

其中有詩描述富商之家的一餐，不論是菜色還是上菜順序，幾乎都跟今天孟加拉上層中產階級印度教家庭吃的中餐一模一樣：苦味菜餚（sukhta）、液態菜餚（jhol）、什錦蔬菜（ghanta）、綠葉蔬菜（saka）、煮扁豆、魚，整隻上桌，也可切塊或做成球狀、肉、酸味菜餚（ambala）、米麵粉製成的甜點披塔、稠牛奶做成的甜食（ksira）、優格。[14]

書中描述的十二世紀婚宴，顯現出廚師的手藝。米飯要白、香味四溢、美味、粒粒分明，拌入酥油。優格料理加入黑芥末籽，辣得賓客紛紛抓頭不已。用鹿肉與魚燉出好喝的肉湯。掌廚人功力之好，賓客們根本分不出葷素料理之間有何不同。

尋常百姓的日常飲食有米飯、優格、蔬菜、瓜類，盛在蕉葉上。煮好的飯可以曬乾來做目里（爆米香），這是印度東部、孟加拉地區很受歡迎的食物。

南印

一二九二年，旅行商人馬可波羅結束中國地區的旅行，返回義大利的途中，抵達了科羅曼德海岸（Coromandel Coast），並在南印度停留了一年。當時的坦米爾般茶王國靠近今天的坦焦爾（Tanjore），在他看來是「世界上最富有、最輝煌的省分」，他注意到豐富的土產，胡椒、薑、蓽澄茄（cubeb，也稱尾胡椒）、堅果、薑黃等。他記錄道，雖然多數人不喝酒，卻對嚼食譚布（tambur，檳榔）成癮，有時會「跟樟腦、其他香料一起咀嚼，也有萊姆……人們會反覆咀嚼葉片，最後吐出渣滓」。他們也會藉由嚼檳榔來表達不屑，將檳榔渣吐在對方臉上，有時會引起暴力衝突。人們「崇敬牛」，不吃牛（只有社會底層的人吃），且會在房子上塗牛糞。馬可波羅也記錄了當時的聖人，也就是瑜伽士，吃得少、活得久，有些可以活到兩百歲（這又是另一個他愛誇大其詞的好例子）。他說，這些人信奉同一宗教——可能是耆那教——身不著衣，過著「嚴苛清苦的生活」，相信萬物皆有靈，極力避免傷害任何生物，不論多小。[16]

西印

自古以來，古吉拉特就有不少人民茹素。這段時期，耆那教在西部地區香火鼎盛，迄今依然。十二世紀時，鳩摩羅波羅王（King Kumarapala，

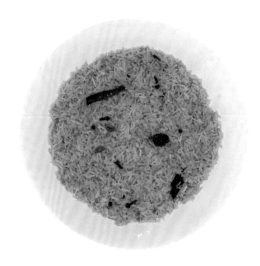

契科黎是以扁豆、飯做成的料理，是最古老的印度料理之一，有許多不同的版本。

於一一四三至七二年間在位）大力提倡耆那教，下令禁止國人宰殺動物。
六世紀以來，許多商人皈依毗濕奴，此後維持茹素飲食。

　　七至十五世紀的耆那教經典中，所記載的古吉拉特的素食料理，許多
至今依然吃得到，如豆喀拉（dhokla，鷹嘴豆粉蒸糕，古稱「dukkia」）、普
藍波里（一種有甜扁豆香料餡的餅，古稱「vedhami」）、喀丘哩（kachori，
炸膨的扁豆餡餅，古稱「kacchari」）、喀薩姆哩（kosamri，芥末籽味扁豆
沙拉）、度皮打（dudhpeda，戈亞加糖做成的圓形點心，古稱「sarkara」）、
迪瓦剌（thevara，浸泡過糖漿的甜點，古稱「ghrtapura」）。[17]

第八章
德里的蘇丹：《薩希姆丁薩美饌之書》、《廚經》與《飲食與健康》

一三〇〇至一五五〇年

伊斯蘭教進入印度

　　幾百年來，阿拉伯商船會在印度西部沿海地區購買香料、奢侈品。公元六六四年，烏邁雅德帝國（Umayyad Empire，又譯伍麥夜、倭馬亞王朝）的阿拉伯將軍在信德海德拉巴（Hyderabad）打敗了當地的印度君王，將該地區納入版圖之下，帝國首都位於大馬士革。七三八年，印度諸王組成聯軍，打退了阿拉伯人。到了第八、九世紀，阿拉伯商人在印度西部沿海地區定居，跟當地女子通婚，這時的阿拉伯人已成為穆斯林。

　　伊斯蘭教創立於六二二年的沙烏地阿拉伯，由先知穆罕默德創建，為一神宗教，核心教義是，所有的穆斯林都必須臣服於唯一的神，阿拉的意志（「伊斯蘭」的意思就是「順服」）。神的旨意透過天使長加百列傳遞給阿拉的先知，穆罕默德，並記載在伊斯蘭聖書《可蘭經》之中。所有的穆斯林都是平等的，同為伊斯蘭的手足，稱為烏理瑪（ulama，原意為伊斯蘭教學者）。伊斯蘭五功（也稱五力支柱）也是為了堅定信徒信仰——阿拉是唯一真神，而穆罕默德是阿拉的先知——天課：樂捐給窮人；禮拜：每日朝向麥加祈禱五次；齋戒：在齋戒月斷食（陰曆第九個月）；朝覲：到麥加朝聖。

　　伊斯蘭是積極傳教的宗教。在麥地那、烏邁雅德帝國的哈里發統治之下，伊斯蘭迅速廣傳，不到一個世紀，已擴張至北非、西班牙、中亞、波斯、喀什米爾、阿富汗地區。七世紀中葉，阿拉伯人征服了波斯，導致大批祆教徒逃往印度西部，這群人被稱為帕西人（Parsis，也譯為帕西教徒、拜火教徒），他們日後成為印度商業貿易中的要角，並且為印度注入特色鮮明的飲食文化。

伊斯蘭教飲食規範與禁忌

　　相較之下，伊斯蘭教的飲食限制少得多，但卻十分嚴格，這些規矩從《可蘭經》、聖訓（Sunna，穆罕默德的言行）衍生而來。信徒禁止吃豬肉、自死動物之肉、血、酒或其他醉人之物，這些稱為違反教律（haram）。屠宰動物的方式要依照伊斯蘭的規定，由指定之人執行，處理動物時，須心懷仁慈，以利刃劃過頸項，切斷氣管與頸靜脈，並誦念三次「真主至大」（Allah Akbar）。必須將宰體放血、流盡，因為這血是不潔的。按照此法屠宰的肉稱為「清真」（halal，意為合法的、合教義的）。

　　齋戒也就是斷食，是伊斯蘭五功之一，是為了紀念《可蘭經》與穆罕默德，信徒必須在伊斯蘭曆年的聖月進行斷食（齋戒月的烏爾都語是「Ramazan」），穆斯林在當月的白天要克制飲食、抽菸、性行為（如果正在旅行、生病、懷孕，則可以豁免，日後再補上）。每天太陽下山後，可以吃些點心，稱作「開齋飯」（iftar），內容有椰棗（因為先知結束齋戒時吃過椰棗）、甜與鹹點心、水果。吃完開齋飯之後，才吃大分量的正餐。齋戒月結束時會有開齋節（Id-ul-Fitr），人們會聚在一起吃大餐慶祝，也會分送甜點給客人，特別是沙瓦元（sawaiyan），這是種含牛奶的甜麵線。[1]

　　對穆斯林而言次重要的節日是宰牲節（Eid ul-Adha，在印度稱為「Bakrid」），這個節日是為了紀念易卜拉欣（Abraham，基督教中譯為亞伯拉罕）將自己的兒子當作祭品獻給神，在宰殺的前一刻，神賜下一頭公羊作為替代品。節慶當天，有能力負擔一頭公羊或山羊的穆斯林，應該備一頭羊來獻祭，並將三分之一的羊肉分給朋友，三分之一分給家人，三分之一分給窮人。慶典後的每一餐都會有肉料理，直到宰殺的羊全部吃完為止。這些慶祝想要彰顯的是虔誠、好客、慈善。印度的什葉派穆斯林會在伊斯蘭曆元月（Muharram）斷食一天或更久，哀悼穆罕默德的孫子侯賽因喪命於敵人之手。哀悼者排列成隊伍進行哀悼，赤腳前行，捶打自己的胸口、哭喊侯賽因的名字，甚至有人會鞭打自己。

　　穆斯林的婚宴十分鋪張，新娘的家庭會盡可能提供肉類料理，越多越好。傳統上，婚宴一定會有比延（biryani，雞肉香飯，人們認為雞肉最有面子，因為價格最昂貴）、扎達（zarda，有糖漬水果乾的甜米飯，用番紅花染成亮黃色）、羊肉扣瑪（korma，含優格或鮮奶油的香料燉肉或燉菜）、拉洛提（lal roti，麥餅泡酥油）、沙米烤肉（shami kebab）、炸魚或魚燉菜（孟加拉地區）、多種點心——陶鍋米布丁（踢兒）、古拉布賈蒙（gulab jamun，糖漿乳酪塊）、昔兒扣瑪（sheer korma，麵線、牛奶、糖、椰棗，有時也加入堅果、番紅花、葡萄乾、玫瑰露）。[2] 婚宴上會另外為印度教賓客準備素食餐點。

北方的侵略者

中亞、阿富汗的部族時常聽聞關於印度有多富裕的故事，在八至十二世紀時，屢次南下襲擊印度西北地區，掠奪戰利品、傳教，他們把印度稱作印度斯坦（Hindustan）。九六二年，波斯帝國將軍阿勒普提金（Alptigin）占領了阿富汗的加茲尼堡（Ghazni），其孫馬穆德以此為據點，屢次南下掠奪印度城市。有些印度人改信依斯蘭教，成千上萬的佛教徒則逃往尼泊爾、西藏。

加茲尼王朝（Ghaznavid）在九七五至一一八六年間，統治了大部分的波斯地區、中亞、印度北部。他們雖是突厥人，不過已完全波斯化，取代加茲尼的是古力王朝（Ghorids），統治部分阿富汗、伊朗、巴基斯坦，直到十二世紀末。

到了一二二五年，印度北部已經由伊斯蘭教徒統治，這些勢力統稱為德里蘇丹王國（Delhi sultanate，不過各王國的首府不見得總是設在德里），權力中心在突厥、阿富汗、中亞王朝之間擺盪，長達三百年，包含馬穆魯克王朝（Mamluks，或稱突厥奴隸王朝，一二〇六－九〇年）、希爾吉王朝（Khiljis，一二九〇－一三二〇年）、圖格拉特王朝（Tughlaqs，一三二一－九八年）、賽義德王朝（Sayyids，一四一四－五一年）、洛迪王朝（Lodis，一四五一－一五二六年）。

統治帝國需要人才，蘇丹高薪聘用法官、學者、行政官、軍事將領，贈送臣子高檔的禮物。朝廷大手筆延攬人才，吸引了伊斯蘭世界各地的人前來效力，人們來自中東、北非、土耳其、中亞各地（某些統計顯示，其中超過六成為突厥人後裔）[3]，其中正是大名鼎鼎的伊本·巴圖塔（Ibn Battuta，一三〇四－約一三六八年），他是來自摩洛哥的旅行家兼史學家，在穆罕默德·圖格拉特蘇丹（Sultan Mohammad Tuqhlaq）朝中服務，擔任七年的法官，並將他的見聞寫成《印度考》（Tahqiq-i-Hind）。十三世紀時，蒙古人入侵中亞、波斯，導致大批伊斯蘭學者、法學家逃亡至北印，當地的蘇丹自然大表歡迎。這些新移民顯然原本打算在印度北部累積財富，時候到了就衣錦還鄉（就像十八世紀的英國新貴「那波布」〔nabobs〕），不過

許多人一住就是一輩子。朝廷、政府通用的官方語言是波斯語，許多阿拉伯科學著作也有波斯譯本。蘇丹的政府組織日趨繁複，印度人也被任命為政務官，這些人成為印度北部的塔雅斯塔種姓階級（kayastha）。印度廚師也進入了宮廷、貴族的廚房。

蘇丹想要仿效古時波斯帝王的傳統，為了展現得體的門面，休閒娛樂必須講究排場。[4]他們設立專屬御膳房，稱為「馬巴」（matbakh），管事則稱為「恰許尼哥」（chashnigir）。蘇丹通常跟貴族、朝臣一起吃一頓「達斯塔罕」（dastarkhan，這是波斯詞，意思是擺在華美桌布上的佳餚美饌），席上通常共享同個大盤子裡的食物。熱衷宴樂的德里蘇丹凱古巴（Kaiqubad，於一二八七－九〇年在位）所擺設的皇家宴席上，賓客會先喝到一杯冰凍果露（sharbat，常見於土耳其、巴爾幹、高加索、南亞地區的甜飲料，由果汁、花草菁華萃取、糖、水調和而成）。[5]席間送上的麵餅有坦都爐烤饢（nan-i-tanuri，也作 naan-e-tanuri），這種小麥餅包有甜餡與果乾，以陶製的坦都爐烤熟，「tanur」是坦都爐的波斯語；另有喀克麵包（kak，也作kaak），這是種阿拉伯式酥脆圈形麵包。米飯料理則有白米、蘇克比延（surkh biryani，來自突厥語「biryan」一詞，意思是烤、煮、炙燒或烘烤），酥油炒飯再染成紅色。再來上的菜色是肉類、穀類料理：烤山羊羔、山羊舌、羊腿、去皮鑲餡山羊、特種綿羊的羊尾（dhumba）、雞肉、松雞、鵪鶉、其他禽類。

有種深受人們喜愛的食物叫做桑卜薩（sambusa，也作「samosa」，沙摩薩），是種三角形餡餅，包了絞肉堅果。十至十一世紀的阿拉伯食譜書稱這種餡餅為桑卜薩克（sambusak），今天中東依舊沿用此稱（名字可能出自其三角造型，阿拉伯語的「三」（se），加上一種叫做「ambos」的麵包）。十三世紀的巴格達迪食譜書《料理之書》（*Kitab al-Tabikh*）收錄了三種這種食物的食譜[6]，其中之一，絞肉餡以芫荽、孜然、胡椒、肉桂、薄荷、扁桃仁碎調味，第二種的調味法則是糖酥哈爾瓦（halwa，也作 halva），第三種則是糖與扁桃仁。這道菜跟其他中世紀的阿拉伯料理一樣，特色是大量使用香料，如胡椒、薑、番紅花、肉桂、南薑、孜然、芫荽（但不會使用大蒜）。這可能是上千年的貿易交流造成的結果，最早可追溯自印度河古文明。不論如何，新移入印度的居民，不可能突然改變自己習慣的飲食傳統與口味。

一頓飯的中間、結尾都會有甜味料理，如桑布尼亞（sabuniya，軟堅果碎）、烙孜（lauz，今天稱為「汾尼」〔firni〕，一種牛奶米布丁，含有扁

製作饟的廚師，這是種微酵烤餅。

沙米烤肉是以絞肉、鷹嘴豆製成的小肉餅點心，
很受人們歡迎。

桃仁、開心果、葡萄乾、番紅花）、各種哈爾瓦（材料是熟紅蘿蔔、瓜類、其他蔬菜，加上堅果、糖、酥油、番紅花）。紅蘿蔔哈爾瓦是很受歡迎的冬季點心。蘇丹很愛吃的食物還有突馬佶（tutmaj），材料是牛奶、米、堅果、糖，通常含有方形熟麵團（也就是突厥語的「tutmač」）。[7] 這些是阿拉伯料理，大概是來自中東。

伊本・巴圖塔詳細記載了不少皇家宴席。開頭是薄圓餅（或許是洽巴提或皮塔拉），再來送上烤肉，切成大塊，佐圓形酥油糕餅，內餡是桑布尼亞，最上面再放另一種叫做「七喜特」（khisht）的甜食，食材是麵粉、糖、酥油。肉類會跟洋蔥、酥油、綠薑一起煮，盛在大瓷碗中。接下來每個人會分到四五個桑卜薩克。下一道料理是烤雞酥油飯，最後上甜點，比如哈爾瓦、阿克伊亞（al-qahirya，扁桃仁甜點，以十世紀巴格達迪的統治者命名）。

蘇丹王宮的私人晚宴，賓客約在二十位上下，赴會者經過挑選，有皇親國戚、貴族與外國貴賓等。每位賓客都有自己的餐盤，不像阿拉伯傳統是共盤吃飯。當時也有公開的晚宴，由宗教領袖、法學家、貴族、蘇丹的親戚等舉辦，天天都有。餐點內容有各式麵餅，如圓形甜餡餅（可能是包餡的皮拉塔或饢）、烤肉、雞肉、米飯，米飯有白飯，也有跟肉一起煮的飯，上菜時搭配桑卜薩克。伊本・巴圖塔留意到，朝臣們在早餐時已經改吃印度料理契科黎——由米飯加上綠豆，最後加入酥油。這道菜雖然簡單，後來卻成為蒙兀兒帝王們最愛吃的料理（也是英式燻魚飯〔kedgeree〕的靈感來源）。早餐也可以吃腩哈里（nihari，也作 nahari），小火慢燉整晚的香燉牛肉，跟餅一起吃。

蘇丹跟貴族們都有數量可觀的廚房人員，廚師、烘焙師傅、洗碗工，各司其職。恰許尼哥也就是廚房總管，負責試味道，他的工作是確保食物烹調的品質，也要確定食物沒有被下毒。有錢人也會維持公共廚房（langar）的運作，讓窮人有得吃。大型公共廚房由有錢人資助，由穆斯林聖者蘇菲（Sufi）管理。

菁英之間，宴會是否能博得好評，要看肉類料理的數量與種類，不過，穆斯林在印度住久了，也慢慢喜歡上素食料理。施爾沙（Sher Shah，於一五四○－四五年在位）在朝時的一次宴會中，眾穆斯林大嚼饢、烤肉、亞克泥（yakhni，香料肉湯）、烤羊與喀西（khasi）、羯羊、紅黃色羊肉瑣巴（shorba）或湯[8]、雞肉與松雞、各種哈爾瓦。席間的印度教賓客吃普里、各種素食料理、扁豆、蘇哈利（suhali，圓形脆餅）、古呱里

（gulguli，糖漬小糕餅）、優格配芭里（bari）與霸拉、扁豆小煎餃。另一次宴會上，印度教徒吃的是香飯、賈拉（jhala，緞狀麵餅）、曼達（米與椰子製成的小蒸丸）、梭哈里（sohari，極為柔軟的普里）、芭里以及各式泡菜（achar）。

　　人們也愛吃沙米烤肉，絞肉、鷹嘴豆、香料做成的小肉餅。沙米一詞來自阿拉伯語「sham」，指敘利亞或黎凡特地區。阿富汗、伊朗也有類似的料理。

　　一頓飯必定以嚼食檳榔作結，這本來是印度在地習俗，在突厥波斯菁英之間迅速傳開。[9]檳榔葉、檳榔塊原生於東南亞地區，不過早在五〇〇年左右，就引入印度。不論貧富，人們都有嚼檳榔塊的習慣，材料包含三種：檳榔子、蔞葉、石灰（氫氧化鈣），石灰來自石灰石，或把貝殼壓碎焚燒，再將粉末泡水製成膏狀。還有一種材料是喀塔（kaththa），這是種黏稠的膏狀物，以味道苦澀的深棕色檳榔樹核萃取物製成。豆蔻、丁香、樟腦、肉豆蔻、黑胡椒、肉桂、芫荽籽、龍涎香、薑、番紅花、糖漿，都可

檳榔頌（阿米爾‧庫斯勞）

百葉包裹的檳榔
在手中像是上百花瓣
珍稀之葉，像園中之花，
印度斯坦最美好的珍饈，
像馬匹受驚所豎起的耳朵那樣銳利
銳之形、銳之味
像切斷根的工具那樣銳利
如同先知告訴我們的話語。
充盈全身卻不帶一滴血
又從它的血管中流出血來
奇異植物，口中之物
血液從它身上流出，彷彿有生命之物。[11]

以用在檳榔塊內，添加風味，現代還可以加入菸草（gutka）。[10]富豪會在石灰膏裡加上珍珠粉、蚌殼粉，並訂製精緻、專用的檳榔碗（bargdan），將檳榔材料放在鑲珠寶的金盒銀盒或金銀托盤上。吃檳榔塊時，把石灰膏抹在葉子上，加入香料，葉子折成精巧的三角形，有時在葉尖收尾處別上一枚丁香。將檳榔塊放入口中反覆咀嚼，直到只剩渣滓，再吐出殘餘物。

今天印度人嚼食檳榔塊有許多目的。若是在飯後，可以刺激口水分泌、促進腸胃消化，並使口氣清新。檳榔帶有些微的興奮效果，所以吃檳榔可以提神。在古時，交換檳榔塊有時候等同於宣示忠誠或締約。檳榔是好客的象徵，也是許多繁複的貴族儀式上的重點。一個人招待他人吃檳榔的方式、自己怎麼吃，可以看出這個人的教養與富有程度。有位十四世紀的旅人曾寫道：

印度人認為，檳榔葉是招待客人最敬重的方式。如果一個人款待客人，拿出各種好吃的、冰凍果露、糖果、香水、鮮花，卻沒有拿出檳榔葉，這代表他作為東道主失職了，並不尊敬他的客人。同樣地，當重要人士收到認識的人邀請而赴約出席，他也需要給對方檳榔葉回禮。[12]

不過，嚼檳榔的習俗並沒有在中亞或波斯成為流行風俗。生於印度的詩人阿米爾·庫斯勞（Amir Khusro，一二五三－一三二五年），以波斯語、印度斯坦語創作，他曾寫道：「波斯人實在有夠遲鈍，連檳榔跟草都分不清楚。唯獨品味才能區別其中差異。」[13]

外燴、麵餅鋪、肉鋪會在都會地區開設店面，沿著街道往外，經過旅行馬車停泊地，到蘇菲聖者居住或埋葬的地方，就會是店鋪地點。有些店販售點心，也就是路邊攤，有些店則提供價位高一點的料理，比如烤山羊羔、烤雞，客人可以選擇內用或外帶。核心都會區的餐飲業蓬勃發展，服務社會上的所有階級。根據伊本·巴圖塔的記載，平民吃用水或水牛乳煮成的小米碎粥。人工飼養的動物、禽類數量不少，而且便宜，整體而言食物比起埃及、敘利亞便宜許多。[14]

中亞人、波斯人想念家鄉的植物、水果、花卉，於是在印度種植了葡萄、番石榴、椰棗、甜瓜。伊本·巴圖塔提到德里與周圍地區可以找到十分美味的甜瓜（不過，一個世紀後，蒙兀兒帝王巴布爾〔Babur〕卻抱怨在印度吃不到好的甜瓜）。庫斯勞寫道，在德里能吃到各種印度水果、呼羅珊水果（Khorasan，涵蓋今日部分阿富汗、伊朗、中亞），甚至有來自更遙

以銀箔精巧包裹的檳榔塊。

遠的國度之水果。當時不可能長途運輸新鮮水果到印度，所以水果會被切成條狀，日曬成果乾之後，再高價賣給有錢人。來自伊朗、布哈拉（Bukhara，烏茲別克斯坦的一部分）、阿富汗地區的商人到印度販售黃李、鮮甜瓜、葡萄、扁桃仁、開心果、葡萄乾。直到一九四七年印巴分治（英屬印度解體，印度聯邦、巴基斯坦自治領成立）之前，大城市依然常見阿富汗的小販兜售堅果、果乾。今天這些貨物以空運進口。

　　印度引入了許多伊斯蘭醫藥系統所使用的香料，其中之一是茴芹籽（aniseed，也稱大茴香），這也成為印度廚房使用的香料。早在十四世紀時，宮廷就已經開始使用冰塊。人們在冬季時從喜馬拉雅山上運冰下山，埋在地底下儲存，可以放上數年。夏天時，商人挖出冰塊，到市集上販售冰凍果露。

德里斯丹崩解

　　一三九八年，蒙古成吉思汗的後裔、突厥領袖帖木兒入侵印度，血洗

貴族們擁有奢華的器皿盛裝檳榔材料，容器通常以貴金屬、珠寶製成。

並占領了德里。當時帖木兒已經征服大部分的中亞、伊朗、阿富汗，後來還會征服土耳其。帖木兒在印度的高壓統治僅持續十六年，促使集權蘇丹權力分散瓦解。雖然高壓統治，帖木兒倒是贊助許多工匠、藝術家，而且他將首都改造了一番，將烏茲別克斯坦的薩馬爾罕（Samarkand）變成中亞最輝煌的城市。他隨行的僕役包含許多伊朗匠人、藝術家、廚師，他離開印度後，許多手下卻留了下來。[15]

到了十五世紀初，德里蘇丹王國分裂成各自獨立的王國，有段時間的印度北部、西部群雄割據，但這些分裂的王國又進一步崩解成更小的政治實體。拉傑普族在拉賈斯坦建立王國，最小的王國僅有都城大小，最大的有梅臥兒（Mewar，舊譯米華爾）、齋浦爾（Jaipur）、馬華爾（Marwar）這樣的大邦國。到了十五世紀中葉，北印出現了重要的政治勢力，而在南部，強盛的印度教王國興起，首都維查耶納伽爾（Vijaynagar）。隨著德里勢力衰弱，部分蘇丹王國的將軍、治理官建立起獨立的王國，其中若以飲食的角度來看，最有名的是馬瓦。

曼杜蘇丹的《薩希姆丁薩美饌之書》

　　一四○一年，馬瓦執政者迪拉瓦汗（Dilawar Khan）自封蘇丹，定都曼杜（Mandu），其孫吉亞薩希（Ghiyath Shahi）於一四六九年繼承王位，在位長達三十年。一五○○年，他將王國政務交給兒子納西薩（Nasir Shah，於一五○○－一一年在位）管理，從此享樂度日。他的宮殿中有大量的音樂家、廚師、畫家、千百位美女，許多女子會受到藝術或技藝的教育，比如摔角或烹飪。他有五百名貼身護衛，都是身著盔甲的阿比西尼亞（Abyssinian）奴隸。在他的統治之下，曼杜得到「逸樂之都」（Shadiyabad）的稱號。

　　吉亞薩希命人撰寫《薩希姆丁薩美饌之書》（Ni'matnama，直譯為愉悅之書），以便世人明白他的生活有多奢華。這本書成書於一四九五至一五○五年之間，收錄上百道食譜，烏爾都語、波斯語夾雜，附有五十幅插圖描繪各式料理製作過程。在這些插圖中，通常可以看到吉亞薩希本尊，他留著大鬍子，視察手下工作、享用美味佳餚、打獵或釣魚。完成這本書的人則是納西薩。

　　《薩希姆丁薩美饌之書》以有趣的呼籲作開場：「蟑螂們的國王啊！不要吃這種東西！容我為美食界獻上——熟食、甜食、魚的食譜，還有玫瑰露香水的配方。」這些食譜是薩希最愛吃的料理，許多食譜會附帶批註如「這真好吃」、「這是吉亞薩希的最愛」。這本書的編排順序並沒有任何意義，且有大量重複的部分。舉例來說，冰凍果露的食譜會突然從湯類食譜中冒出來，彷彿編纂者突然想到這件事，或者，一道魚料理食譜後面可能跟著春藥的配方。大部分的食譜只是將食材列出來而已，沒有分量、烹調方法。書中也有香水、藥膏、塗料、醫藥、春藥的配方。跟古早的經典一樣，書中也警告人不要吃特定的食物，或是避免某些食物搭配，比如牛奶與魚、蘿蔔、綠豆、綠色蔬菜、酸水果、鹽或肉。

　　《薩希姆丁薩美饌之書》的靈感可能來自波斯宮廷的食譜書，那些書中記載了適合在特殊場合招待的精緻奢華料理，薩希的宮廷也確實有波斯藝術家、廚師。不過，雖然手稿中早期的插圖是波斯風格，時間越往後，繪畫越來越有印度風格。這種波斯印度雜糅的風格，不只出現在插圖中，食譜也是一樣，只不過界線較為模糊難定。

　　許多料理都有波斯名字，甚至有些有突厥語名字，比如索巴（shorba，一種湯）、帕里弗（paliv，肉湯或湯）、劊瑪（qima，絞肉，來自突厥語動

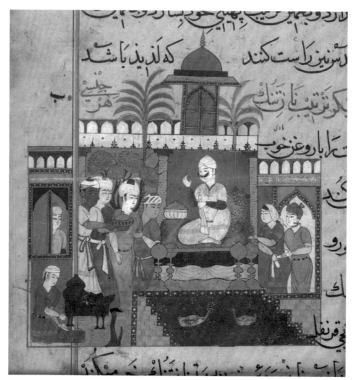

為蘇丹吉亞阿丁（Ghiyath al-Din）所預備的食物。《薩希姆丁薩美饌之書》書中一景。
（一四九五－一五○五年）

詞切碎「kiymak」）、巴格拉（baghra，含有烤麵團的燉料理）、道（dugh，一種優格飲料）、饢（烤餅）、亞克尼（yakhni，燉肉）、烤肉或串烤（seekh、kebab）、蒲朗尼（burani，優格佐蔬菜，通常是茄子）、哈爾瓦（甜點的通稱）、沙克巴（sakba，肉、小麥麵粉、醋做成的料理）、哈里斯亞（harisya、harissa，什錦穀物，通常是小麥、大麥，加上肉）、喀許（kash，麵粉與牛奶煮成的稠粥）、晚餐食物（ashsham，來自波斯語的食物「ash」、晚上「sham」）、巴朗吉（baranj，米飯）、科伏塔（肉丸）、桑卜薩、比延（biryan，烘烤食物的通稱）、喀許卡（khashka，白飯）、瑪希洽（mahicha，扁豆尼麵團切片加入燉菜）、普魯達（paluda，一種蜂蜜飲料，以麵粉增稠；也是一種麵）、皮西亞（pihiya，肉糜糊）、突馬佶、督利（thuli，香料碎小麥料理）、賈利亞（qaliya，一種燉煮料理）、冰凍果露（多種材料製成的冰飲）。

　　波斯料理的特色之一（雖然更早的印度飲食文獻裡也有這樣的作法）是燉菜燉肉搭配酸味水果、果汁與綠色香草，如甜羅勒或聖羅勒、柳橙、

為蘇丹吉亞阿丁準備哈爾瓦。插圖來自《薩希姆丁薩美饌之書》（一四九五—一五○五年）

檸檬、萊姆葉、薄荷。舉例來說，有食譜將半熟米跟酸橙葉、萊姆、檸檬、羅勒一同煮過，再拿掉葉子，加入豆蔻、丁香，增添一點印度風味。另一道料理中，飯與柳橙一起煮，柳橙填入丁香、豆蔻、麝香、樟腦、番紅花、玫瑰露等香料。綠色蔬菜跟阿魏、鹽、酥油一起煮，最後放上甜羅勒、聖羅勒、芒果葉、新鮮萊姆葉、酸橙葉、薄荷，每種各自綁成一束。蔬菜跟葉子一起蒸，時間不可長，然後捨棄葉子不用。

　　雖然有數十種米飯食譜，奇怪的是，卻沒有任何一處提到菩勞飯（pulao），《牛津食物指南》說這種米飯是「一種中東煮飯的方式，可以讓飯粒粒分明」。菩勞飯也叫皮拉飯（pilaf），通常用肉或蔬菜調味，用酥油煮成，這種飯的起源不明。十三世紀的阿拉伯烹飪書裡記載了基本的煮法，不過卻沒有用菩勞這個名字。這個詞本身是中古時期的波斯語，這道菜可能在十六世紀早期出現於波斯的薩非王朝（Safavid）。記載這道菜最早的英語文獻是一六一六年，出自隨軍牧師愛德華‧泰瑞（Edward Terry）

他為英格蘭駐蒙兀兒王朝的大使湯瑪士·盧爵士（Sir Thomas Roe）效力，他說：「有時他們煮肉塊或雞肉、其他禽肉，切塊後放進米飯中，他們稱之為皮勞（pilaw）。」[16] 雖然印度人自古以來就會煮結合米、肉、香料的料理，不過煮成粒粒分明的烹飪技巧可能是後來才隨蒙兀兒王朝引入印度：得先將米用酥油炒過再慢慢煮熟。

以語言學為佐證看來，《薩希姆丁薩美饌之書》中收錄的其他食譜是在地料理，且許多是素食料理，包含霸拉（bara，另有三種拼法：bari、vada、vadi，以扁豆或穀粉做成的炸丸子）、芭特（bhat，白飯）、仆吉（bhuji，炒青菜）、扁豆類（不論生熟皆稱為「dal」）、印度酥油、契科黎（米與扁豆）、坎維（khandvi，將穀類煸至膨脹）、拉昔（lassi，優格飲料）、萊杜（圓形甜食）、卡立（karhi，也作 kadi，優格扁豆燉菜）、萊布昔（布格麥煮成的粥）、瑞伊塔（raita，優格加蔬菜或水果）。書中有提到普里（炸膨餅）、洽巴提（無酵餅），但沒有提到皮拉塔，可能皮拉塔是後來才出現的食物。

有幾道菜是「伽瓦利」（ganvari、gharib），意思是鄉村粗食或窮人的食物。[17] 這些食物頗為單調——就算貴為國王，有時也不想餐餐吃好料。其中之一是水煮綠色蔬菜，或搭配燉豆泥一起煮，以蔬菜油、阿魏（被認

龍涎香

這是世界上最古老、最昂貴的材料之一，來自抹香鯨腸道中的蠟狀固態分泌物，只有鯨魚被沖到海岸上的時候，才有可能取得。分泌物隨著氧化作用，加上海水，會越陳越香，龍涎香帶有甘美、土壤、動物性的海洋香氣。古代中國人非常珍視龍涎香，從中文名稱可知一二。[13]中東、波斯地區將龍涎香當作催情劑、藥材、咖啡與甜食的調味料，龍涎香也是香水的關鍵成分。不過，如今由於抹香鯨已列入禁獵範圍，許多國家禁止販售、交易龍涎香。

---

13 英、法文稱之為琥珀香。

《薩希姆丁薩美饌之書》收錄之食譜

番紅花香肉

將肉（山羊或羔羊）清洗乾淨，在鍋中加入香甜的酥油之後，再將肉下鍋。酥油熱了之後，加入番紅花、玫瑰露、樟腦增香。將肉跟番紅花混炒入味，當肉入味之後，加入適量水。將豆蔻、丁香、芫荽、茴香、肉桂、桂皮、孜然、葫蘆巴切碎，放進小紗袋裡，再入鍋跟肉一起煮。將扁桃仁、松子、開心果、葡萄乾放入羅望子糖漿裡煮過，再加入肉中。加入玫瑰露、樟腦、麝香、龍涎香，即可上桌。可以用同樣的方法來煮山鶉、鵪鶉、雞、鴿子。

萬用綜合香料

四份玫瑰露，十份白扶桑（white hibiscus）、二十份豆蔻、一份丁香、四份乾肉豆蔻皮。

為具印度風味的香料）、薑、洋蔥、黑胡椒調味，跟小米餅搭配著吃。小米是在地作物，超過十幾道食譜都以小米為主，跟米飯的煮法一樣，可以煸炒或做成麵餅。另一道伽瓦利食譜是用麵團覆蓋在肉上面，用葉子包裹後，放進熱炭中烤熟。

薩希的御廚所使用的烹調手法包含以酥油或其他油香煎、炸、蒸、滾煮、炙燒，用石板或石頭燒烤，放在熱炭上或其中烘烤、串燒等。有時候，煮肉之前會先醃入味。許多食譜使用鹿肉、山鶉或其他野味。有些料理使用的香料、調味料高達五十種，在烹調過程中分階段加入。

薩希料理最顯奢侈之處是經常使用三種調味料：樟腦、龍涎香、麝香。這三種材料之所以珍貴，不只是因為味道強烈、香氣繁複，它們都極為稀有、價格不菲。

　　樟腦是種透明或白色的結晶體，來自樟腦樹，全亞洲都可以看到這種常綠喬木。（乾燥迷迭香葉含有高達二成的樟腦。）樟腦的英文「camphor」來自梵文「karpura」，該梵文名稱則可能來自蘇門答臘的某個海港。最初，貿易商得從香料群島購入樟腦，再賣往印度、中東，而樟腦作為食材的歷史最早則可追溯至古埃及。在印度，樟腦則是潘伽蘇甘哈五大香料（pancha-sugandha，其他香料為豆蔻、丁香、肉豆蔻、乾燥肉豆蔻皮），是有錢人才能享受的檳榔佐料。如今的印度還有少數甜食會加入樟腦食材。樟腦也會出現在印度教儀典中，尤其以南印居多，人們會焚燒樟腦，火焰與香氣都是特定儀式的一部分。（今天我們可以在某些印度雜貨店買到樟腦，但烹煮之前一定要確認標籤上有註明該產品為「可食用」樟腦。）

　　麝香是蠟狀物質，成分來自麝香鹿的腺體。麝香也是稀有材料，人們

為蘇丹吉亞阿丁準備劊瑪。插圖來自《薩希姆丁薩美饌之書》（一四九五─一五○五年）

拿來調味食物或製作除臭芬芳劑。(《薩希姆丁薩美饌之書》中指示讀者：「拿麝香來抹一抹充滿狐臭的腋下。」)麝香最早出現在印度文獻中，是阿育吠陀的藥材，後來也進入歐洲、中東，阿拉伯人利用麝香作為穩定劑，調製香水、催情藥。跟龍涎香一樣，如今販售麝香是違法的。

　　《薩希姆丁薩美饌之書》跟其他印度飲食文集一樣，也收錄不少用於治療病痛、症狀的食譜。薩希最為密切關切的養生之道，顯然是陽痿、精液量不足的問題。幾乎所有的香料都被認為具催情效果。舉例來說，若將下列材料混合後，抹在陰莖上，將會「產生情慾，增進精液流動」，材料為：長胡椒、豆蔻、奇隆子、新鮮的乳牛奶油、酥油、羊奶、罌粟籽、丁香、椰棗、糖、松子、乾燥薑、椰棗、烤鷹嘴豆、扁桃仁、無花果、訶子、葡萄乾、蜂蜜。相同效果也可藉由酥油炒以下食物達成：小牛肉、羊肉、麻雀腦、鴿子、酥油、牛奶、乾肉豆蔻皮、肉桂、豆蔻。若人有過瘦、骨折、視力衰弱、發癢、肺結核等問題，建議他服用混合香料搭配其他食材。書中認為檳榔塊也有許多醫療功效。

　　一五六二年，阿克巴（Akbar）征服了馬瓦，將之納入蒙兀兒帝國版圖。或許薩希的廚子遷移到德里的宮廷中，影響了印度料理的發展，但我們不能確知，僅能揣測。

《廚經》

　　跟《薩希姆丁薩美饌之書》大約同時期的委託作品還有《廚經》（*Supa Shastra*，約一五〇八年）。作者是信奉耆那教的統治者，曼格拉薩三世（Mangarasa III），他的領地很小，位於卡納塔卡邁索爾區（Mysore District），該地屬於維查耶那加爾帝國。作品為詩文形式，以古卡那達語（Kannada）寫成，手稿材料是棕櫚葉，共有六章，四五〇首詩。引言中，作者透過感謝古印度神、人物來強調自己的文化根源，點名怖軍、那羅王、葛黎（Gouri，難近母的化身，廚藝高超）。

　　《廚經》是寫給家庭主婦的，不過是富裕的家庭主婦。[18]曼格拉薩的食譜中並沒有註明確切的食材分量，廚師得自行判斷，不過他倒是記錄了頗為精確的烹調手法，包含烤、煎炸、以香料增味、烘烤、在清湯或濃稠醬汁中滾煮、蒸、蒸餾、以熱砂進行燒烤或加熱。所有的食譜都是素食，但有幾道違反了耆那教的禁令，使用了大蒜、洋蔥。調味除了基礎的芫荽、孜然、芥末籽、葫蘆巴——這些依然是如今南印的主要香料——也使

鑲餡茄子，《廚經》食譜

「這是最高級的茄子料理之一，不論是香味、外觀、味道，都會讓你一想到這道菜就口水直流。」

取一顆茄子，以刀切除頂端，以便之後歸位。

刮去茄子內裡，放旁邊備用。另取一顆已經煮熟的茄子，去掉內裡。將以下食材放入糖漿混合：酥油炒香過的椰子絲、胡椒、孜然籽、葫蘆巴、芝麻籽、鷹嘴豆、黑豇豆、香煎的乾燥餅碎、薑黃粉，通通都要在酥油裡炒過，再加上切碎的薑、洋蔥、咖哩葉、芫荽，並將以上碎末在酥油中炒過。將餡料填入生的茄子，再用酥油或其他油香煎。

用香味更濃郁的材料：豆蔻、樟腦、肉豆蔻、露兜樹（screwpine）[14]，甚至使用麝香。食譜中時常使用椰子絲。

第一章收錄了五十種點心、麵餅、甜食，其中有九種洛提烤餅、十種瓦戴（vataka、vada）、還有各種包餡麵食，使用小麥、米或扁豆麵粉。其中一項烹飪技巧是將小麥麵團做成杯型，倒入甜或鹹的餡料，然後煎或烤至熟——可以說是中世紀印度版本的法國點心塔。有道特別的食譜使用的材料有香蕉、椰棗、芒果、波蘿、葡萄，跟糖粉、豆蔻、可食用樟腦、麝香（如果能取得）、酥油等食材混合之後，包在麵糊中，再烤熟。

第二章收錄飲料，包含牛奶與乳製品，還有以水果、花朵、米湯製作而成的甜飲料。第三章有二十道料理，包含許多版本的契科黎、勘吉喀（粥）、羅望子或芥末籽風味的米飯，還有甜米布丁。

食譜中的蔬菜是今天我們可以在印度境內的市集或菜園中看到的那些蔬菜。第四章則收錄了茄子、大蕉（plaintain）料理。《廚經》中的六十道

---

14 該屬有六百種植物，不確定是指哪種，可能是東南亞與南亞常見的七葉蘭，台灣常見植物林投也屬該生物分類，林投又名野菠蘿。

蔬菜料理，大概有一半是茄子，另一半則是大蕉或大蕉花料理。茄子非常好用，因為茄子在烹煮的時候很容易吸收味道。《廚經》中的茄子有茄子湯、炸茄子、優格味烤茄、蒸茄子、香料鑲餡燴茄子、綠葉鑲餡茄子、炙燒茄子配優格、香料，或以牛奶烹煮、洋蔥酥油香煎茄丁佐香料、帕尼爾乳酪鑲餡香料茄子、淋上羅望子汁與油的烤茄子沙拉、優格薑香烤茄子。

　　將大蕉花煮熟後擰乾，可以用來做多種料理，有些十分講究。將大蕉、帕尼爾乳酪切塊，以金屬絲串起，刷上印度酥油，再放到炭火上炙燒，可以做成花圈造型的食物。人們享用香蕉塊時，會搭配糖漿，或灑上酥油、芥末籽、胡椒。

　　第五章收錄稜角絲瓜（ridged gourd，也稱角瓜）、南瓜的食譜，還有三十四道波羅蜜食譜，波羅蜜是種大顆的綠色水果（單顆可重達三十六公斤），皮上帶刺，印度全境都有野生的波羅蜜。波羅蜜經過浸泡、瀝乾處理之後，可以切塊用酥油、香料香煎，也可與扁豆一起滾煮，或與洋蔥碎、椰子碎一起做成丸狀，或者水煮後與糖漿一起食用。

　　最後一章則是油干果（印度醋栗）、竹筍或筍的食譜，這是卡納塔卡西部、印度東北部常見的食材，人們常會拿來醃漬。《廚經》裡會將竹筍切大塊或圓形，加上香料香煎；或者經過稍微發酵，再於醬汁中滾煮，如白脫牛奶；也可與薑、洋蔥、椰子絲混合成泥狀，再用檳榔葉包裹，蒸熟；或與薑、洋蔥、咖哩葉一起磨碎後蒸熟，拌入米飯、黑豇豆、椰子，炒來吃。

《飲食與健康》

　　《飲食與健康》是梵文論文集，以詩文形式寫作，約於一五五〇年成書。[19]作者是簣馬薩瑪，他是位詩人兼學者，很可能也是位外科醫師，為瓦喀拉曼薩那王（King Vikramasena）服務，該王很有可能是拉傑普統治者，統治的或許是烏佳恩王國（Ujjain），該地離曼杜僅八十公里。[20]本書作者是位婆羅門，書中不時提到印度教神祇，行文風趣，卻並不是太恭敬。比如說，書中形容某點心味道層次之豐富，「就像往世書的章節一樣」；另一種點心香味如臻仙境，「就算一心渴求解脫之人也想嚐一口」；還有一種飲料「其美味之罕見，天上也難尋」。

　　作者一方面關切食物是否促進健康、如何影響督夏平衡，另一方面也是個十足的老饕，對美食熱忱滿滿。全書各處都可以看到他的個人觀點、

十六世紀的印度廚具（引自《飲食與健康》）

掃帚

大鍋

刷子

磨石

竹皿

水罐

打火石

裁成手臂長的乾燥木條，不能太舊，不粗不細，沒有蟲蛀

篩網

濾網

研磨缽棒

篩子

陶土塊

方巾

兩只夾子

四條布

蘆葦管

刀

串燒用鐵籤

炒鍋

炭勺

儲放酥油的木或鐵鍋

小段詩文創作、向眾神的呼求與暗喻手法。有些食譜來自醫學文獻，也有些來自《心之樂》，不過其他的很可能是他的作品。

　　《飲食與健康》有十二章（utsava），每章主題不同，討論主題如皇家御廚房與其器具、好醫師與好主廚的特質（應精通阿育吠陀且善於管理）、

健康的日常作息、四季飲食、食譜。食譜列出了食材，不過沒有分量或烹調時間，只有少數幾道食譜有註明。書中記載食譜呈現料理在烹飪上有些限制，但整體而言豐富且多元，只是非常少使用洋蔥、大蒜。除了牛肉，國王幾乎會吃所有的肉類，包含山豬、綿羊、羯羊、鹿肉、兔肉、蜥蜴肉、野豬或飼養豬、野禽、孔雀、龜肉。（作者身為婆羅門，表示自己並沒有吃過這些肉類料理，只能轉述烹調方式。）簧馬薩瑪認為，應該吃剛屠宰不久的動物之肉，不能吃自然死亡的動物。最好的肉是活動力好的動物，這樣的肉有益心臟，能促進食慾。

不過，烹調肉類料理的關鍵是廚師的技術。簧馬薩瑪寫道：

> 不管是村中飼養的動物、林中野獸、水生或地底穴居的動物，不管是白的、黃的、綠的、紅的，不管是浮在油中炸、串起來烤、煲在湯中、滾煮或切成肉丁，優秀廚師煮出來的肉，人人都愛，並依照個人口味來給評價。[21]

許多肉、蔬菜料理是用阿魏水來調味。其他常用的香料是黑胡椒、薑汁、薑粉、薑黃，用得比較少的有豆蔻、丁香、樟腦、麝香、肉桂。許多食譜使用叫做維薩瓦拉的香料（在阿育吠陀典籍中，維薩瓦拉意思是香料絞肉料理），內容是阿魏、鮮薑、孜然籽、黑胡椒、薑黃、芫荽籽的綜合香料。

阿育吠陀另有叫做崔可塔粉的香料配方，將等量的長胡椒、黑胡椒、薑混合，也是很常見的肉類調味料。跟今天的印度料理作法一樣，在烹煮過程中，分階段加入香料：為醬汁調味、乾抹或醬汁醃入味、油中爆香、上菜前才撒上提味（書中用來點綴增香的食材有豆蔻、丁香、樟腦、黑胡椒、肉桂等）。芝麻油是常用的烹飪油，偶爾也會加入番石榴作為催化劑。

書中認為，不管煮什麼，一律用小火，尤其是牛奶，千萬不可以用大火煮，除非是跟米飯一起煮的時候。水跟米的比例應該是四比一。綠豆需要三倍的水量，黑豇豆的話要多一點水。煎肉的時候，油跟肉的比例是一比十。煮魚的時候，油、香料跟魚的比例是一比四。不過，分量須依照吃的人口味來增減。

最好的鍋子是陶鍋，因為這種材質會為食物加添健康，不過君主、富人們會使用金銀器皿，因為這些可以治療紊亂的督夏，並增進智力。上菜時，可以直接從煮飯鍋中取飯，但其他的菜餚應該要盛裝在盤中才能上

菜。酥油應該放在木製或鐵製鍋中。乳製品上菜時只能用陶器盛裝。富人
會在園裡飼養鹿、天鵝、孔雀與其他動物，用來試毒，因為這些動物對下
毒的食物各有不同反應。

　　君王的一餐有米飯、扁豆、酥油、某種椰子黃瓜料理、脆軟的帕帕杜
（papad、papadum），肉類佐青菜、米麵粉料理、牛奶煮沸後拌入白飯與甜
果汁。水果（除了香蕉、小黃瓜）只在開飯的時候吃。君王飲食應有所節
制，每餐至少間隔三至六小時。作者特別詳列了不應該互相搭配的食物組
合，比如：牛奶不應搭配羅望子、硬皮豆、蔬菜、某些魚類、酒、肉類、
芝麻、油餅、鹽或優格。

　　至於進餐時的配置，吃飯的人席地而坐，正對一個平台，上面擺著大
盤子，盤子正中間堆著飯，右邊擺著扁豆、酥油、肉、蔬菜、魚（依此順
序排列），左邊則擺著肉湯、水、飲料、需要舔或吸吮的食物、醬菜等。
不論是這本書還是其他文獻，都沒有提及應該用右手吃飯，可能因為這是
常識。送餐的人必須是位婆羅門，或是來自受人尊敬的家族，上菜前必須
先洗澡、領受檀香膏，他得要舉止優雅，善於烹飪，個性愛乾淨。

　　肉類料理有九種煮法：酥油炸、煎、乾烤、用少量醬汁滾煮、大量醬
汁小火燉、直火炙燒、絞肉、串燒或以土窯燒烤。有種烹飪手法叫「普嗒
帕卡」（putapaka），用維薩瓦拉香料調味肉，包在葉子、白麵粉或橘子皮
裡面，用陶土覆蓋，置於地下坑中煮。煮絞肉的時候，會將肉捏成錐狀，
也有其他形狀，滾煮或香煎。有道菜叫坦都蘭（tanduram），做法是用香料
醃肉，懸掛在土窯中，用炭火烤熟。有道甜點是由肉、牛奶、糖做成的，
叫做喀什馬塔（ksiramrtam，意思是牛奶仙饌）。

　　魚跟肉的煮法一致，不過只用四分之一的油。先將魚用阿魏水燙過去
腥，再裹上麵糊，麵糊材料是鷹嘴豆粉、薑黃、薑粉、芫荽，用芥末籽油
來煎。魚肉碎可以用來當伊迪立或曼塔卡的內餡。

　　《飲食與健康》中篇幅最長的一章，討論的是可食用植物：葉、花、
果、莖、球莖、根莖。烹調蔬菜最簡單的作法是用油炒，加上鹽、阿魏、
孜然籽，最後加羅望子、白脫牛奶。書中列出非常多適合吃的植物，包含
各種品種的瓜類、孟加拉楝梓、木蘋果、訶子、苦瓜（書中特別形容苦瓜
長得像「裡面不含珊瑚的翡翠」）、孟加拉綠豆、無花果、大蕉、豇豆，還
有許多沒有英文名字的食材。綠葉蔬菜包含藜屬植物（goosefoot）、莧屬植
物（amaranth）、桂皮、菠菜、茴香、葫蘆巴、龍葵（black nightshade）、馬
齒莧（purslane）、黃麻葉、黑胡椒葉、紅花（safflower）葉。書中有段天

外飛來一筆的對話趣味橫生，主角是三種綠葉蔬菜：

「我屬於兩類，又營養豐富，且含有六味。有我在，誰還需要其他的料理？」印度菠菜如此道，菠菜跟白飯躺在一起，似乎帶著一抹驕傲的微笑。

「雖然我只屬於一類，我可是帶有多種味道，而且我自己就香得不得了。」印度茴香（satapuspa）如此道，似乎要宣布自己贏得勝利。

「像印度茴香那樣，把成功侷限於自身，只顧著自己香就好，有什麼用？我才不會這樣。我的香味可是能充滿整間餐廳。」葫蘆巴如此斥責自私的茴香。[22]

　　不過，作者對茄子情有獨鍾：

嘖，一頓飯沒茄子吃。嘖，煮茄子沒莖稈。嘖，煮茄子就算有莖，卻沒用油煮。嘖，用油煮茄子卻沒有加阿魏！[23]

　　一共有十六道食譜以茄子為主，比如：切丁後在羅望子果汁中滾煮，再用酥油、芫荽、薑汁、薑黃煎過。綠茄子肉沾過阿魏風味的芥末籽油與黑胡椒後，在酥油中與米麵粉、椰子絲、黑胡椒、豆蔻一起煎，茄子加上維薩瓦拉香料、黑胡椒、阿魏、白脫牛奶一起煮。有道料理跟今天的茄子泥（baingan bharta）很相似：以高溫將整顆茄子煮熟，直到茄子軟化，再搗成泥，拌入芥末籽、岩鹽、優格。茄子拌羅望子、芝麻油一起吃，「讓人快樂得不得了，就像少女看到愛人一樣。」

　　這本書也有許多點心、甜食的食譜。甜食的基本材料是酥油、糖、乳製品：戈亞的作法是將牛奶滾煮至濃稠，而佳拿的作法則是將牛奶加入催化劑，分離乳清後過濾掉。其他食材還有扁豆粉、米麵粉、白麵粉。以模具擠壓麵糊，變成麵線狀後，稱為瑟夫（sev），這是萊杜與其他甜食的食材。最常用的香料是豆蔻、黑胡椒。許多甜點作法都需要浸泡糖漿，跟今天一樣。全部的甜點共有：

　　萊杜：丸狀點心，材料是米麵粉與優格製成、白或全麥麵粉、蔬菜粉、蓮子、椰子、扁豆，甚至會加入魚、肉。有時萊杜是用瑟夫或小球製作。

茄子是非常好用的食材，原生於印度。十八世紀末或
十九世紀初。

　　翡尼卡（Phenika，就是當代的翡尼卡〔pheni、vermicell〕，也就是麵線），以白麵粉或扁豆粉、優格、酥油做成的多層糕點，稍微煎過。

　　瓦戴卡（Vatika，瓦戴），以發酵扁豆碎或白麵粉、優格做成的麵糊，捏成各種形狀（方形、長方形、圓形），然後油炸。

　　曼塔卡，餅狀的小麥糕點，有點像現代的曼迪格（mandige）。可以加入豆蔻、酥油、糖、牛奶。

　　普立卡，較薄的曼塔卡，有扁豆、石蜜內餡。

　　肋昔卡（lapsika），白麵粉、酥油、糖、丁香、黑胡椒做成的甜粥。

　　加塔普拉（ghrtapura，名字來自梵語的酥油「ghrta」）有多種版本，材料是小麥麵粉或米麵粉、戈亞、芒果、菱角，加上其他食材如酥油、糖，有時會加樟腦、黑胡椒等香料。

　　普里，膨起的麵餅，用鷹嘴豆、小麥麵粉製作，以藏茴香籽（小型棕色種子，味道像百里香）、阿魏、丁香來調味，用酥油煎熟。

　　賈拉比（Jalebi），麵糊以兩份白麵粉、一份小麥麵粉加上發酵牛奶製成，透過濾嘴將麵糊滴進熱酥油中並勾出結狀，炸好之後泡進糖漿裡（這道點心來自阿拉伯，可能是從伊斯蘭宮廷學來的）。

賈拉比，螺旋狀的扁豆麵糊漬糖漿，印度最受歡迎的小吃之一。

　　卡普蘭納利卡（kapuranalika），白麵粉、酥油、水，擀成多個方塊，在酥油中煎成普立卡，再把這些冰糖包進普立卡卷，放進酥油中煎過，再填入樟腦、酥油、糖。

　　喀薩拉（kasara），混合糖、白麵粉（或蓮藕粉、菱角粉）、酥油、麵團煮過之後，在鍋中攤開、塗上油，再切成方塊狀。

　　《飲食與健康》最後一部分描述飲料，以及開胃、提神的食物，如：檸檬或柳橙糖漿，拌入糖、胡椒、豆蔻；用酥油煮糖與柳橙，放涼後拌入牛奶；各種優格飲料，調味料如岩鹽、薑、烤孜然籽。有道昔卡里尼配方（昔卡罕），據說這種優格料理，給「跟喝醉的女子調情之後正發懶」的人喝的話，特別滋養。

維查耶那加爾帝國

　　這時期的印度南部出現了強盛的王國，維查耶那加爾（Vijayanagar），統治大部分的德干高原。創建王朝的是哈里哈爾一世（Harihara I，於

一三三六－五六年在位），他得到了地方強勢地主的支持，建立了大規模軍隊，征服了地方諸王國後，建都維查耶那加爾。該城在巔峰時期，可能是世界上最大或次大的城市（僅次北京城），人口五十萬。曾造訪該地的外國旅客，對當地的描述是治理得當的富饒之地，首都擁有雅緻花園、寬闊的街道，商人豪宅林立。巴特卡爾港（Bharkal）使維查耶那加爾能連結中國、中東、東南亞。鄉村地區土壤肥沃、耕地廣大，不過由於降雨量稀少，統治者建立了灌溉系統、人工湖，以儲存雨水。

　　葡萄牙旅行家多明戈・佩斯（Domingo Paes）曾於一五二〇年代間造訪維查耶那加爾，這個城市在他眼中勝過自己的母國：

　　　　這是世界上最豐衣足食的城市，且備有糧食庫存，如米、小麥、穀物……還有一些大麥、豌豆、綠豆、豆類、硬皮豆，該國所耕種的其他種子作物也不少，也就是平民的食物。城中有間非常大的糧食鋪，價格十分便宜；只不過小麥不像其他穀物那麼常見，因為沒什麼人吃，除了摩爾人（Moors，意指穆斯林）。[24]

　　從佩斯的紀錄看來，市場上有大量的鵪鶉、山鶉、兔子、羊肉，「肉品肥美又乾淨，幾乎像豬肉一樣」，至於豬肉白淨的程度，「你在其他國家看不到更好的品質」。每天都有一車又一車的甜橙、酸橙、番石榴、茄子、其他蔬菜運進城（不過他注意到，並沒有包心菜、萵苣，不像葡萄牙），還有萊姆，這些讓里斯本城裡賣的農產品看起來一文不值。平民吃小米，富人吃米飯。佩斯還觀察到，雖然有些人吃肉，掌管寺廟的婆羅門卻不吃魚也不吃肉，也不吃任何紅色的料理，因為那些像血。社會上所有階級的人都會每天吃檳榔（就算那讓他們的嘴染成紅色）。

　　維查耶那加爾帝國最後一位統治者承受了南部其他王國的競爭以及葡萄牙人的壓力，葡萄牙人當時正在該地區穩定自身的經濟勢力。一五六五年，帝國敗北，輸給了穆斯林統治者組成的聯盟，城市遭到軍隊洗劫。今天可以在漢匹（Hampi）附近的村落看到分散的都城遺跡，該地被列為世界遺產。帝國衰落的同時，北方興起了新強權，日後將成為有史以來印度最大的帝國，也讓印度料理邁向新高峰，就是蒙兀兒帝國。

第九章
蒙兀兒王朝與繼承者

一五二六至一八五七年

　　印度北部最後的德里蘇丹洛迪王朝（Lodis）崩潰之後，蒙兀兒王朝取而代之，成為新的權力中心（蒙兀兒是波斯語「蒙古」的轉音）。王朝的開國始祖是巴布爾（Babur，一四八三－一五三〇年），他來自中亞小國費爾干納（Ferghana，唐代古譯為「拔汗那」），祖先是帖木兒、成吉思汗。

　　一五二六年巴布爾應旁遮普地方統治者之邀前往旁遮普，並帶了一小支軍隊隨行。他打贏了帕尼帕特戰役（Panipat，這是印度第一次使用火藥的戰爭），自封為印度斯坦帝王。巴布爾是位多采多姿的歷史人物：他驍勇善戰，在年輕時就戰勝了阿富汗的敵對部落，並創立了勢力不小的王朝，而他也是個有才華的詩人，以波斯語寫作，寫下的回憶錄感情豐富，他又熱衷種植花卉植物。他曾寫下一對句：「享受生命的奢華吧，巴布爾，因為你不能兩度擁有世界。」[1] 他的母語是突厥語系的察合台語（Chagatai，現已不復存在），不過他的波斯語十分流利，也醉心於波斯文化。

　　巴布爾出生於費爾干納谷地（或稱費爾干納盆地，唐代古稱寧遠，位於今天的烏茲別克斯坦、塔吉克斯坦、吉爾吉斯斯坦），當地盛產葡萄、甜瓜。他描寫戰爭、叛亂的時候，常常中途停下來描述他在闖蕩歷練時曾吃過的甜瓜是如何美味。翻譯他作品的譯者安奈特・貝福利（Annette Beveridge）曾說：「巴布爾這麼在意水果，不是為了那個味道或是吃來消遣，而是因為他在意食物。就拿甜瓜來說好了，不論是新鮮還是倉庫存放的甜瓜，一年之中有幾個月可是土耳其斯坦人民的主食。」[2]

　　巴布爾對印度斯坦第一印象是不過爾爾。他的回憶錄有段名篇：

　　印度斯坦是個乏善可陳的國度。人民長得不怎麼樣；社交往來上，沒有誰會出門拜訪或招待賓客；沒什麼才幹；舉止沒有禮儀可言；工藝上不講對稱、毫無章法也沒有品質；缺乏良駒、良犬，沒有好的葡萄、麝香瓜、最上等的水果，沒有冰、沒有涼水。市集上沒有好吃的麵餅、熟食；

從田裡收穫扁桃仁，選自《巴布爾回憶錄》（約
一五九○年）。

巴布爾皇帝監督喀布爾城外真境花園的格局施作，約一五九
○年，水彩金箔，紙。

沒有熱水浴、沒有大學，沒蠟燭、沒火炬、沒燭臺。

另一方面，他又覺得印度斯坦：

國土廣袤，擁有大量金銀，雨中的空氣十分清新……印度斯坦還有一
個好處是不缺任何一種工人，此地有既定的種姓制度來對應每一種工作、
每一件事情。[3]

巴布爾在印度吃到的一切水果中，只喜歡芒果，不過他也不是沒有微
詞：「好吃的芒果真的好，但吃多了也會發現，極品芒果很少。」他注意
到，芒果通常還是青綠時就被採收，放在室內熟成，最好吃法是製作成調
味料，或是蜜漬保存。巴布爾所到之處必設立花園菜圃，並從中亞與波斯

為巴布爾與大公們所預備的宴席，選自《巴布爾回憶錄》（約一五九○年）。

專為巴布爾開設的宴席，正中間有隻烤鵝。一五○七年，微型畫。

進口種子、園丁來種植甜瓜、桃子、杏仁、開心果、核桃、扁桃仁。他在回憶錄裡提到的料理有串燒羊肉、曲其（chikhi），後者是以小麥麵粉糊、肉、酥油、洋蔥、番紅花、香料做成的粥。[4]

　　宴會上賓客喝的飲料是帢吉兒（chaghir），這是類似蘋果酒的飲料，製作材料有蘋果、梨子、葡萄，都需要從喀布爾、設拉子（Shiraz，位於今伊朗）進口，不過巴布爾後悔自己喝了酒。一五二六年，某場大戰前夕，他發誓再也不喝酒，把酒櫃裡的收藏都掃到地上，還摔碎了所有的高腳杯。不過，他還是會吸食「麻金膏」（ma'jun），這是用罌粟籽[15]（鴉片）、哈希什[16]（hashish，大麻樹脂）、核桃、開心果、豆蔻、牛奶、蜂蜜做成。[5]

---

15 鴉片為原文，但罌粟籽的鴉片生物鹼含量很低，並沒有致幻效果，罌粟花才有。罌粟籽是常見的香料類食材。
16 原文解釋為「hashish seed」，疑為誤植，因為哈希什並非植物，是經過加工提煉的物質，而大麻種子本身並沒有致幻效果。

　　巴布爾打敗最後一位德里蘇丹易卜拉欣・洛迪（Ibrahim Lodi）後，在德里建立起自己的宮廷。他想要嘗試印度斯坦料理，命令前朝御廚送上好吃的，五六十道菜之中，卻只有四道料理合他心意。易卜拉欣・洛迪的母親想要殺死巴布爾，幫助其中一位御廚在皇帝的食物中下毒，撒進麵餅、兔肉、炒紅蘿蔔、肉乾等。毒殺行動並未成功，巴布爾最後是在阿格拉駕崩，享年四十七，並葬於阿格拉。後人將他的遺體遷葬至他鍾愛的喀布爾，葬於「巴布爾王的花園」。

　　一五三九年，阿布爾的孫子胡馬雍（Humayun，一五〇八－五六年）曾敗在阿富汗詩爾王（Sher Shah Suri）的侵略戰爭，一度失去王國與他的波斯人王后，他往波斯逃難，投靠薩非王朝，而塔瑪斯王（Shah Tahmasp）也盛情款待他，一聽到胡馬雍即將抵達，塔瑪斯王立刻下旨：

　　　貴人一來就要給他喝上好的檸檬玫瑰冰凍果露，以雪冰鎮；再給他西瓜、葡萄、其他水果的蜜餞，搭配麵餅，就像我之前說過的。為這位皇室的貴客準備甜香精露、龍涎香露各一杯品嚐。每天要替他準備有五百道珍饈的宴席，須色香味俱全⋯⋯。我兒啊，他來的那天，盛宴款待他，要盛大又讓人垂涎，給他吃肉與甜食，牛奶與水果，三千道也不嫌多。[6]

　　一五五五年，胡馬雍藉著塔瑪斯王的兵力，重新奪回王國，並帶了塔瑪斯王的工匠、詩人、政務官、廚師一起回到了德里。波斯語地位改變，不再只是文人的語言，而是政務上的官方語言。此後波斯語一直維持官方語言，直到一八三七年被英語取代為止。不過，胡馬雍重拾王座僅六個月，就駕崩了，所以我們不太知道他的飲食習慣。據說他在籌劃奪回王位時，曾一連數月忌肉。

　　胡馬雍的兒子阿克巴，才名列印度最偉大的君王之一，他一手打造了蒙兀兒帝國。到了一五六〇年，他的勢力已及恆河盆地，最終他會得到印度北部、西部，包含孟加拉、喀什米爾、古吉拉特、俾路支斯坦，以及部分德干高原。他藉由軍事征戰，或與拉傑普大君聯姻結盟，將拉賈斯坦全部納入他的版圖之中。一五七二年，他兼併了古吉拉特，並在該地區遇到了在海岸地區設立貿易據點的葡萄牙人。

　　阿克巴將擁有一億人口的帝國分成十二個省以及小區。每個省都有總督或省長，叫做薩巴打（subadar）或納瓦（nawab，這詞後來指有錢有勢的人）。這些首長府是德里皇宮的縮小版。蒙兀兒帝國的王公貴族們死

後，財富得歸於皇帝，所以皇族過著奢侈的生活，且促進了詩歌、繪畫、音樂、飲食等領域蓬勃發展。

　　阿克巴在位時間非常長（一五五六－一六〇五年），他使用多種手段來籠絡非穆斯林臣子，比如廢除歧視性的課稅、提拔這些人擔任高官、鼓勵且出資贊助印度文化發展、迎娶拉傑普王國的公主（也包含信奉基督教的葡萄牙女子）。阿克巴下令宮廷禁止吃牛肉，也禁止其他會冒犯印度教、耆那教徒的食物。此外也向印度教、穆斯林、耆那教、帕西人、耶穌會等背景的學者請益，以了解不同的宗教。阿克巴也跟父親胡馬雍一樣，會到蘇菲聖者的墓前致意，也歡迎蘇菲聖者進入宮中。[7] 他甚至嘗試創立新宗教，將不同信仰的元素融合，稱為「神的宗教」（Deen-i-llahi）。

　　《阿克巴本紀》（*Ain-i-Akbari*）為阿克巴的宰相阿布法左・伊本（Abu'l － Fazl ibn）所作，詳細記載阿克巴王朝之編年史，史中一併記載了皇宮中的飲食，此外，歐洲來的旅行家也留下不少文字紀錄。[8] 御膳房隸屬國家部會，由宰相直接管轄。御膳房的人手眾多，包含主廚、會計、倉管、祕書、品味侍，以及超過四百名來自印度、波斯各地的廚師。盛裝食物器皿有金、銀、石造與陶製品，各自用布巾綁好，出菜前須經由主廚檢視與同意，並且由人試過味道數次之後，才可以出菜。據史載，當時有使用冰塊的紀錄，每日從喜馬拉雅山運到宮中，運送系統頗為繁複，用來製作冷飲、冰凍點心。

　　御膳房掌握了帝國各地最好的食材：各地區當季採收的品種米、特定城鎮所產的奶油、來自喀什米爾的水鳥與鴨。皇宮飼養的雞有專人餵食，飼料會添加番紅花、玫瑰露，且每天都有人以麝香、檀香來按摩雞隻。皇家菜園能隨時產出新鮮蔬果，尤其是水果。阿布法左寫道：「皇上視水果為造物主最美好的賜予之一，非常在意水果。」[8] 阿卡巴也從中亞、伊朗請來農藝專家來管理他的果園。他栽培了許多品種的甜瓜、桃子、杏子、核桃、開心果、番石榴、扁桃、李子、蘋果、梨子、櫻桃、栗子、葡萄。

　　加泰隆尼亞耶穌會會士安東尼歐・蒙塞爾拉帖（Antonio Monserrate）如此描述阿克巴宮中的餐食：

　　他的餐桌甚是鋪張，通常會有超過四十道菜，盛裝在大盤中。菜餚上桌時會被包裹在棉布裡，由主廚綁定、上封泥，以防被下毒。年輕侍者會一路將菜餚端到皇家餐廳，其他僕役會在前面開路，總管會跟在最後。到了餐廳，海吉拉（閹人）會接手菜餚，再轉交給廳中的侍女。他習慣私下

用餐，只有在公開宴席時會跟人一同進餐。[9]

　　阿布法左筆下列有三類菜餚。其一是素菜，稱為索非亞納（sufiyana），意思是為皇帝忌葷的日子所預備的菜，其中有庫許喀（khushka，白飯）、帕熹（pahit，以酥油、薑、孜然籽、阿魏煮成的扁豆）、契科黎（以等量的米、綠豆、酥油做成）、督利（碎小麥甜辣粥，今天的印度西部依然有這道菜）、曲其（阿布法左描述這道菜是一種質地細緻的粥，材料有小麥麵粉、洋蔥、香料，佐以各式肉類）、耙丹降（badanjan，洋蔥、酥油煮茄子）、薩格（綠葉蔬菜）、扎達比令吉（zard birinj，番紅花米布丁）、各種哈爾瓦。

　　第二種料理是肉類，跟米飯或其他穀類一起吃。這些包含夸布黎（qabuli，混合了米飯、鷹嘴豆、洋蔥、香料）、創瑪菩勞飯（唯一提到的菩勞飯）、米飯拌絞肉、熟拉（shulla，詳見食譜）、哺格拉（bughra，肉、麵粉、鷹嘴豆、醋、冰糖、紅蘿蔔、甜菜、蕪菁、菠菜、茴香葉）、哈里斯亞（肉與小麥碎）、喀什克（kashk，肉佐碎小麥、鷹嘴豆、香料）、哈林姆（halim，由肉、小麥碎、蕪菁、紅蘿蔔、菠菜、茴香葉所煮成的粥）、桑卜薩在書中寫作庫打（qutab，突厥語詞彙，今天的亞塞拜然語依然用這個詞指稱沙摩薩，根據阿布法左的記載，這道菜有二十種作法，可惜他並沒有一一詳述）。

　　第三類是肉類，包含：亞克泥（肉湯料理）、木桑曼（musamman，鑲餡烤雞）、度毗阿扎（dopiaza，大量洋蔥煮成的肉料理）、當普喀（dampukht，燜燉香料肉）、賈利亞（帶醬汁的濃香肉料理）、麻古巴（malghuba，羊肉、蔬菜、扁豆、米煮成的湯）、比延（biryan，來自波斯語，意思是炒或燒烤；食材是阿富汗達許滿迪綿羊〔Dashmandi〕、酥油、番紅花、丁香、胡椒、孜然籽，以及各式串烤肉）。

　　阿布法左並沒有記錄任何料理的烹調方式。關於比延，他只說「有多種作法」，不過書中的佳餚美饌所需的烹調技巧顯然非常繁複耗工。比如說，穆格穆薩蘭（murgh mussalam）這道菜，要先剔除一隻全雞的骨頭，但保持雞身完整，以優格與香料醃入味，再填入米、堅果、絞肉、水煮蛋等餡料，烤雞的時候要塗上酥油與更多的香料。

　　料理的名稱透露出多元的異地飲食文化影響著印度料理。菜名有阿拉伯語（哈林姆、哈里斯亞、哈爾瓦、桑卜薩）、波斯語（喀什克、昔卜即〔shirbirnj〕、菩勞、扎達畢淋吉、當普喀、耙丹降）、突厥語（庫打、創瑪、哺格拉、熟拉）。不過雖然這些菜名受到波斯文化影響，卻缺乏波斯料理

中最重要的某些特色，最明顯的是沒有酸甜味道的組合，燉肉料理（khoresht）也沒有添加綠色香草、水果。

　　蒙兀兒王朝的飲食也透露出多元的種族背景。十七世紀初，朝中臣子有維吾爾人、察合台人、突厥人、土庫曼人、烏茲別克人及其他中亞民族。他們曾經是遊牧民族，在中亞地區帶著牲畜遷徙，如綿羊、山羊、馬等。根據飲食史學家查爾斯・佩里（Charles Perry）的研究，從十世紀起，他們往西遷徙，進入種植穀物的地區，因此穀物成為他們飲食中重要的一環。阿布法左所列出的菜色之中，有兩道可能反映了這個文化傳承：喀什克（碎小麥與肉煮成的粥）、熟拉（後來另一道菜挪用了這個名字，該料理十分澎湃，基底是滾煮的穀物，最好是米飯，再加上額外的食材，至於食材內容則要看主人願意負擔多少，來讓客人有頓體面的飯吃）。[10]

　　小麥麵餅是阿克巴的皇宮中每餐都會出現的食物。有的餅很大張，用烤箱烤熟，類似今天的饢餅；有的又小又薄，以鐵盤煮熟，聽起來像今天的洽巴提。（十七世紀時的法國人佛朗索瓦・伯爾尼爾〔François Bernier〕是旅行家兼作家，在蒙兀兒王朝擔任御醫，他喜歡印度生活的許多層面，但不愛這裡的麵餅食物。他說，雖然有時也算好吃，但「永遠也比不上巴黎的勾內斯麵包〔pain de Gonesse〕，或其他美味的麵包」。他認為印度麵包之所以不好吃，是因為印度烤箱品質太差。）[11]一頓飯吃下來，還會有醬菜（阿布法左記載了三十種市集上買得到的小菜）、優格、萊姆。

　　《阿克巴本紀》不少食譜使用洋蔥、薑，但很少有大蒜。主要的烹飪油是酥油，用量非常可觀（舉例來說，契科黎的食譜要求等量的米、扁豆、酥油）。最常用到的辛香料是薑、肉桂、黑胡椒、豆蔻、丁香、番紅花、芫荽。不過，當時市場上販售的香料，也有很多沒有出現在宮廷料理中，如：長胡椒、乾燥薑、茴芹籽、薑黃、黑種草（kalonji, nigella）、茴香、芥末籽、黑白芝麻籽、羅望子、咖哩葉。或許是因為這些香料雖然是本地料理的關鍵食材，對中亞、波斯民族而言依然是異族食物的味道。

　　另外，書中也沒有提到來自新大陸的紅辣椒，因為阿克巴在位的時候，紅辣椒還沒有進入印度北部，不過，十六世紀前葉的南部，已有詩歌提到紅辣椒。[12]同樣缺席的新大陸蔬果，還有番茄、馬鈴薯，不過首都已經有鳳梨了：阿布法左的紀錄中，德里市集上的單顆鳳梨，要價等於十顆芒果。

　　新世界來的貨品還有菸草，由葡萄牙人引入德干高原。隨著菸草送入阿克巴宮中的，還有鑲滿珠寶的水煙壺（水煙壺可能是由阿克巴手下的一

位波斯醫生發明的，阿布法思‧及朗尼〔Abu'l-Fath Gilani〕，他可能將一種簡陋煙壺加以改造，該壺以椰子殼當作底座，原用於吸食鴉片、哈希什）。[13] 阿克巴顯然對此十分滿意，因為雖然保守派宗教人士不贊同，菸草還是在宮中流行了起來。

　　與此同時，伊朗的阿巴斯王（Shah Abbas）下令禁止吸菸，派駐當地的蒙兀兒大使卻是個老菸槍，所以大王為他開了特例，還寫了這首詩：

> 我們朋友派來的使者
> 很愛抽菸
> 我要用我友情的燭火
> 來點亮那菸草市場。[14]

　　咖啡在十七世紀初時進入印度，愛德華‧泰瑞在一六一七年的紀錄中提到過，咖啡也可能在更早之前就由阿拉伯商人引進了。（不過，詩歌傳說中，穆斯林僧人巴巴布丹〔Baba Budan〕才是那位在一七二〇年從麥加帶來七顆咖啡種子的人。）阿克巴的兒子賈漢吉爾（Jahangir）寫過讚美咖啡的詩文：

> 王公貴族們喜愛咖啡
> 基得之水就在其中；（基得〔Khidr〕是穆斯林聖徒，傳聞他發現了永生水）
> 陰暗的廚房瀰漫著那煙
> 咖啡壺彷彿是生命之源。[15]

　　阿克巴的宮廷飲食雖然極為鋪張，他的生活方式卻頗為簡樸，甚至可說接近苦修了，阿布法左寫道：

> 倘若陛下沒有崇高的心靈、洞悉世事的理解力、對眾生皆然的慈悲心，陛下不可能會選擇這麼孤寂的道路，不吃不睡，甚至……從來不曾從他口中聽到「今天晚餐吃什麼？」這種問題。一天二十四小時之中，陛下會吃喝，可是只吃一餐，而且沒吃飽就離開飯桌了：他的用餐時間也不固定，不過僕人們總是準備得妥妥貼貼，一旦下令要用餐，一個小時內就能端出一百道菜。[16]

熟拉（選自《阿克巴本紀》）

十習爾的肉（一習爾約等於一公斤）

三・五習爾米

二習爾酥油

一習爾鷹嘴豆

二習爾洋蔥

半習爾鹽

二譚大蒜（一譚等於二十公克）

研磨胡椒、肉桂、豆蔻、丁香各一譚

調整過的烹調方式

在鍋中融化酥油，中火炒肉、洋蔥、大蒜五分鐘。加入三六○毫升的水、鹽、鷹嘴豆、肉桂粉，小火熬煮十分鐘，拌入其他香料，加米，再加一二○毫升的水，小火煮至飯煮熟為止。

另有一段寫道：

　　陛下不太喜歡吃肉，也常常這麼說：人們已然能取得各種食物，卻還要加害於活物，毫不猶豫地屠殺動物、吃動物，確實是出於人的無知與殘酷。似乎無人具備慧眼，能阻止這殘酷之事，總是放任自己成為動物的墳場。倘若陛下心中對人世毫無掛累，他會馬上忌口葷食；現在他想要逐漸降低肉食，倒是跟時代背道而馳了。[17]

　　阿克巴規律地齋戒，並逐漸增加齋戒的天數。他並沒有要求臣民也跟他一樣忌口，不過他的確曾經希望人們不要在他登基的那個月分吃肉，好為那一年討吉利。

　　阿克巴所打下的江山，兒子賈漢吉爾（於一六○五－二七年在位）、

販售查達（zarda，調味菸草）的鋪子，有時人們也會在檳榔中加入查達。菸草在十六世紀由歐洲人引進印度。

孫子沙賈汗（Shah Jahan，於一六二七－五八年在位）都維持住了，還稍有擴張。賈漢吉爾建造了許多宮殿、清真寺、花園，其中之一就是喀什米爾的夏利瑪花園（Shalimar Bagh），他也支持大型藝術工作室與藝術家。他跟祖父跟阿布爾一樣喜愛大自然，也留下了關於植物、野生動物的書寫。他尊崇父親，也效仿他的作法，下令在特定的日子禁止屠宰動物：每週四、登基日、每週日，以及阿克巴誕辰。他在諭令中引用父親的話，在這些日子「所有的動物都應免於落得屠宰的悲劇下場」。

　　賈漢吉爾非常愛吃契科黎，尤其是他自己在印度西部吃過的那種契科黎。他在回憶錄裡寫道：

　　有種只有古吉拉特的人才會做的食物，是珍珠粟契科黎（bajra khichri），把豌豆碎、小米混在一起煮。這種碎穀其他地方都不生長，只有印度斯坦才有，比多數的蔬菜還便宜。我從來沒吃過，所以叫他們做給我吃。滋味還不錯，甚合我意。我並下令，在我忌葷的日子裡，應該常常做這道料理給我吃。[18]

賈漢吉爾的回憶錄也描述了他如何克服飲酒的困擾、減少飲酒。不過賈漢吉爾跟父親不同，很愛吃肉，尤其愛吃野味。愛德華・泰瑞進宮覲見時，對於賈漢吉爾宮中肉類的料理方式感到詫異，英國人料理肉的時候是用整塊肉，蒙兀兒人卻將肉切成丁，跟「洋蔥、香草、根莖類、薑、其他香料與奶油」串在一起。他的紀錄中，某次宮廷宴會上一共為他上了五十道料理，其中他特別喜歡的是香料洋蔥鹿肉、繽紛多彩的米飯，顏色有紫有綠。

下一任皇帝沙賈汗（在阿格拉建造泰姬瑪哈陵，作為逝去妻子陵墓的皇帝，妻子名叫慕塔芝・瑪哈〔Mumtaz Mahal〕）遭到自己兒子奧朗澤布（Aurangzeb，於一六五八－一七○七年在位）罷黜。奧朗澤布一心苦修，是位信仰虔誠之人，他任內改變了向來兼容並蓄、以合作作為基礎的宗教政策。他刻苦己身，經常齋戒，主要茹素，熱愛水果，尤其愛吃芒果。根據御醫塔伏尼（Tavernier）的紀錄，由於他不吃肉食，「日漸消瘦，也是大量的齋戒造成的……他只喝一點點水、吃少量的小米餅」。[19] 奧朗澤布掌權時，軟禁了自己的父親，不過他應允父親每天都能吃到自己最愛的食物，度過餘生。監獄的廚師告訴沙賈汗，不要選太複雜的食物，吃扁豆燉菜就好，廚師保證自己可以每天做出不同的扁豆燉菜。

平民百姓的飲食

一般的印度百姓吃的跟統治者截然不同。農業常得仰賴老天爺的臉色，食物生產並不穩定。外交使者湯馬士・羅爵士（一五八一－一六四四年）寫道：

印度人民過的生活就像大海中的魚——弱肉強食。首先，農民搶劫佃農，仕紳搶劫農民，地位高的搶劫地位低的，而國君則搶劫所有的人。[20]

歐洲旅行家所留下的紀錄顯示，窮人主要吃素（就像當代世界上其他地區的窮人）：綠薑煮白米配一點胡椒與奶油；雜糧麵餅（可能是小米），以圓形小鐵爐烤熟；煮扁豆、當地蔬果。

鄉鎮、城市裡都有豐富的路邊小吃。葡萄牙神父福爾・賽巴斯丁・曼瑞克（Friar Sebastien Manrique，一五八五－一六六九年）看到拉合爾

（Lahore）燈火通明的市集，著迷不已：

　　帳篷多得不得了，我應該稱之為熟食小鋪，有些帳篷只販售烤肉，各種家畜，也有野味烤肉。我們也看到部分店家擺出大支的鐵串，上面是禽肉、閹雞、雞肉、幼鴿、孔雀、鴿肉、鵪鶉及其他鳥類……〔此外〕也有攤販兜售家用雜貨、銅器，有些銅盤裡有肉料理可以買，但因為調味多變的關係，吃不出是什麼肉。這些熟食中，最常見也最能填飽肚子的是豐富又香氣十足的比令吉飯〔birinj，意思是去殼的〕，煮法千變萬化；另外還有來自波斯的菩勞飯，米飯搭配肉跟其他食材，或是只有香料而不含肉的飯。[21]

　　市集上買得到三種麵餅：薄如紙的便宜無酵餅，在長柄煎鍋上烤過再放在炭火上烤熟（像今天的洽巴提餅）；另一種麵餅厚度約同手指，稍微貴一點；再來是有錢人才吃的珂玖魯（khejuru），這是種甜麵餅，以小麥麵粉、大量酥油、罌粟籽、糖製作而成。

蒙兀兒王朝衰落，出現新型態的料理

　　蒙兀兒王朝在一七〇〇年達到巔峰，版圖面積達三二〇萬平方公里，有一億五千萬人口──占當時世界總人口的四分之一。不過，帝國的傾頹在奧朗澤布在位時已有跡象，他逝世後，帝國加速崩塌。國境內交通不便，通訊不發達，中央難以有效控制大規模的國土，區域政府則擁有高度自治權。此外，印度教帝國馬拉塔（Marathas）在希瓦吉（Shivaji Bhosale，一六二七－八〇年）領導下崛起，他之後的繼任者也壯大了帝國勢力。馬拉塔帝國最強盛的時候，勢力範圍往南直達坦米爾納杜，往北達白沙瓦（Peshawar），向東則涵蓋孟加拉。馬拉塔帝國一直維持強權地位，直到一八一七年被英國軍隊擊潰。奧朗澤布死後，印度西部的拉普傑諸王國趁勢奪回一部分歷來世襲的國土，不過，後來他們也敗在馬拉塔帝國手下，而於一八一八年時，也承認英國為其宗主國。

　　一七三八年，蒙兀兒帝國遭波斯入侵，納迪沙王（Nadir Shah）攻下德里，屠殺成千上萬印度人民，並劫去大量黃金珠寶，蒙兀兒帝國從此一蹶不振。納迪沙成功打下大部分中亞、波斯地區，不過他在一七四七年遇害身亡，他打造的帝國也隨之崩潰。

同時期，其他外國勢力也陸續登陸次大陸。葡萄牙、法國、英國勢力各自趁著蒙兀兒帝國衰敗的過程中，建立勢力。到了十九世紀初，蒙兀兒帝國已經有名無實，不再是有實權的政治體，不過要等到一八五七年，才正式被大英帝國取代。這個過程中，蒙兀兒帝國底下的各地區政府不論是否在名義上獨立，都脫離了德里的中央控制。此時的權力中心分別是：南印度的海德拉巴、北印度的阿瓦德（Awadh，也譯阿沃德、奧德〔Oudh〕）、西孟加拉的莫夕達巴（Murshidabad）、拉合爾（今屬巴斯斯坦）、喀什米爾。不過，這些區域統治者多延續了蒙兀兒帝國的傳統，鞏固傳統之餘，也創造出新的料理，某種程度上抑制了舊時代料理的發展。

阿瓦德與勒克瑙

阿瓦德就是上述區域型政府之一（英國人稱之為奧德），位於今天的烏塔普拉德什。胡馬雍皇帝在一五五五年將這地區設為帝國行省，省政府首長有個榮譽頭銜「尼欽」（nazim），也稱為納瓦[17]（nawab）。一七一九年，波斯人薩達特汗（Sa'adat Khan）尼欽，成為實質上獨立於蒙兀兒的政治領導人，統治權則變成世襲。一七五三年，阿薩夫烏德達烏拉（Asaf-ud-Daula）遷都勒克瑙（Lucknow），勒克瑙蓬勃發展，成為北印度的文化、飲食中心，與德里分庭抗禮，其「輝煌、文明的發展程度，任何其他的印度伊斯蘭社會都難以相比」。[22]

以上引自史學家兼記者塞勒爾（Abdul Halim Sharar，一八六○─一九二六年），他為勒克瑙編纂了編年史《勒克瑙：東方文化最後的時期》（Lucknow: Last Phase of an Oriental Culture），書中描述的文化活潑、互融，結合了印度北部的印度教文化、穆斯林音樂、舞蹈、服飾、繪畫、飲食。二十世紀的藝術史學者史都華‧嘉禮‧威爾許（Stuart Cary Welch）對勒克瑙的形容更為生動，他說這個城市較像「融合了〔工業革命前的〕德黑蘭、摩洛哥、拉斯維加斯的印度風城市，另外添了點英國格林德本（Glyndebourne）的氣息」。[23]

追求美食的不只是位高權重的納瓦與他的臣子們，富有的地主，甚至中產階級、平民都是饕客。有錢人比的是誰可以創造出最繁複的料理，廚

---

17 作者可能理解有誤，兩者並不相同。納瓦是由蒙兀兒皇帝御賜給半自治區域地方首長的榮譽頭銜，尼欽則是獨立公國的君王，地位上等同於蒙兀兒皇帝，雖然公國的領土規模未必很大。蒙兀兒帝國衰弱後，許多納瓦幾乎是獨立君主，或許實質上與尼欽平起平坐，但名義上納瓦還是隸屬蒙兀兒帝國。

師被稱為拉喀答（rakabdar），享受不俗的社會地位與優渥的薪資。曾有納瓦以一二〇〇盧比的月薪聘請大廚，這個金額換算成今天的貨幣可能是五千英鎊。印度各地都想要聘用這些廚師，勒克瑙風格的料理藉此散播到海德拉巴與其他地區。大廚們只願意為少數人烹製少量的食物，因為他們認為調理大量食物是普通廚子（bawarchi）的工作，有損尊嚴。食物的外觀造型非常重要：每道菜都有裝飾，以乾燥水果排成花卉圖案，或點綴可食用銀箔。

　　這些大廚的長才之一是運用罕見食材做料理，或是只用單一食材做出一頓飯，後者被稱為謎題（pehle）。舉例而言，德里的大公是出了名的老饕，他跟第十任的末代納瓦，瓦吉阿里沙（Wajid Ali Shah，一八二二－八七年）一同用餐時，人們說他吃的是穆臘巴（murabba），這是種濃稠、香料濃厚的水果或蔬菜蜜餞，但事實上，他吃下的是扣瑪，一種肉類燉菜，卻被做成穆臘巴的外觀。過了幾天，大公回請這位納瓦，招待他上百道菜，包含菩勞飯、扣瑪、烤肉、比延、洽巴提與其他麵餅——但都是用

販售查達的鋪子，有時人們也會在檳榔中加入查達。菸草在十六世紀由歐洲人引進印度。

夕兒瑪通常搭配扣瑪吃，扣瑪是種濃郁的燉肉。

糖做的，連餐盤都是糖製。有位名廚的絕技是做特殊版的契科黎，把開心
果做成扁豆的外型，再把扁桃仁切成米飯的樣子。另外一位大廚的專長是
製作酸辣燜芋頭（arvi ka salan），他的聘用條件是允許他一整年天天都煮
不同的酸辣燜芋頭，一天兩餐。有道喀什米爾料理讓全勒克瑙為之瘋
狂──沙布迪（shab degh），燉蕪菁與絞肉丸，人們沒辦法看出哪個是蕪
菁、哪個是肉丸。

　　貴族階級最愛的料理是菩勞、扣瑪。有錢人還會用麝香、番紅花皮屑
來餵雞，讓肉帶有香氣，用來燉高湯，作為煮飯的湯底。塞勒爾的書中說
德里人愛吃比延，但勒克瑙居民則喜歡菩勞。兩者的差異向來是人們討論
與爭辯的話題。塞勒爾自己認為兩者的差異如下：

　　對口舌遲鈍的人來說，兩者大同小異，但是由於比延使用大量香料，
吃起來總有濃烈咖哩飯的感覺，而烹調得當的菩勞則絕對不會這樣。對美
食家來說，跟真正好吃的菩勞飯相比，比延飯簡直是奇差無比。[24]

蒙兀兒料理

《牛津飲食指南》（*The Oxford Companion to Food*）形容蒙兀兒飲食是「融合了波斯與印度的烹調傳統」，常見料理有菩勞、比延、串烤肉、扣瑪、科夫塔（kofta）、坦都爐料理，食材則有沙摩薩、鮮奶油、扁桃仁、玫瑰露。這類料理的名字帶有「薩希」（shahi，原文解作「皇家的」）、阿克巴、沙賈汗等這類的詞。「蒙兀兒」一詞最早可能是由餐飲企業發起，用來賦予自家食物權威感，後來變成流行用語，形容北印度或巴基斯坦地區豐盛、肉類為主、有穆斯林風格的料理。不過，這樣的用法並不全然正確。許多被稱為蒙兀兒料理的食物早在德里蘇丹王國出現之前就已經存在，也有些食物（比如串烤肉）是由印度本地料理發展而來。再說，蒙兀兒帝王常常齋戒、特定時節忌葷食，又熱愛契科黎，根本稱不上熱愛追求美食，遑論美食家（或許他們下意識追求的是突厥或蒙古先祖吃慣的樸素飲食）。

　　菩勞、比延之間的差異是印度美食界的爭議話題，也有許多文章探討此事，但大多互相矛盾。兩種飯都是長米飯搭配肉、雞肉、魚、海鮮、蔬菜，有時根本沒辦法分辨兩者的究竟有何不同。再說，各地區跟小地方又有非常多種變化作法。大致上而言，兩者不同之處如下：首先，菩勞飯通常是一頓飯中的配菜，而比延卻會是主餐再搭配各種配菜。再者，菩勞飯是一鍋飯，煮的時候先以油爆香香料、肉、米，再加入湯水，小火熬煮，直到湯汁被食材吸乾。要煮比延飯的話，肉與飯要分開煮，之後才加在一起。肉可能會先醃過，用優格、香料或洋蔥粉、薑與薑泥，還有香料，而米則要先煮到半熟。再來才把肉與米一層一層疊進鍋中，上蓋小火燉煮數小時。總地來說，菩勞飯的香料通常較比延飯簡單，味道也較溫和。

　　當時的菩勞常常有詩情畫意的名字，比如花園（gulazar）、光芒（nur）、杜鵑（koku）、珍珠（moti）、茉莉花（chambeli）。大廚也會使出渾身解數，

把菩勞做成料理藝術品。有道菩勞，一半染得豔紅如紅寶石，一半潔白晶透如水晶，兩色並陳，看起來就像番石榴籽一樣美。菩勞藝術料理的頂尖之作是一道珍珠菩勞，將二〇〇公克的銀箔與二〇公克的金箔打進一顆蛋黃裡，再將蛋液填入一隻雞的食道，並將雞稍微煮過。當人們切開雞皮時，出現了光澤閃耀的珍珠，這些珍珠拌入了肉中，而所有的肉都拌進飯裡面。

此外大廚還有別的絕技：將肉做成小鳥的形狀，並置於盤子的邊緣，讓這些鳥看起來像是在啄食盤中的米飯。（海德拉巴還流行另一種變化版本：大塊的派，一切開就會有小鳥飛出。這個版本的靈感可能來自童謠，因為這道菜是英國軍官與妻子最愛的國宴料理。）

阿瓦德以麵餅聞名。人們會用地下陶爐（坦都爐）來烘烤發酵麵餅，而印度傳統麵餅作法是酥油煎無酵餅。根據塞勒爾的說法，印度傳統作法給了穆斯林麵餅師傅靈感，他們在麵包中加入酥油，用烤網來烤麵包──這就是皮拉塔的由來。（塞勒爾有不少觀點純粹出於想像，不能盡信，像這個就是如此。）德里的麵餅師傅以製作皮拉塔出名，配方是等量的酥油與麵粉。不過，塞勒爾在書中抱怨，他住在德里的時候，皮拉塔只有新鮮的才能吃，冷了就像皮革一樣咬不動，因為食材並未充分拌勻。

還有另一種餅叫夕兒瑪（shirmal），塞勒爾宣稱發源於勒克瑙，不過很可能是來自波斯（夕兒瑪在波斯語意思是「以牛奶洗過」），這是種無酵餅，食材是白麵粉與糖，在坦都爐中烤熟，並撒上番紅花與牛奶。據說發明這種餅的是名叫曼胡堵（Mahumdu）的小販，他製作的燉牛肉腩哈里頗負盛名，連最富有的貴族都會前來購買。腩哈里搭配夕兒瑪一起吃，變成了一切慶祝場合必備的料理。有種變化版本叫做巴卡喀尼（bakharkhani），是種多層的餅，以大量的酥油製作而成，要在網架上烤熟。

晚餐料理的統稱，或是送到別人家吃的料理合稱，都叫做朵剌（tora，波斯語的「籃子」）。送食物到別人家裡的習俗是因應家中婦女的需求，因為深閨制度限制了女性的出入（這種習俗要求女性深居簡出，只能在家人面前露出臉蛋）。最簡單的朵剌至少會有：菩勞、穆薩福（muzaffar，番紅花香甜味飯）、穆坦彊（mutanjan，肉、糖、米飯搭配香料）、夕兒瑪、沙費達（safaida，簡單的甜味米飯）、炒茄子、席比令吉（shir birinj，甜牛奶燉飯）、扣瑪（香料優格燉肉塊，或是鮮奶油代替優格）、芋頭配肉、沙米烤肉（鷹嘴豆肉泥餅），再加上配料，穆臘巴、醃泡菜、酸甜醬。

朵剌包含的菜餚數量會反映主人的地位。納瓦的朵剌可高達一百零一

夕兒瑪是勒克瑙、海德拉巴的名產，這是以白麵粉、牛奶、糖做成的無酵餅，用烤爐烤熟，用番紅花調味。

種食物，每種據說得花費五百盧比。講究禮節習俗可能是來自蒙兀兒王朝的影響，不過塞勒爾表示，自己在德里見識過的正式排場，可是遠遠不如勒克瑙，當時勒克瑙居民是出了名的講究儀態優雅合宜（至今依然如此）。人們稱這種禮節為「您先請」（pehle-aap），因為禮節的重點在於放低自己的身段，並抬高對方的重要性（有時候寶萊塢電影裡會用戲謔的方式來表

喀洛里烤肉，著名的勒克瑙美食，質地柔軟，狀似香腸，以羊肉泥、稠鮮奶、香料製作而成。

現這樣的習俗）。在飲食文化中，這樣的禮節延伸，滲入細微之處。為對方倒水時，即使對方地位低微，侍者也會以小托盤端來杯子，恭恭敬敬地為賓客奉上蓋好的杯子。

勒克瑙也以甜食聞名，一般大眾可以向印度教甜點師傅（moira）購買甜食，上層階級則喜歡向穆斯林甜點師傅（halwai）採買甜食。不過，塞勒爾評論道，印度教的甜食整體而言水準較高，而印度教徒也比較懂得鑑賞甜食，他揣測背後的緣由，認為穆斯林愛吃肉，也比較愛鹹食，而印度教徒則有個甜食胃。

甜食有的源自印度，也有的來自國外。根據塞勒爾的說法，雖然「哈爾瓦」是阿拉伯食物，從波斯傳入印度，拓哈爾瓦（tar halwa）卻是印度食物，拓哈爾瓦也稱為莫哈勃（mohan bhog），是糕狀的甜食，以粗粒小麥粉、酥油、澄清奶油製成，搭配酥皮炸餅普里一起吃。常見的哈爾瓦有五種：梭菡（sohan，橘色的堅果硬式圓薄餅）、帕皮尼（papri，口感乾而硬）、夾晤子（jauzi，鬆軟酥狀）、哈比喜（habshi，軟而黑）、德西亞（dudhia，果凍狀蒸甜糕）。

擋我酥油者該死

第七任勒克瑙納瓦，甘瓷·烏丁·哈達（Ghazi ud Din Hadar，於一八一四－二七年在位）嗜吃皮拉塔，他的廚師每天會為他做六張皮拉塔，一張要用掉四公斤半的酥油。有天，總理（vizier）問該廚師，為什麼酥油用量這麼大，廚師答道：「大人，做皮拉塔用的。」總理要求在旁觀察，他震驚地發現，廚師每做完一張皮拉塔，就把剩下的酥油全部扔掉。總理告訴廚師，從今天開始，以後一張皮拉塔只會給他九百公克的酥油使用。幾天後，納瓦問廚師皮拉塔怎麼不太對勁，廚師答道：「陛下，我用總理要求的方式製作皮拉塔。」納瓦召見總理，總理說：「陛下，您被您的臣民搶劫了。」納瓦一聽，勃然大怒，甩了他一巴掌。「那你呢？你搶的是整個王朝、整個國家，你對此絲毫沒有感覺。這人不過是為我煮飯的時候多用了一點酥油罷了。」總理大表懺悔，從此再也不干涉廚師的作法。[25]

　　書中花了很長的篇幅描述玫萊（malai，鮮奶油）的製作過程。將牛奶在淺碟中小火加溫，再小心地將凝固的部分一層一層取出。這種作法類似於英式凝脂奶油（clotted cream）或土耳其／中亞風格的濃厚奶油（kaymak）。

　　塞勒爾沒有提到勒克瑙對印度料理的兩大重要影響：烹調手法「杜姆」（dum，波斯語「蒸」），還有在地串烤肉。杜姆撲特（dum pukht）是指將菜餚放進密封的鍋子烹煮的手法。根據傳說，一七八四年大饑荒，納瓦阿薩夫烏德達烏拉為了讓人民有工作，讓他們在勒克瑙建造了一座宏偉的紀念建築「巴拉伊瑪巴」（Bara Imambar）。每一天，人們在白天辛勤建造，到了晚上又將之拆毀。為工人預備的食物用大鍋烹煮，以麵糊將鍋子封住，放在大型烤爐中保溫。有天，納瓦品嚐了這些食物，非常喜愛，甚至命人改良烤爐，要在宮廷宴會時使用。[26]

　　喀洛里烤肉是著名的勒克瑙串烤，是以羊腱絞肉、戈亞（濃牛奶）、白胡椒、特製綜合香料製成。根據傳說，發明的人來自喀洛里鎮的納瓦，

海德拉巴風格亞克尼菩勞

取半習爾（或者約五〇〇克）羊肉、四五顆洋蔥、一塊綠薑、兩片乾燥桂皮葉、八粒黑胡椒、七公升水。

將以上食材放入陶器中滾煮，直到湯汁收乾至剩下一‧五至兩公升。

把肉壓成泥、肉湯拌進肉泥中，瀝出肉湯（也就是亞克尼）。

取一鍍錫銅鍋來融化四五〇公克的奶油，洋蔥切絲，炒至呈現紅色。

取出洋蔥，用鍋中剩下的奶油煎事先煮過的雞肉。再取出雞肉，以奶油炒生米。

鍋中奶油蒸發的同時，加入肉湯，滾煮鍋中的米。

加入十至十二顆丁香、十至十二顆胡椒粒、四片乾燥肉豆蔻皮、十至十二顆小的完整綠豆蔻、一小匙鹽、一片薑、兩片桂皮葉。

飯煮熟後，從火爐中取出幾塊火炭，放在鍋蓋上。如果飯很硬，加入一點水，並放入雞肉，好讓味道可以被吸收。上菜時，把雞肉放在盤上，用飯覆蓋好，再鋪上一些切半的水煮蛋與油蔥酥。

出自賈弗‧舒里夫《印度穆斯林的習俗》（倫敦，一八三二），英譯：吉哈德‧安德烈亞‧何洛特（Gerhard Andreas Herklots）

該鎮距離勒克瑙不遠。納瓦宴請的英國軍官抱怨席間的烤肉太過粗糙，納瓦視為恥辱，命令廚師研發更精緻、柔軟的料理。還有比喀洛里烤肉更細緻的是加拉瓦提（galawati、galavat）烤肉，食材是絞肉泥、鮮奶油，捏成肉餅狀後以酥油煎熟。是為了末代納瓦瓦吉阿里沙所發明，當時他年邁失去了牙齒。據說原本的食譜使用了超過一百種香料與花露。

　　一八五六年，英國的東印度公司併吞了阿瓦德，將瓦吉阿里沙流放至

哈林姆，來自中東的料理，肉穀粥。

加爾各答郊外的馬提阿巴（Matiabur），瓦吉阿里沙在那裡建立了一個小型勒克瑙（該事件成為一八五七年的導火線之一，引發第一次印度獨立戰爭，也稱印度譁變）。許多本來為納瓦工作的大廚，轉往富貴人家工作，或者在勒克瑙舊市集設立自己的攤位，到了今天還是能在市集上看到販售夕兒瑪、串烤肉、菩勞的攤販。[27] 其他的則跟隨納瓦遷移至加爾各答，開設餐廳、店鋪，或許因此為該地帶來了高品質穆斯林美物傳統。

海德拉巴

今天，海德拉巴是安德拉普拉德什邦的省會，在過去則歷經伊斯蘭諸王朝統治，造就了此地繁榮、多采多姿的美食與文化。該地區曾被穆罕默德・圖格魯克蘇丹併吞，但在一三四七年時，地方政府反叛中央，建立了涵蓋大部分德干高原的巴赫曼尼蘇丹國（Bahmani sultanate）。巴赫曼王朝宣稱自己是偉大波斯王巴赫曼的後裔，他們說波斯語，喜愛波斯文化與飲食。

十六世紀初，一位波斯裔的投機分子宣布脫離巴赫曼尼蘇丹國獨立，在戈爾坎達（Golconda）創立顧特卜沙希王朝（Qutb Shahi dynasty，也稱戈爾坎達蘇丹國），後來的繼承者之一在一五八一年立海德拉巴為首都。

一六八七年，蒙兀兒皇帝奧朗澤布征服了該地區，將其併入德干省。不過，一七二四年，尼欽－阿薩夫・賈（Nizam-ul-Mulk, Asaf Jah）宣布脫離蒙兀兒帝國獨立，創立了海德拉巴公國（Nizams of Hyderabad），公國的統治者持續統治該地區，直到一九四八年，印度獨立自治為止。海德拉巴在歷史上是印度最大的公國（princely state，也譯為土邦），身為公國統治者的尼欽們也一度是世上最富有的人，財富主要來自戈爾坎達的鑽石礦。

海德拉巴的皇家旗幟上有獨特的食物象徵：庫恰（kulcha，微酵扁圓餅）。根據傳說，阿薩夫・賈在離開德里之前，曾去拜訪一位蘇菲聖者，對方將食物分給他吃。阿薩夫・賈吃了七塊庫恰，心中雖想再多吃幾塊，卻婉拒了對方的好意。聖者給他祝福，告訴阿薩夫・賈，他與子孫將會統治德干高原好幾個世代（後來成真了）。

當地的料理受到多種文化影響，因為這座城市是東西南北匯聚交流之地。統治者是穆斯林，不過人民大多信奉印度教，許多官員也是如此，尼欽們也支持建造印度教寺廟。當地的主食為米飯，人們只有早餐會吃小麥皮拉塔。由於在位者尊伊朗的波斯王為首，所以波斯文化影響深遠，海德拉巴也有為數不少的伊朗族群長居，一直到二十世紀中葉為止。王宮的守衛是阿拉伯人，多來自葉門，據說他們是哈林姆（haleem，詳見下文）這麼常見的原因。

十八世紀中葉，待在海德拉巴的法國士兵曾對當地美食讚嘆不已：

　　　這裡有用奶油做的麵包（按：可能是皮拉塔）、燉菜、禽類肝臟、烤羔羊，都去皮了，不過最有名的是這裡的飯，用大量的奶油、雞肉、羔羊，搭配各種香料……其美味眾人一致認同，大受鼓舞。[28]

跟勒克瑙的統治階級一樣，尼欽跟其下的軍官也好美食，且誰也不讓誰。每位貴族家中都有特定名菜。有次，納瓦受邀到一位貴族家中去品嚐他家的酸甜醬，納瓦說他會赴約，前提是那一餐只能有酸甜醬與麵餅。主人依約招待他超過一百種酸甜醬。[18]

有部作品詳細記載了此地區的飲食風俗，就是東印度公司出資編纂的《印度穆斯林的習俗》Qanoon-e-Islam），一八三二年於倫敦出版。[29]根據

---

18 酸甜醬（chutney）源於印度，是果醬狀或泥狀的調味用抹醬，種類繁多，主要食材是甜或酸味蔬果，如番茄、芒果、李子、甜菜根、蘋果、洋蔥等，或者優格、凝乳等。英國殖民後修改的版本通常會加入醋，以延長保存期限，並搭配烤肉、起司，用以提味。

作者賈弗・舒里夫（Ja'far Sharif）的說法，富有的穆斯林一天吃三餐：早餐在早上七點，內容是茶（可能是來自中國的綠茶）、咖啡、甜點；中餐是無酵餅、湯、鹹肉泥、鮮奶油、蔬菜、一些飯；晚餐是晚上七點，吃的是米飯與扁豆燉菜，或者加料煮的飯，比如肉、魚與肉，最後以優格、芒果、大蕉收尾。中產階級所吃的三餐會稍微簡單一點，而窮人只會吃兩餐：早上十一點吃小米餅當早餐，晚上則吃飯與扁豆燉菜，搭配一點點酥油、辣椒或洋蔥。

根據賈弗・舒里夫的記載，當時至少有二十五種菩勞：

巴璞（babune），洋甘菊風味
扣瑪，裡面的肉切成薄片
米塔（mittha），「甜的」，米飯、糖、奶油、香料、回芹籽
沙蘇藍加（shahsranga），同上但較乾
拓爾（tarl），米飯、肉、薑黃、奶油
黃豆、蒔蘿
馬幾（macchhi），以魚代肉
伊姆里（imli），加了羅望子
當普喀，蒸的，快煮熟的時候才加入奶油
扎達，黃色，加了番紅花
杜鵑（koku），炒蛋
兜古絲塔（dogostha），兩種肉，極辣
比延，骨髓、香料、萊姆、鮮奶油、牛奶
木塔邨（mutanhan），肉、米飯、奶油，有時會加入鳳梨、堅果
哈林姆，鷹嘴豆、小麥、肉、香料
藍比尼（lambni），鮮奶油、堅果、冰糖、奶油、米飯、香料（重點是回芹籽）
海南蒲桃，海南蒲桃果實
蒂塔（titar），松雞
巴塔（bater），鵪鶉
科伏塔，肉丸
卡里洽喀哩（khari chakoli），肉、麵線、綠扁豆

除了基本的洛提、皮拉塔、普里之外，當地的麵餅還有以造型命名的

牛眼餅（godida）、牛舌餅（gaozaban），以及薩帕迪洛里（Satpadi rotli，以七層薄餅做成的餅，每層撒上糖與奶油，最後在奶油中煎熟）、郎格契拉（laungchira，丁香形狀的麵包）、安同其洛提（andon ki roti，有雞蛋餡的白麵包）、古呱里（gulguli，麵粉、糖、優格、香料製成的炸丸子）、羅干達（roghandar，大量奶油製作的麵餅）。

　　大約在同一時期，尼欽的隨軍總醫師羅伯・弗洛爾・瑞斗（Robert Flower Riddell）也寫了《印度國內經濟與食譜》（Domestic Economy and Receipt Book，一八一四），收錄了尼欽的宮廷料理，比如沙蘭（salan），這是種香料燉菜或燉肉，帶有湯汁。

　　還有另一部近代作品記錄了宮廷料理，作者是勒克瑙詩人席可・揭悉（Sidq Jaisi），他在一九三一至三八年間居住在海德拉巴。他如此描述自己第一次在宮裡用餐：

　　我該怎麼形容每道菜呢？比延飯裡的每一粒米似乎都充滿了酥油。最後一道餐點有扁桃仁與鮮奶油。每個人面前都擺了大碗公，各個都裝了三公斤的鮮奶油。另一樣點心放的位置類似，裡面有扁桃仁、開心果。這些堅果要配鮮奶油吃。鮮奶油一層又一層，每層至少都三四隻手指那麼厚……這些鮮奶油是水牛乳做的，每天早晚會餵這些水牛吃扁桃仁、開心果。我數了數，那天晚上一共有十一碗鮮奶油。我曾在阿瓦德貴族家裡吃過大名鼎鼎的勒克瑙鮮奶油，就在今天被比了下去。[30]

　　另一次的宴會上，在餐點都上完之後，僕人端來了五個威化餅乾般的梭菌哈爾瓦，各重達二十公斤。賓客分食這些哈爾瓦，佐以特製鮮奶油。

　　此時的勒克瑙，則有一小群人挖空心思只求做出長得不像食材的料理。比如，以去皮的扁桃仁薄片偽裝穀物、以開心果碎偽裝綠扁豆，做成偽契科黎，兩樣偽裝食材加上等量或加倍分量的酥油，慢慢燉煮。

　　另一位作家記錄了二十世紀初的宮廷料理，列出超過兩百道餐點：一一二道主菜、七十六道甜點、三十三道酸甜醬與醬菜（achar），其中許多是海德拉巴的基本料理，尤其是貝加瑞北干（bagharay baigan，酸香料煎茄子燉菜）、掐喀納（chakhna，香辣燉內臟）、戴爾洽（dalcha，羅望子風味燉扁豆羊肉）、土塔克（tootak，烤帕尼爾起司與馬鈴薯餡餅）、沙蘭卡梅其（salan ka mirch，勾芡青辣椒或椒類）、模塔巴（murtabak，肉泥、帕尼爾、蛋層層疊起的烤派）、雙喀咪塔（ka meetha、shahi tukra，鮮奶油麵

包蛋糕）、酷巴尼喀咪塔（khubani ka meetha，鮮奶油杏泥）、戈夏喀咪塔（gosha ka meetha，大象耳朵形狀的酥皮配鮮奶油）、卡哈爾瓦（ka halwa，番紅花風味的哈爾瓦，有蛋與牛奶）、巴丹其加里（badam ki jaali，烤扁桃仁糊）、哈林姆、比延。[31]

喀什米爾

在十四世紀之前，喀什米爾地區的君主信奉佛教或印度教。繼韃靼、蒙古部族侵襲擄掠之後，一三三四年，出身印度的穆斯林，沙米爾（Shah Mir）稱王，他創立的王朝直到一五八七年才敗於阿克巴的手下，喀什米爾自此成為蒙兀兒帝國的一部分。蒙兀兒人稱喀什米爾為權貴的後花園（Bagh i Khas），因為這是他們休閒娛樂的去處。喀什米爾有成千上百座果園、菜園，為宮廷生產葡萄、甜瓜、櫻桃、番紅花，人們挑著一籃籃的農作物運到市集上賣。

海德拉巴的比延非常有名。

瓦薩旺的準備過程：喀什米爾式的盛大宴會，多達三十六道料理。

　　在帖木兒於一三九八年侵略北印度之後，據說約有一千一百名木匠、建築師、書畫家、廚師等，從薩瑪爾罕遷居至喀什米爾。這些人的後代形成了一個職業穆斯林廚師組成的階級，叫做瓦薩（wazas）。這個階級如今依然從事宴會餐飲業，穆斯林、印度教徒皆有，他們經營婚禮、生日宴會、其他重要慶祝宴會，這些場合叫做瓦薩旺（wazawans）。宴會上有首席廚師「維斯塔瓦薩」（vasta waza），統管數十位男性廚師，他們會帶著鍋碗瓢盆到東道主家，還會將綿羊、山羊群帶過去。牲畜會依循伊斯蘭儀式，當場宰殺。

　　傳統的瓦薩旺共有三十六道餐點，其中有十五到三十道是肉類料理，也有少數蔬菜料理，不過絕不會有豆泥燉菜。根據瓦薩的認知，一隻動物可以分為七十二部位，而其中大多數可以烹煮，包含內臟。賓客會以四人為單位入席，共同享用金屬大盤上的食物。許多料理都有肥美的醬汁，通常以優格為基底。席間一定會有七道餐點：黎斯塔（rista，紅醬肉丸）、羅共九胥（rogan josh，淡番茄醬煮羊肉）、塔巴克馬茲（tabak maaz，優格醬燉羊肉，再炒過）、丹尼瓦扣瑪（daniwal korma，芫荽風味的烤優格羊肉）、

阿布勾許（aab gosht，濃牛奶煮羊肉）、馬曲瓦根扣瑪（marchwangan korma，洋蔥醬雞腿），最後一定會吃到的是古續塔巴（gushtaba，香辣優格醬肉丸）。在喀什米爾，連婆羅門都會吃羊肉、山羊肉，不過他們不會吃雞肉、洋蔥、大蒜。

今天勒克瑙、海德拉巴、喀什米爾三大地區的料理，被認為是印度穆斯林美食界的珍寶。雖然納瓦、摩訶羅闍、其他政體的統治者，都在二十世紀時失去了他們的王國、特權，卻留下了自己的美食文化，至今依然存在於後代子孫的廚房、少數高級餐廳之中。

第十章
歐洲人、大公、文化資產

一五〇〇至一九四七年

　　數百年來，歐洲人依循海路來到印度次大陸。擁有香料是極為奢侈之事，人們願意出高價買香料，不只為了其味道或醫藥用途，也因為這是炫耀財富的方式之一。直到十五世紀前，香料貿易是由阿拉伯人掌控，他們經由波斯灣將香料運到亞歷山大港，再由威尼斯商人接手，轉賣到地中海沿岸各處。

　　威尼斯掌握了曾屬於拜占庭帝國的海權。在十六世紀初時，威尼斯與土耳其地區交戰，曾短暫失去龍頭地位，重拾市場主導權後，一直到十七世紀初，才因荷蘭人而大受影響，荷蘭人降低香料售價，讓經由中東的香料貿易再也沒有價格競爭力。根據麥可·克朗德（Michael Krondl）的說法，繞過非洲來採購香料的路線，最初可能是熱那亞商人的主意，不過最後實踐的是葡萄牙人。[1]葡萄牙國王若昂二世（King João II，一四五五－九五年）傾全國之力，想讓葡萄牙船隻得以航至亞洲，一四九二年，哥倫布出發時，計畫是要找到能航至印度的海路，沒想到卻發現了新大陸。一四九八年，葡萄牙探險家達伽馬繞過了好望角，抵達印度馬拉巴（Malabar）沿海地區的卡利刻特港（Calicut），這座繁榮的商港此前已經運作了數百年，阿拉伯商人、印度商人、中國商人在此交換香料、服飾、奢侈品等貨物。一五〇一年，科欽的摩訶羅闍（大王）准許達伽馬採購香料，於是他帶了七艘滿載香料的船回到葡萄牙。隨著葡萄牙帝國不斷在西半球擴張、在非洲建立據點，他們的貿易據點也成為全球植物的交換中心——史稱哥倫布大交換——對世界飲食造成了深遠的影響。

葡萄牙人

　　葡萄牙人在十五、十六世紀時的擴張，為帝國歷史寫下輝煌的一頁。整個十六世紀，葡萄牙維持了印度洋的海路貿易霸主地位，也占有不少麻

香料商人與顧客，約一八三〇年。

六甲海峽東部的貿易量。這個貿易帝國的核心位置正是印度。葡萄牙人在提到他們的戰果時，甚至用「印度國」（Estado da India）來指稱印度，他們以印度為界區分據點，亞洲的這一邊是好望角到波斯灣，另一邊是日本與帝汶。葡萄牙帝國最鼎盛的時候，在全世界擁有超過四十座港口，從巴西到日本都有他們的工廠。

　　一五一〇年，葡萄牙人從比查浦（Bijapur）蘇丹手上奪取果亞，並以此為「印度國」的首都。這是印度第一個歐洲人建立的據點，也是最後一個被收復的地方，於一九六一年回歸。葡萄牙人也在馬拉巴海岸、斯里蘭卡、孟加拉建立貿易據點。時至一五六〇年時，果亞的人口已達二十二萬五千人，比里斯本或馬德里都還多。印度西南沿海地區，幾乎所有能耕種香料的土地，都布滿了作物。

位於印度的歐洲人據點，一四九八－一七三九年。

　　英國人與荷蘭人只想在印度賺錢，沒興趣改變當地文化，葡萄牙人則不然，他們強力推行基督教，逼迫居民改信。他們把天主教的異端裁判所帶進印度，若信徒遵守所謂的「異端」習俗，比如不願意吃豬肉或牛肉、煮飯不加鹽（印度教習俗）、穿著傳統服飾，他們就會受到迫害。聖羅勒（tulsi）因為是毗濕奴神的象徵，禁止種植。諷刺的是，葡萄牙人對印度居民強制推行類西化政策，他們自己的生活方式卻頗有印度風。他們保有大量的隨從、家僕、奴隸，保留後宮，穿著印度服裝、吃檳榔、喝阿拉克燒酒（arrack，糖蜜或椰子釀造的東方國家燒酒），聘用印度廚師。

　　一五八〇年，阿克巴皇帝特許葡萄牙人在胡格里河（Hooghly）沿岸設立屯墾據點，位於今天加爾各答上游四十公里處。該地成為船隻匯集之地，往來印度其他地區、中國、麻六甲、菲律賓等的船在此聚匯。到了一六七〇年時，葡萄牙人與他們的後代子孫居住在該地的至少有兩萬名。他們穿得跟地方納瓦一樣，「跟跳舞的奴隸小妞、女裁縫師、廚師、甜品店師傅，到處尋歡作樂。」[2]。葡萄牙人雇用來自夕爾赫特（Sylhet）、吉大港山區（Chittagong Hills）的莫格人（Moghs），這些人世世代代在東南亞的阿拉伯商船上做水手、廚子。他們很快就掌握住主人飲食中的精髓之

處，且能做出有口碑的麵包、糕餅、派點。後來，英國人雇用他們跑船、做船廚。今天，可以在英國、紐約看到夕爾赫特人開設的印度餐廳。

　　葡萄牙人留給印度的文化資產之一可能是起司，包含了印度原生的唯一西式起司「班代爾」（Bandel），這是種煙燻味的軟起司，以牛奶製作，今天還可以在加爾各答的新市場買到。有學者認為（除了我，還有其他人），葡萄牙人是創造出佳拿的人，這是將牛奶凝固形成的凝乳，會用在許多有名的孟加拉甜點中，如桑迪許（sandesh）、拉斯古拉（ras goolah）。[3] 阿奇亞教授與其他學者認為，古時印度教不允許特意製作凝乳，而製作該食材可能扭轉了古老的禁忌。不過，從《心之樂》與其他古籍看來，更早之前就有製作凝乳的傳統（詳見第七、八章），話說回來，這也不代表孟加拉甜點的起源就不可能是葡萄牙起司，後者跟佳拿的外觀很相似。

　　目前為止，葡萄牙人對印度、世界飲食最大的影響是哥倫布大交換。葡萄牙與西班牙帝國（兩者曾在一五八〇至一六四〇年聯為一體）橫跨世界的貿易據點，是世界交換蔬菜水果、堅果、其他植物的匯聚之處，連結了西半球、非洲、菲律賓群島、大洋洲、印度次大陸。葡萄牙人引進了馬鈴薯、辣椒、秋葵、木瓜、鳳梨、腰果、花生、玉蜀黍、人心果（sapodilla）、釋迦、芭樂、菸草。

　　少數幾位作家認為，早在歐洲人抵達印度之前，當地已有玉蜀黍、鳳梨、向日葵、腰果、釋迦等。他們指出，卡納塔卡有許多建於十一至十三世紀的寺廟，其中有上百幅石刻描繪了這些植物，他們認為這些植物若不是原生於印度，就是印度、中美洲人民在很久以前接觸時，傳入印度的。不同意此說的學者認為，這些石雕描繪的是其他的水果。我們希望有天DNA 可以提供證據，平息爭議。[4]

　　新來的植物並沒有在同一時期融入印度料理。到了十七世紀中葉，我們可以在印度看到新大陸各地區傳入的三種辣椒，迅速成為黑胡椒的替代品，因為這些植物不用照顧也能活得很好。另一方面，番茄（孟加拉語稱為「vilayati begun」，意思是外國茄子）的使用時間就不太明確。魯本・L・維拉瑞爾（Ruben L. Villareal）《熱帶地區的番茄》（*Tomatoes in the Tropics*）書中表示，西班牙人在一五七一年在菲律賓引入許多農業產品，不過很可能在更早以前，番茄就已經從西班牙傳入亞洲，可能就在費迪南・麥哲倫於一五二一年發現菲律賓群島之後的幾年內。而菲律賓、中國、日本、印度之間的貿易，則可能將番茄傳入這些地區。另外，英國、荷蘭、法國人也可能將番茄引進各自的亞洲殖民地。[5]

　　一八三二年，威廉・羅斯堡（William Roxburgh）在《印度植物》（*Florica Indica*）中寫下：「如今〔番茄〕在印度雖然十分常見，但我懷疑它跟馬鈴薯一樣不是原生植物，即使全印度都在種馬鈴薯，甚至印度人也種來自己吃。」[6]這些新食材取代了既有料理中的部分食材。馬鈴薯代替了原生的根莖類，更成為印度食物不可或缺的食材（據說孟加拉人是世界上吃馬鈴薯第二多的人，僅次於愛爾蘭人）。梵語的根莖類一詞「alu」，在許多印度語言中都用來指稱馬鈴薯，不過印度西部的馬拉地人（Marathi）是用葡萄牙語的「batata」來稱呼馬鈴薯。

　　玉蜀黍則有多種烹調方式。街上隨處可見烤熟整支玉米的小吃。印度西部會用玉米粒來做香料燉料理，而玉米粉可做旁遮普的國民麵食──玉米餅馬基奇洛提（makki ki roti）。不過，誠如飲食史學者瑞秋・勞登所觀察到的，雖有食材交流，卻鮮少烹飪技術上的交流或挪用。比如，中美洲人民會使用鹼水處理玉米，好釋放玉米中的菸酸，印度人從沒有這麼做。[7]總之，這些食材傳入印度，與當地飲食交織融合，到了現在我們已經很難想像印度料理沒有這些食材，尤其是番茄、辣椒、馬鈴薯。

　　葡萄牙殖民地首府果亞的肉類料理十分出名，尤其是牛肉與豬肉料理。經典的葡萄牙料理加上香料加持：青菜湯（caldo verde），馬鈴薯與包心菜湯，加上薑、黑胡椒的香氣；香雞薩古蒂（xacuti）則有烤椰子、花生、香料做成的濃稠醬汁，再加上醋的味道；而最有名的果亞料理文達魯（vindaloo，改良自葡萄牙料理「carne de vinha d'alhos」，紅酒大蒜燉肉）則成為一道酸甜味的豬肉辣咖哩。正宗果亞版本的文達魯醬汁可以收到極乾，像醬菜乾一樣，以便於長途旅行攜帶。葡萄牙的烘焙傳統也在此大放異采，出現了短時間烘焙的麵包卷「包」（pau），以煎餅堆疊成的蛋糕畢繽卡（bibinca），還有椰子小蛋糕波里合迪可可（boliho de coco）。

　　有本關於十六世紀印度植物與食材的作品提供了可貴的資料，佳西亞・迪歐塔（Garcia de Orta，約一五〇一一六八年）的《印度草本藥方對話錄》（*Colóquios dos simples e drogas. . . da India*，一五六三）。[8]迪歐塔是塞法迪猶太人[19]，既是外科醫師也是自然學家，他在葡萄牙屬印度總督府擔任醫師長達三十年，最後於果亞逝世。本書以對話形式寫作，收錄迪歐塔與友人的對話，全書五十九章，每章討論各別香料、藥物、植物的起源地、歷史、醫療用途等，提到的植物包含胡椒、薑黃、香蕉、檳榔、傍

---

19 塞法迪是指住在伊比利半島的猶太人，在十五世紀後多遭到驅逐。

葡萄牙貴族與印度淑女的雕像，
一五四○年。

（大麻）、南薑、樟腦。

　　迪歐塔在書中記錄了薑黃的重要性，尤其能治療眼疾、皮膚疾病。人
們也用薑黃來調味、染色食物。印度出口薑黃到阿拉伯與波斯。迪歐塔稱
香蕉為「印度人的無花果」，人們會烤香蕉，搭配葡萄酒、肉桂來吃，也會
剖半後裹上糖再煎熟，最後撒上肉桂。香蕉也是葡萄牙船隻上的食物供給
品。迪歐塔只有在一個段落中提到鳳梨，說這是西印度原住民在地的水
果，不過我們可以得知此時印度人已經認識鳳梨了。關於阿魏，他是這麼
說的：

　　全印度最常用的食材，各地區都會使用，就是阿魏，既是藥方也是食
材。用量很大，任何一個印度人（Gentio）只要買得起，就會買來作為食
物的調味品。富人吃很多阿魏……也學畢達哥拉斯〔按：吃素〕。他們用這
個來調味所吃的蔬菜；先用阿魏抹過鍋子，再用它來調味所有的食物。……
摩爾人〔按：穆斯林〕也吃阿魏，分量倒是沒這麼多，而且只當作藥方使
用。[9]

從新大陸引進印度的釋迦（印度語「sitaphal」）。
十八世紀末或十九世紀初。

　　提歐塔接著說，雖然阿魏有全世界最噁心的味道，用它來調味的蔬菜
吃起來味道卻不壞。他對於大麻盛行的程度感到驚訝，他自己的僕人也服
用大麻，他記下僕人的說詞，「好讓他們感覺不到工作，而感到十分開
心，又很想吃東西。」（他附加一句：他自己從來沒試過。）[10]

　　葡萄牙帝國輝煌的日子持續了百年有餘，維繫如此龐大的帝國，對於
人口僅有百萬的國家而言負擔過於沉重。葡萄牙人經營的香料貿易體系運
作不夠有效率，果亞總督府也不喜歡跟商人打交道，不少高官要猶太人改
信天主教，又讓異端裁判所迫害他們。許多葡萄牙人為了積攢身家而離開
果亞，跑到印度各地的朝廷或政府擔任傭兵。不過，葡萄牙跟印度之間的
交流，不只有在印度留下痕跡，也影響了葡萄牙。葡式料理使用薑、胡
椒、薑黃、芫荽、肉桂、茴香、丁香、多香果、辣椒來調味，如魚燉菜卡
爾德拉達（caldeirada）。葡萄牙的偏遠鄉村也會在燉肉、湯中撒上一小撮
咖哩粉。

荷蘭人

　　林斯霍登（Jan Huyghen van Linschoten，一五六三－一六一一年）是位荷蘭商人、旅行家兼史學研究者，他在十六世紀後葉出版了一本關於葡萄牙的亞洲貿易、航海路線的書，這本書幫助英國人、荷蘭人破解了葡萄牙壟斷東印度群島貿易的局面。荷屬東印度公司創立於一六〇二年，擁有王室頒布的二十道特許，以便在亞洲進行殖民活動，荷蘭商人在印度西岸、孟加拉地區建立起據點。科奇（正式地名為科欽）當時是貿易重鎮，今天依然可以在當地建築上看見荷蘭文化的影響。十九世紀初，荷蘭人跟英國人達成協議，將印度據點交給英國人，以換取英國在東印度群島（印尼）的據點，自此以後荷蘭帝國與商業重心轉移到印尼發展。

　　荷蘭人從印度、印尼取得奴隸，帶往南非做廚工，南非本來是航行印度途中的補給站。這些人成為開普馬來人（Cape Malay）的祖先，他們擅長辛辣美味的料理。荷蘭的文化影響在斯里蘭卡持續較久，因為斯里蘭卡從一六三三到一七九二年之間，都受到荷蘭控制，為斯里蘭卡不少菜餚注入了荷蘭風味，如肉丸（frikkadel）與多種甜點。歐洲人（尤其荷蘭人）與僧伽羅人（Sinhalese）或坦米爾人生下的混血後代稱為布格人（Burgher），他們發展出獨特的文化融合飲食。不過荷蘭人對印度飲食的影響，就算有，也可說是微乎其微。

法國人

　　一六六四年，路易十四世創立法屬東印度公司，好讓法國能在香料爭奪戰中有一席之地。印度東西岸都有法國據點，甚至一度控制了海德拉巴至科摩令角（Cape Comorin）之間的地區，也就是次大陸的最南端。法國人的據點總部位於朋迪榭里（Pudicherry，舊稱 Pondicherry），也就是欽奈南方一六〇公里處。

　　英法兩方為了掌控南印而交戰，法軍一度占上風，但最後取得勝利的是英國人。拿破崙曾想要將埃及作為攻打印度的基地，不過英國海軍上將納爾遜（Lord Nelson）於一八〇五年擊潰法國艦隊，打破了拿破崙的如意盤算。到了一七六一年，法國在印度的勢力已經只剩下少數殖民據點，這些地方要到一九五四年印度獨立後，才回歸印度。

　　儘管如此，今天的朋迪榭里還是有著法國風情。老一輩的居民會說法

語，警察的制服設計也像法國憲兵隊，街道名稱以法國軍官政要命名。法國政府鼓勵建立文化連結，許多法國觀光客會到這個城市遊覽。當地料理有幾道菜可能反映了法國的文化影響，如濃濃蒜味與香料的燉菜拉咕肉（ragout）、新年前一晚會吃的肉捲（羊肉中鑲絞肉餡）、馬賽魚湯（meen puyabaisse）、朋迪榭里蛋糕，聖誕節的時候可以吃到這種漬萊姆酒的水果蛋糕。[11] 不過，印度對法式料理的影響不像對英式料理那麼大，可能是因為法式料理已經建立起強大的傳統。今天的巴黎有一些印度餐廳，只不過數量遠遠不及北非料理餐廳，部分餐廳提供的餐點是北印料理，跟位於英國的印度餐廳一樣，但也有些賣的主要是南印菜色（特別是位於巴黎第十區的餐廳）。

英國人

　　一六○○年十二月三十一日，英格蘭女王伊莉莎白一世頒布特許給英屬東印度公司（英語通常簡稱為公司），允其擁有十五年「印度群島」貿易的壟斷權，涵蓋好望角到麥哲倫海峽之間的任何地區。一六一八年，英國船艦抵達蒙兀兒帝國的主要大港蘇拉特（Surat），隔年該地成為英國首座「工廠」，也就是在外國港口的貿易據點。時間來到一六四七年，這時英國已經在印度建立了二十八座工廠，並且有辦法與蒙兀兒皇帝進行溝通。一六六五年，葡萄牙布拉干薩王朝（Braganza）的凱瑟琳公主嫁給英國國王查理二世，葡萄牙屬印度總督府依照兩國婚約協議，將良港孟買作為嫁妝，移交給英國人。一六九六年，蒙兀兒皇帝允許英屬東印度公司在孟加拉建立新據點，稱為威廉堡（Fort William），該地後來就是加爾各答。

　　只要蒙兀兒皇帝保有統治權威，外國人得以從事貿易活動。英國人從欽奈、古吉拉特出口棉花，從孟加拉出口絲綢、糖、硝石，英國人還強迫中國人買入鴉片，以換取茶葉。從事貿易的利潤很高，百分之二十五的利潤在當時算是普普通通，有些商人因而暴富，這些人被稱為「那波布」（nabob）。此外，東印度公司船上的軍官得以用自己的名義做貿易，如此一來，火腿、起司、紅酒、啤酒等英國商品，就能順利地進口，到駐印度的英國社群手上。

　　十八世紀中葉起，印度政局動盪，讓英屬東印度公司企圖掌握政治實權，他們建立了自己的軍隊，開始參與地區動亂。一七五七年的普拉西戰役（Battle of Plassey），蒙兀兒總督的軍隊敗給了英屬東印度公司的英軍及

其印度同盟軍，此後，東印度公司得以收取蒙兀兒的徵稅，東印度公司則須負責維持秩序、每年向朝廷進貢。英屬東印度公司還因此得以在孟加拉、比哈、奧利薩建立傀儡政府，擴張英國在馬拉巴、印度西岸的勢力範圍。

十八世紀後半葉，英國政府為了管理印度，建立了專屬的行政組織與文官制度。官員在馬德拉斯（今欽奈）、孟買得到任命，並在加爾各答設立印度總督，該城市在一九〇五年之前都是英屬印度的首都。十九世紀後半葉，英國勢力兼併了旁遮普、尼泊爾與緬甸。

一八五七年，印度北部發生大規模騷亂，繼美拉特（Meerut，也稱密拉特）的印度兵團起義後，其他的印度軍隊也發起叛亂，殺害英國人上司、當地英國居民。叛亂席捲德里，目標是復辟末代蒙兀兒皇帝巴哈杜爾・沙二世（Bahadur Shah II）。引起動亂的原因之一是飲食：有流言說軍隊所使用子彈潤滑油是豬油或牛油，而集結起義的消息又疑似是藉由洽巴提來散播的。[20]

叛亂最後以失敗作結，印度人受到殘酷的報復。印度人稱此事件為印度第一次獨立戰爭，英國人則稱印度譁變，事件之後有重大的轉變。巴哈杜爾・沙皇帝被流放到緬甸，蒙兀兒帝國正式終結。英屬東印度公司被解散，一八五八年，英國國會將東印度公司所屬權利全數轉移至英國王室手中，一八七七年，英女王維多利亞宣布兼任印度女皇。

自此之後，直到一九四七年印度獨立為止，印度約有六成的土地屬於英國領地，有時稱為英屬印度（Raj）。其餘的印度則是所謂的公國，這些地方保有自己的統治者，但臣服於維多利亞女王底下，或多或少受到英國政府掌控。

英國飲食習慣

英國商人跟之前的葡萄牙人一樣入境隨俗，生活方式與當地人頗為相似，一直到十八世紀初才一改作風。這時旅印的英國人會說印度的各種語言、娶印度女性為妻或納為情婦、穿著印度服飾、吸水煙、吃印度料理。英國占領地區的餐點分量驚人，廚師有印度人、葡萄牙人以及英國人，做

---

20 英國將領發現數個印度村莊突然間互相遞送千萬張洽巴提餅，收到餅的人會製作更多餅，再送到其他家戶。英國人懷疑洽巴提傳遞了某種重要消息，雖然餅上沒有任何特別記號，送餅人也似乎一無所知，該事件被稱為「洽巴提運動」。

的料理類似蒙兀兒宮廷或地方官會吃的高級餐點，主要是菩勞飯、比延、杜姆撲特、雞肉、契科黎、酸甜醬與冷蔬果醬，搭配波斯來的希哈紅酒（shiraz）、英國啤酒或阿克燒酒。

　　根據大衛・波頓（David Burton）寫的英屬印度飲食編年錄，最早來到印度的英國殖民者，可能並不覺得香料濃重的印度料理很奇怪：「一六一二年，英式料理還沒脫離中世紀的影響，依然大量使用孜然、藏茴香、薑、胡椒、肉桂、丁香、肉豆蔻。」[12] 印度的當普克奶油燉雞（dumpokhed chicken）填入香料、扁桃仁、葡萄乾，跟同時期的英式雞肉派非常類似。當時的英國，叉子相對少見，英人會用麵包舀起食物，送到嘴裡吃——跟印度人沒兩樣。就連飯後食用香料檳榔塊的印度習俗，都有對等的英國習俗：英國人結束宴會時，會在為賓客送行的時候送上香料紅酒（voidee）。

東印度公司的公務員與他的妻子正在吃早餐，煎魚、米飯、夕爾赫特柳橙，一旁有僕役隨侍，一八四二年。

　　英國人到達印度後沒多久，就開設了小酒館做生意，店名借用英國有名的酒吧，販售葡萄酒、啤酒、萊姆酒、潘趣酒、當地阿克燒酒，有時也會販售晚餐、冷盤輕食。人們愛喝的潘趣酒起源於十七世紀中，名稱來自印度語的「五」，因為酒中有五種食材：阿克燒酒、玫瑰露、檸檬汁、糖、香料。各種資料顯示，當時不分男女都飲酒過量。一八三一年，加爾各答有場晚宴，二十三位賓客們喝掉了十一瓶葡萄酒、二十八夸脫（將近三十二公升）的啤酒、一又二分之一夸脫的烈酒、十二大碗公的潘趣酒，而且「如果不是有所節制，一定會喝到兩倍之多」。衛博福主教（Bishop Wilberforce）如此抱怨。[13] 一位法國伯爵赴印時的觀察如下：

　　若你是法國男子，目睹這些年輕的英國淑女能喝下的啤酒與紅酒量，你會震驚無比，她們的外表可是如此皎白纖細。我窈窕的鄰居靜靜地解決一瓶半的烈啤酒，接著珍惜地啜飲分量不小的勃艮第紅酒，再搭配著點心喝上五、六杯不濃卻也摻有烈酒的香檳，我幾乎難以從震驚中恢復。[14]

　　人們時常腸胃不適，不過都歸咎於氣候，一點也不是因為飲酒過量或大口吃肉的飲食習慣造成的。少數幾位歐洲醫師指出，過量攝取肉類並不是恰當的飲食，還有一位遺憾地表示，大多數的人避免吃當地食物，「為了裝腔作勢，並過度展現輕蔑，認定該國風俗耽溺又娘娘腔。」[15]

　　到了十九世紀初，英國人與印度同化的程度反而越來越低。英屬東印度公司禁止員工穿著印度服飾，也不許員工參與當地祭典、慶典，員工與印度女子生下的孩子也不會被公司聘用。這些禁令一部分得歸咎於擔任總督的查爾斯・康沃利斯（Charles Cornwallis），不久前他在北美維吉尼亞的約克鎮，成了北美革命軍的手下敗將，因此他想要確保印度殖民地不會像美洲一樣，養出反叛英國統治的階級。住在印度的英國人服飾逐漸隨著倫敦潮流起舞，雖然英國人還是可以在潘趣酒館、酒家吃到印度食物，不過已不再是主流。英國男性娶英國女子為妻，取代了印度情人，而這些英國女子沒受過多少教育，也不太有冒險精神，並不想探索當地文化或飲食。某位作家如此形容：

　　英國女子抗拒印度食物的原因不止一個。重香料的料理常常讓她消化不良，而因為不甚了解印度食物，她以為那又辣又難吃。此外，蔑視原住民的食物讓她感覺高高在上。當時流行法式料理，用紅酒煮料理就是品味

的代名詞。[16]

　　咖哩不再是能端上晚宴餐桌的料理，不過人們午餐的時候還是會吃咖哩。歐洲來的魚罐頭、起司、果醬、果乾反倒成為合宜的必需品，部分原因是人們不容易取得這些食物。晚宴是社交生活與軍旅職涯中重要的一環，席間會送上許多道清淡的英式料理，如帶關節的大塊烤肉、羊腿、大塊羊脊或羊肋骨、煮雞肉。佛斯特（E. M. Forster）的小說作品《印度之旅》（*A Passage to India*，一九二四）明白寫道：

　　他們的確在幾分鐘後駛離俱樂部，著裝並赴會。晚餐時來的是德瑞克太太與麥克布萊德一家，而菜單上列了：充滿罐頭豌豆粒的朱里安湯（Julienne soup）、偽鄉村麵包、假裝是鰈但滿是魚刺的魚、罐頭豌豆粒還可以搭配煎厚肉排、乳脂鬆糕、烤麵包佐沙丁魚──盎格魯印度風格菜。若有軍官得到升遷或遭到降職，則可能添一道或減一道餐點……但傳統是不會變的：遭到流放者的食物，掌廚的僕人根本也不知道自己在煮什麼。

　　不論如何，直到二十世紀，早餐、中餐還是會吃到香料燉菜、英式燻魚飯、印度咖哩肉湯（mulligatawny）。同時，普通士兵的生活水平低落，整年下來只能吃韌牛肉與新釀萊姆酒。

　　維多利亞女王即使從未踏足印度，也善盡印度女皇的職責。她學習印度斯坦語，她在位的最後十年裡，要求每天午餐吃咖哩。維多利亞最喜愛的居所，懷特島的奧斯本莊園（Osborne House）所舉辦的宴會，會在以印度風格裝潢的杜爾巴廳（Durbar）舉辦，由穿著金藍色制服的印度侍者供餐。女王的曾孫喬治五世特別愛吃香料燉牛肉配孟買鴨（一種小魚乾）。皇宮聘請印度廚師，以提供比延、菩勞、豆泥燉菜、杜姆撲特等料理。瑞士大廚加百列・舒米（Gabriel Tschumi）替他們的做事方式留下了觀察紀錄。由於宗教因素，他們不能直接使用平常送到廚房的肉品，得要自己屠宰羊與雞。他們規劃出特殊區域來研磨香料，工具是兩塊大石頭。[17]

　　回頭看印度當地，經驗老到的僑民為了幫助「漫沙喜」（memsahib，英國太太）適應環境，包含管理僕人時常遇到的突發事件，前輩們寫下了家庭手冊，內有菜單、食譜，多數是英式、歐式料理。印度料理被斥為劣等食物，收錄於獨立食譜章節，且多以貶義詞描述。最有名的手冊之一是芙蘿拉・安妮・史提爾（Flora Annie Steel，一八四七──一九二九年）與人

印式醬菜

一加侖的醋配一磅的大蒜、四分之三磅的長胡椒、一品脫的芥末籽、一磅的薑、二盎司的薑黃。大蒜需要先在鹽中漬上三天，擦淨鹽分後日曬至乾燥。長胡椒要剝開，芥末籽要搗過。將所有的食材放進醋中混合。再取二顆又大又硬的包心菜、兩顆白花椰菜，切成四等分，均勻漬鹽；靜置三天，再日曬至乾燥。

備註：薑要在鹽水中醃二十四小時後，再切成小塊，並漬鹽三天。

選自漢娜・格拉斯《簡單直白的烹飪之道》（一七四七）

合著的《印度家管與烹飪完全指南》（*The Complete Indian Housekeeper and Cook*，初版於一八八八年問世），她說：「大多數的原住民食譜都異常油膩、甜膩。」另一位作家認為「裴勞」（菩勞）是「十足的印度斯坦尼菜」，有些「完全是亞式特殊口味，你沒辦法說服任何歐洲人吃上一口」。不過也有較為善意的觀點，肯尼－赫伯特上校（Colonel Arthur Robert Kenney–Herbert，一八四〇－一九一六年）筆名是韋凡，從《馬德拉斯飲食札記》（*Culinary Jottings for Madras*，一八七八）可看出他試著以對待經典法式白酒燉菜或白醬料理的態度，來看待印度咖哩。

英國人與印度人之間的社交往來僅限於大公與富貴人家，比如加爾各答的泰戈爾，或是孟買的塔塔家族（Tata），以作為英印中介者而致富。雖然有文化隔離的現象，英國與印度的飲食文化還是互相影響。在英式料理中最明顯的印度影響是咖哩。歷史上，印度人從未使用咖哩（curry）一詞，他們的每一道菜都有特定的名字：扣瑪、喀辣（kalia）、沙蘭、羅共九胥⋯⋯諸如此類。（一九七三年，印度名廚作家馬胡爾・賈弗瑞〔Madhur Jaffrey〕的作品《邀你認識印式料理》〔*An Invitation to Indian Cooking*〕曾言，「咖哩」一詞「貶低了深奧的印度料理，就像「大雜燴」〔chop suey〕貶低

維多利亞女王與隨侍在側的印度僕役，一八九七－一九○一年，彩色平版印刷。

了中式料理一樣。）咖哩這個詞首度出現是在一五○二年的葡萄牙旅行札記，可能是轉用了坦米爾語的「karil」，意思是倒在米飯上的醬汁。英國人將這個詞套用在任何蔬菜、魚、肉料理，只要食物帶有香料醬汁，就是咖哩。隨時間過去，該詞在印度人之間也得到了認同，二十年之後，就連賈弗瑞自己的新書也叫《終極咖哩聖經》（*The Ultimate Curry Bible*）。

　　另一個印度風格菜是凱得黎（kedgeree，英式燻魚飯），英國人喜歡當早餐吃，這道菜是契科黎的變化版本，蒙兀兒皇帝都愛吃這道米飯與扁豆煮成的料理。英式凱得黎有米飯（不含扁豆）、煙燻魚、水煮蛋。在維多利亞與愛德華時期，凱得黎是英國鄉村別墅的早餐主菜。英國幽默作家伍德豪斯（P. G. Wodehouse）筆下的角色博提・伍斯特曾言：「我們真的有吃早餐……煎蛋、炒蛋、煎魚餅跟凱得黎，有時候還有蘑菇，有時是腎臟。」[18]另外一道混血料理是印度咖哩肉湯（mulligatawny），這是種辣濃湯，改良自南印的肉清湯；還有伍斯特醬（Worcester sauce，也稱辣醬油），這個

印度淡色愛爾啤酒
（是 India Pale Ale，簡稱 IPA [21]）的起源

鮑爾釀酒廠（Bow Brewery）座落於倫敦，距離英屬東印度公司的碼頭不遠，十八世紀末，該酒廠決定特地釀造一款啤酒專門出口到印度市場，為了延長保存期限，採用淡色麥芽與大量啤酒花來釀酒，以利產品能在炎熱又惡劣的漫長航行中不變質，順利抵達印度。這樣的材料組合製造出的啤酒有種特殊的苦味，且非常解渴——搭配炎熱氣候與辣味食物再完美不過了！該啤酒名為哈吉森（Hodgson's），大受歡迎，其他酒廠發現後也競相模仿。[20] 漢娜‧格拉斯《簡單直白的烹飪之道》（一七四七）

常見的調味料據說是由印度食譜改編而成，在十九世紀初時由孟加拉的官員傳回英國。人們喜愛的調味品還有英式酸辣漬菜皮卡利利（piccalilli），作法是在傳統酸甜醬中的食材中多加入芥末籽。

十七世紀時，英國透過東印度公司從中國進口茶葉，成為富貴人家的流行飲料，但高昂的價格讓英國損失不少財富。為了打破中國壟斷茶葉市場的局面，英國人嘗試開發另一個商品來源，他們發現印度東北部有野生的茶樹，自古以來就被用於發酵泡菜之中（如同今日的緬甸、泰國北部地區的作法），也用於增添味道。[19] 英國政府使用中國來的茶樹種子、耕種技術，在印度開發茶產業，提供阿薩姆的土地給任何願意種植茶樹以供出口的歐洲人使用。茶樹的耕作面積擴張至喜馬拉雅山區的大吉嶺、南部的尼爾基里丘陵地（Nilgiri Hills）、錫蘭（斯里蘭卡）。茶葉在英國的售價大幅降低，一世紀以內，紅茶已經成為英國的大眾飲品。

英國人將飲茶文化帶進印度，一開始只有英國化的印度菁英才喝茶。下午茶成了一天中有分量的一餐，尤其是在加爾各答，喝茶時要配蛋糕、

---

21 IPA 不是指在印度釀造的淡色啤酒，而是指為了運到印度而發明出來的釀造方法、啤酒風味。

三明治，還有印度零嘴，如沙摩薩、帕可拉（pakora）。不過要等到一九五
〇年代之後，茶飲才成為大眾文化，當時印度茶葉局（India Tea Board）得
處理過量的劣等茶葉，只好發起宣傳，帶動飲茶文化，尤其以北部為主，
因為北部人以牛奶為主要飲品。依照人民飲食習慣而發展出來的茶飲，就
是將茶葉、牛奶、香料一起煮開。成千上萬的小販都賣這種印度奶茶
（chai），他們位於火車站、大街小巷中，將飲料裝在陶杯裡端給客人。

　　南印人的飲料是咖啡，尤其是配早餐喝。雖然在英國人之前，卡納塔
卡就已種植了咖啡，不過山區大規模的咖啡栽培園還是由英國人在一八三
〇年代間所建立的。到了十九世紀末時，南印的咖啡耕作面積已超過十萬
公頃。

　　英國人引入的飲料還有啤酒。啤酒自十七世紀初在駐印英國人之間就
是非常受歡迎的飲料，尤其是黑啤酒與淡色啤酒。最早啤酒都是進口貨
物，不過到了一八三〇年，印度第一座釀酒廠成立（如今持續營運中），位
於喜馬偕爾的索蘭（Solon）。到了一八八二年，印度已有十二座酒廠。

　　英國人種植不少蔬菜自用，這些蔬菜很快就被納入印度料理中，如白
花椰菜、柳橙、胡蘿蔔、包心菜、菠菜。

　　英國人留下的文化資產之一是俱樂部：僅開放給上流階級的會員使用
的機構。印度第一家俱樂部是孟加拉俱樂部，位於加爾各答，於一八二七
年創立。一八三三年印度又開了兩家俱樂部，孟買的畢庫拉（Byculla）俱
樂部，以及馬德拉斯俱樂部。這些地方是英國菁英統治階級聚會的去處，
一開始商貿人士、印度人不得入內。一九一三年，德里的金卡納俱樂部
（Gymkhana）開幕，算是開得比較晚的俱樂部。（以前人們常說，金卡納掌
握了印度國家大事。）今天印度的城鎮不分大小都有間俱樂部，大都會地
區則會有好幾家。[21] 俱樂部的餐廳提供的餐食有印式、西式料理，通常也
有中式料理。

　　孟加拉俱樂部的歐姆蛋捲非常有名，食材有洋蔥丁、辣椒，在印度變
成了熱門的早餐料理。該俱樂部有名的還有他們的酒吧，吧檯提供威士
忌、汽水、啤酒、琴酒。人們在一八六〇年代發明了通寧水，當時的推銷
說法是這種水含有奎寧，所以能抗瘧疾，把通寧水跟琴酒混在一起，創造
出了經典名酒琴通寧。[22] 琴酒混萊姆汁則可以調出琴蕾（gimlet），可能也
是在印度發明的。

賽拉納（Sailana）摩訶羅闍的食譜
永格利瑪（Jungli Maas）
（狩獵時的野味料理）

加熱酥油或任何油，放入肉塊。加鹽、整條紅辣椒，煮十分
鐘。視情況隨時加入少量水，鍋中肉不要煎也不要煮滾。當肉
變軟的時候，收乾湯汁，即可食用。

作者特別註記，本食譜特意不列出任何重量或分量，因為外出
狩獵耽擱在外時，是沒有測量工具的。

（一七四七）

引用自 www.royalhouseofsailana.com

盎格魯印式飲食

　　十九世紀初至中葉時，「盎格魯印度人」指的是居住在印度的英國人，
後來演變為英國男子與印度女性所生的後代，不論是婚生子或非婚生，有
時人們也稱之為「歐亞人」（Eurasian）。這些人可以得到特定的工作機會，
尤其是在鐵路公司上班，在加爾各答、孟買、馬德拉斯與其他鐵路重點
站，都聚集了這樣的社群。印度獨立之後，許多盎格魯印度人也移民至英
國、澳洲、加拿大等地。多數的盎格魯印度人是基督徒，雖然所屬教派眾
多，他們說英語、穿著歐式服飾，只跟自己人通婚。他們發展出一套料理
風格，融合次大陸各地區的料理與英式、葡式飲食，所以有些人認為這是
歷史上第一次出現的泛印度料理。[23] 身為基督徒的他們在飲食上並無禁
忌，常見的料理是肉與馬鈴薯咖哩、胡椒湯（辣牛肉湯）、雞肉加菲茲
（jalfrezi，前一餐剩下的肉搭配油水含量低的醬汁）、乾煎（dry fry，牛肉
與洋蔥、番茄、香料一起煮）、烤牛肉，還有許多果亞料理，如豬肉文達
魯、索爾波特、巴爾秋（balchow，酸甜醬煎魚）、福佳（foogath，洋蔥大
蒜與芥末籽炒蔬菜），還有西式蛋糕。他們會隆重地慶祝聖誕節，吃烤火

雞或烤鴨，在好幾週前就開始準備李子聖誕蛋糕。

大公們

　　自從英國人從蒙兀兒帝國手中奪得掌控印度的實權後，印度各地的地方統治者變成協同英人治理印度的夥伴，他們最初的合作對象是英屬東印度公司，後來轉向英屬印度政府。為了受到保護，他們尊不列顛帝國為宗主國，換句話說，大公們可以維持公國內的自治權，也得以徵稅，但對外事務則由英國人掌控，英國官員也受派進入各公國成為「駐紮官」（Resident）。統治者若反抗英國政府，就會遭到撤換。

　　到了一九四七年印度獨立的時候，境內有五六二個公國，約占次大陸四成的土地。[24] 有些公國領地遼闊，面積跟歐洲國家一樣大，如喀什米爾、邁索爾、海德拉巴，有些公國則小得不得了，甚至只有一個村那麼大。公國統治者是世襲制，但各有不同的頭銜：摩訶羅闍（Maharajah，又譯馬哈拉賈、尊王、大君，摩訶意思是「大」、羅闍是君主頭銜）、羅闍（Rajah，族長）、羅那（Rana，君主）、摩訶羅那（Maharana）、摩訶拉奧（Maharao，馬哈拉奧）、納瓦、尼欽、蓋克瓦（Gaekwad）──全部統稱為大公或大君（英國人的慣用稱呼，因為對英國人來說，一個帝國內只能有一位王或女王）。根據一九四七年的「印度獨立法案」，英國政府還權於諸藩屬國，讓各國自由選擇是否加入獨立的印度或巴基斯坦。多數公國同意加入印度，八個公國加入巴基斯坦，另有少數公國要求獨立，海德拉巴便是其一，但印度強行將其納入領土之中。

　　獨立之後，印度政府發放償恤金給大公們，稱為君主年金（privy purse）。一九七一年，印度總理英迪拉·甘地（Indira Gandhi）廢除大公頭銜、不再提供政府資源。昔日的大公們，有的踏入政壇，比如齋浦爾女大君，也有的將自己的宮殿改造成飯店，或將收藏變為博物館，或投身印度野生動物保育或文化遺產保存的工作。

　　英國政府希望能灌輸大公們西式價值觀，他們安排英國家庭教師給大公的孩子、送他們進倫敦的伊頓公學、哈洛公學，或者同等高級的印度預備專校受教育。也鼓勵有財力的大公前往英國旅遊，觀摩加冕典禮或週年紀念慶典。（不過，計劃偶有失策。一九二六至一九六一年間統治印多爾的大公長時間旅外，導致英國駐紮官提議該公國國歌應為〈有天吾王將來臨〉〔Some Day My Prince Will Come〕。）

有些大公、女大公在上流社交圈中如魚得水，會在巴黎、倫敦設立居所，常常造訪薩伏依、里茲飯店，也讓自己的廚師到那裡接受訓練。庫赤比哈（Cooch Behar）的女大君尹迪拉・戴維（Indira Devi，一八九二一一九六八年）將她的大廚送到羅馬的阿弗列多餐廳學習，好讓她能吃到自己喜歡的義大利麵。其他的大公在飲食上則比較保守。巴洛達（Baroda）大君（一八七九－一九三九年）到歐洲旅行時，帶了自己的廚師、食材，還有兩頭乳牛同行。齋浦爾大君馬達歐・信一世（Madhao Singh I）在一九〇二年參加愛德華七世的加冕典禮時，帶了四尊大銀甕，每個都裝了九千公升的恆河水，因為該水有益身體健康。（據說，蒙兀兒皇帝外出旅行時也會帶恆河水同行。）

英國控管嚴密，大公們幾乎無事可做，既然閒著沒事，不如奢靡度日打發時間。浪擲千金的生活也能彰顯他們的權威地位：他們必須過著像國王般尊貴的生活，好維持臣子的景仰、同儕的尊重。富有無比的印度統治者們，跟歐洲人最初有所接觸時，就拿到不少稀有昂貴的西方玩意兒。到了二十世紀初，種種奢侈的行徑到達巔峰，一些大公習於購入歐洲製造的奢侈品，他們購買勞斯萊斯的車子、利摩日（Limoges）與斯波德（Spode）的瓷器餐具組、巴卡拉（Baccarat）與萊儷（Lalique）的水晶、卡地亞的珠寶。在一九三〇年代的經濟大蕭條時期，有些奢侈品牌正是靠著印度大公們的訂購單，才得以度過難關。[25]

大君的宅邸聘用了大批員工與家僕，偶爾傭僕數量還會高達上千人之譜。有些僕人是在饑荒時受聘，藉此提供工作機會；有些家僕則是世代服務同一位主人；也有些來自印度其他地區（比如果亞廚師的好手藝名揚四海），也有的來自歐洲。廚師各有所長，有些擅長素食、肉或魚料理，甚至有的只有一道拿手好菜。偶爾也會有情況是為了保護料理祕方不為外人所知，讓多位廚師分工預備同一道料理。邁索爾是最大的公國之一，皇家廚房聘請了一百五十位大廚，這些人只負責素食料理，另有二十五位負責葷食料理，後者還可再分為穆斯林或印度教廚師。此外還有二十位婆羅門廚師，專門負責宗教儀典的食物，他們有獨立的廚房，裡面禁止出現魚、肉、洋蔥。

各皇宮的日常生活以娛樂休閒為主。食物不只能用於慶祝，也是外交、政治角力的手段，大公們彼此競爭，看誰能提供最不尋常、最為奢侈的料理。帕提亞拉（Patiala）的珍珠花園皇宮（Moti Bagh），宴會按照禮節至少要上五十一道餐點。海德拉巴的皇宮裡，就算只有兩位家庭成員用

餐，也要端上至少二十道菜，以免廚師生疏了手藝。有些王室裡是由男性家庭成員來監督廚務，諸如勒克瑙、帕提亞拉。

如果宴請的賓客是地位崇高的大公，或是英國軍官，宴會菜單幾乎都會是西式料理。舉例而言，一九一〇年，蓋克瓦三世（Sayajirao Gaekwad III，於一八七五－一九三九年在位）在巴洛達公國的拉米委拉皇宮（Laxmi Vilas Palace）宴請瓜里奧（Gwalior）公國的大公，吉瓦吉‧「喬治」‧拉奧‧辛第亞（Jivaji 'George' Rao Scindiya），當時的菜單全是法國料理，與當代英國貴族社交圈的作法如出一徹。菜單上有扁桃仁湯、魚佐美乃滋醬、松露鮮奶油燉雞、義式羊排、烤松雞胸肉佐青豆、朝鮮薊心佐多蜜醬、咖哩配飯、烤蘋果佐鮮奶油、開心果冰淇淋。

有些大公的葡萄酒收藏十分驚人。而有些王族，比如拉傑普的占姆納格（Jamnagar）公國、卓塔烏代浦爾（Chhota Udaipur）等，幾乎不吃印度料理。有些則吃英式早餐，其他餐吃印度料理。聖誕節是主要節慶，人們會吃英國菜，如烤豬頭、野味肉派、李子蛋糕等。

皇室也會吃地方菜。以喀什米爾而言，谷其菩勞（guchchi pulao，菇菇飯）、沙克（saak，喀什米爾菠菜）、納德盧（nadru，炸蓮梗）等素食料理，到今天都是大公與其家人會吃的料理，上菜時盛裝在銀製的塔利食器。來自西北部崔普拉（Tripura）的王室（世界上一脈相承第二古老的王室家族，第一為日本天皇）所吃的料理有盅賈別仲（chunga bejong，炙燒豬肉佐竹筍）、米亞米（maimi，竹筒烤蕉葉糯米粽）、咕大（gudak，蔬菜泥與魚）。[26]

西咔（shikar，狩獵）是許多王族的生活方式，所以肉類料理在不少宮廷裡都有不小的分量。比如，久德浦（Jodhpur）的炭烤肉、戶外燒烤肉就十分有名，像是庫卡戈許（khud khargosh，土窯烤兔）、烤鵪鶉。拉賈斯坦地區的名菜勞瑪（lal maas）就是辣椒鹿肉。不過，一九七二年通過的《野生動物保護法》全面禁止狩獵野生動物，大公再也不能把打獵當消遣，所以如今這些料理都用豬肉代替。

拉賈斯坦王室的傳統美食如今受到法規限制而不復存在，就是釀造「阿夏瓦」（ashav，烈酒），食材是在地香草、香料、水果。久德浦的特產酒是克沙喀斯圖里（kesar kasturi），以番紅花、水果乾、香草、堅果、種子、二十二種香料、牛奶、糖製作而成的蒸餾酒。名酒賈陌罕（jagmohan）的材料是水果乾、香草、三十二種香料，過去只為梅臥兒王室釀造。一九五二年後，法律禁止繼續生產拉賈斯坦烈酒，直到二〇〇六年，才通

巴洛達大公在拉米委拉皇宮所舉辦的晚宴菜單。

過特殊法規，允許釀造所謂的文化遺產佳釀，十分受到觀光客的喜愛。[27]

　　也不是所有的大公都熱衷肉食。喀拉拉在二十世紀到獨立之前，分為三個公國：科欽（Kochi）、馬拉巴、提魯維塔姆可（Tiruvithamcore），分別受三個王室統治，全部都吃素。今天的科欽王室廚房（madapilli）所烹製的料理看起來並不起眼，主要是由婆羅門廚師以當地食材製作的料理。[28] 印度教聖城瓦拉納西的大公（舊稱巴拉納斯），遵循的飲食規範則最為嚴苛，他們不但茹素，不能吃洋蔥大蒜，由於嚴格派教義的限制，大公也不能在他人面前飲食，甚至包含自己的親人。現任大公安南特・那輪・信（Anant Narain Singh）只吃比哈廚師團隊所預備的食物，他旅行在外時會帶著廚師團，獨自一人用餐。[29]

　　由於王公貴族之間的聯姻十分常見，各地料理也隨之傳播到不同的地方。比如，瓜里奧大公吉瓦吉・拉奧娶的是尼泊爾貴族，尼泊爾料理因此

也出現在馬拉塔的王室廚房裡，瓜里奧王宮到了一九七〇年代時，還以尼泊爾美食聞名於外，名氣不亞於馬拉塔佳餚。

　　雖然王侯奢靡無度的生活方式，在今天大多屬於過去式，不過這些王室也因而使得印度傳統料理得以保存流傳，特別是那些將王宮改建成飯店、餐廳的王族，有些人成為飯店業者或顧問。泰姬集團（Taj Group）已修復許多宮殿，並在旗下餐廳推出大公御膳復刻版，最近重新營運的是法萊克努瑪宮（Falaknuma），這裡原本是海德拉巴尼欽的宮殿。

　　近幾年風潮再起，人們想知道印度王室的生活與飲食，出版品也驗證了熱潮，《與大公同桌用餐：千年飲食傳統》（*Dining with the Maharajahs: A Thousand Years of Culinary Tradition*，二〇二一），書中資訊豐富、插圖精美，還有部分改編成電視節目。在此之前還有另一本作品公認是史上寫得最好的印度食譜書，作者是馬德雅普拉德地區（Madhya Pradesh）的小公國賽拉納大君迪利浦·信·吉（Raja Dilip Singh Ji），迪利浦的祖父收集、抄錄，甚至品嚐其他王室料理的菜餚食譜，再由子孫集結出版，博得評論一致認同。

馬瓦最後一位蘇丹，巴茲·巴哈杜爾（Baz Bahadur，一五五五—六二年），與王后盧普瑪蒂（Rupmati）一同狩獵。

甘地與印度解放運動和食物

王公貴族酒池肉林的生活方式，也引起了反彈。印度最偉大的政治與精神領袖，聖雄甘地（Mohandas Gandhi，一八六九－一九四八年）提倡簡樸的生活與飲食方式。他的理念顯示了古老印度信仰雜糅現代飲食理論。

印度國民大會黨（Indian National Congress，INC，簡稱國大黨）成立於一八八五年，原本是由受過良好教育的專業人士所組成的團體，行事溫和，宣揚的是一些不會引起爭議的議題法案，諸如為印度人爭取公職機會。到了一九〇〇年，該黨成為純印度人組成的政治組織。一九〇六年，全印穆斯林聯盟創立，以為自身群體發聲。一九〇五年，英國總督寇松（Lord Curzon）所推行的孟加拉分治，在穆斯林與印度教徒之間豎起了隔閡，人民對英國統治越來越不滿。

英國徵召印度士兵參與第一次世界大戰──超過一百萬人以大英帝國的名義上戰場，多數戰死或傷殘──加上經濟大蕭條，一九一九年旁遮普又發生了札連瓦拉園（Jallianwala Bagh）大屠殺事件，大量手無寸鐵的民眾受害，加深了印度人想要自治的呼聲。此時的國大黨不再是寡頭菁英俱樂部，轉為面向大眾的組織。英國管理下的印度政府進行改革，讓印度人民在公共事務與政務上有更多參與空間，但程度有限，且為時已晚，一九三〇年，部分印度人民開始訴求脫離不列顛的控制，完全獨立。

促進印度解放運動的重要人物有查克拉瓦爾蒂‧拉賈哥帕拉查里（Chakravarti Rajagopalachari）、莫迪拉爾‧尼赫魯（Motilalal Nehru）與其子賈爾哈拉爾（Jawaharlal）、瓦拉巴伊‧帕特爾（Vallabhbhai Patel）、蘇巴斯‧錢德拉‧鮑斯（Subhas Chandra Bose，他訴求武裝革命），不過甘地成為最重要的領導人物。他的理念吸引了千百萬名印度平民。甘地引領的運動風潮，核心理念是「堅持真理」或「真理之力」（satyagraha），援引自古老的信仰概念「毋害、毋傷、非暴力」（ahimsa），最早可追溯至公元前六世紀（詳見第二章）。甘地自身的宗教信仰以印度教為基礎，深受耆那教影響，但他堅持所有的宗教都包含了真理與謬誤，所以沒有任何宗教優於其他宗教。他改穿印度鄉下民眾常穿的凱第（khadi，粗布衣），呼籲印度人使用由國人製造的國產商品，他在意小農勝過大規模的工業化產業。

甘地對食物的信念與其道德觀、政治哲學密不可分，事實上，世界上沒有任何政治領袖對食物的關切程度像他一樣深。他的著作反映了印度宗教與醫藥的傳統信仰，並加上當時的營養學理論。

聖雄甘地推薦的每日飲食

八百毫升乳牛牛奶
一七五公克穀物
七五公克綠葉蔬菜
一五〇公克其他蔬菜
三大匙酥油
二大匙糖
根據個人喜好與預算的水果
二公升水或其他液體

　　甘地出生於信奉毗濕奴的印度教家庭，他家在古吉拉特沿海地區，該地的耆那教勢力龐大。他的家族茹素，母親信仰虔誠，時常齋戒。甘地青少年時，曾有朋友說服他吃肉。當時盛行的說法是，英國人之所以如此強大、勢力雄厚，是因為他們吃肉，要是印度人跟著吃肉的話，他們就能打敗英國人，贏得獨立。古吉拉特有首打油詩：

　　　看吶，那強大的英國人
　　　他統治小小的印度人
　　　因為他吃肉
　　　身高五腕尺[22]

　　就連靈修大師斯瓦米・維韋卡南達（Swami Vivkenanda，又譯辨喜）也呼籲吃肉，認為這是促進身體健康的唯一途徑，能避免成為在強壯的人面前卑躬屈膝的弱者。「什麼樣的罪孽更重呢？殺掉幾隻山羊，還是無能維護妻女的尊嚴？」他反問，「那些菁英不必藉由勞動身體來賺取食物，讓他們愛怎麼遠離肉，就怎麼遠離吧。」[30]

---

22 腕尺為手肘至中指尖長，約四十五至五十六公分。

甘地在自傳中如此形容自己首嚐肉味的短暫經歷：

那一天還是來了。我的處境難以盡述。一方面，我有「改頭換面」的滿腔熱血，想要體驗進入下個生命階段的重要選擇。另一方面，我像小偷一樣遮遮掩掩，為了這事羞愧不已。我在兩者之間不斷搖擺。我們去到河邊，尋找四下無人之地，而那地方就是我人生中第一次看見肉。當下的食物也有麵包坊麵包〔英式〕。在我吃來兩者都索然無味。山羊肉跟皮革一樣韌，我就是吃不下去。我覺得噁心想吐，非得離席不可。

當晚十分可怕。我受惡夢折磨。每次我輾轉入睡後，就似乎感覺到有隻活生生的山羊在我肚子裡哀號，我馬上驚醒，悔恨不已。但我又會提醒自己，吃肉是出於責任，而受到鼓舞。[31]

甘地的朋友從此開始為他烹煮特殊的肉料理，甚至帶他到餐廳吃飯。甘地終於克服了為難的心情（也克服了他對山羊的同情），逐漸喜歡上肉類料理。這樣一吃，就是一年。不過，他最後無法克制心中的罪疚感，他認為對父母說謊比吃肉還糟糕，決定只要父母尚在人世，就不再吃肉。

一八八八年，甘地赴英攻讀法律。他的母親要求他在耆那教僧侶面前立誓永不吃肉、不喝酒、不近女色。剛開始，他吃燙青菜配麵包過活，後來他發現倫敦有間素食餐廳。他在那裡買了《素食主義之辯》（*A Plea for Vegetarianism*，一八八六），作者是英國改革家亨利・S・索特（Henry S. Salt），近代動物權益運動的先驅者之一。該書詳列了茹素的道德緣由，其中有吃肉本身隱含的暴力、吃素能成就的非暴力——這跟甘地所熟知的古老概念「毋害」不謀而合。從此以後，他不吃肉不再是因為曾向母親立下誓言，而是出於道德信念：「我選擇茹素，而傳播這樣的理念正是我的任務。」[32] 甘地加入倫敦素食協會，成為該組織的執行委員。

一九三一年，甘地對協會發表演說「素食的道德基礎」，他說人們若單純為了健康而吃素，通常會失敗，因為茹素不僅需要現實的原因，也需要道德基礎。有些素食者愛好食物，以為只要吃素的話，就可以盡情大吃起司、扁豆、豌豆——這樣當然不會改善他們的健康。他說，保持身體健康的祕訣，是要減少進食的分量、降低每天用餐的次數。

甘地日後曾經受痢疾所苦，靠著山羊奶才得以康復，他不得不將牛奶納入素食飲食之中，畢竟牛奶能提供必要的蛋白質。不過，他認為自己不能放棄喝牛奶，是「我人生中的悲劇」。甘地也接受吃雞蛋，只要是未受精

的蛋。穀物應該磨碎，且在當地加工製造，以免失去營養的皮、殼。他推薦人們每天吃綠葉蔬菜、當季水果，生吃更好。香蕉富含澱粉，搭配牛奶就是完美的一餐。

甘地也說一定程度的油脂是必需的，最好的來源是純粹的酥油，再來是新鮮現榨的花生油。每天攝取四十公克可以達到人體所需的營養，用太多酥油，特別是拿來炸普里、萊杜，就是「不經大腦的奢侈」。人也需要吃一點糖，他建議一天吃二十五至四十公克，如果吃不到甜水果的話，可以多吃一點。不過，他說，印度對甜食的過度偏好是不對的；事實上，他認為，在許多人民連好好的一餐都吃不起的國家，享用甜食與強盜無異。

「進食應視為義務──甚至是良藥──好讓身體能運作，不可視為滿足口腹之慾的方法。」甘地曾這麼寫道，因為當人填飽肚子，就能感到愉悅。[33] 他反對使用香料，認為這麼做只是為了美味。他不認為香料對健康有任何幫助，而任何調味料，就算是鹽，都會損害蔬菜、穀物的天然風味。同樣地，茶、咖啡、可可，不但無益於健康，甚至有害。

對甘地來說，酒是完全不能接受的東西，因為酒對窮人造成經濟、道德、智識、身體健康上的害處（他也提到，有些大公的人生也為酒精所累）。甘地呼籲全面禁酒，從製造、銷售、飲用都不應准許，他的家鄉古吉拉特、其他印度省分至今依然實施此政策。（古吉拉特的法律甚至嚴令，販售私釀酒致飲用者死亡者，可判處死刑。）對於禁酒的態度，他引用俄羅斯作家托爾斯泰的話，認為這是有迷醉效果的物質中最糟糕的一種，既昂貴、惡臭四溢又骯髒，尤其人們吐痰的時候。甘地留下的著作並沒有提到喝尿，不過有些人認為該習俗是他飲食哲學的一部分。[34]

雖然甘地恪遵自己的飲食處方，他並沒有想要將此強加於他人身上。漫長的實驗與觀察經驗，讓他深信沒有任何既定的規矩可以適用於所有人，就算素食是「印度教帶給世界的無價之寶」，非常吸引人，也不是唯一的金科玉律。「許多人吃肉、與人〔同桌吃飯〕，但他們對神明存敬畏之心，比起那些虔誠茹素、遵守戒律卻在行為舉上褻瀆神明的人來說，前者更接近解脫。」甘地在《年輕的印度》（*Young India*）中這麼寫道。[35]甘地雖然喜歡耆那教，對於入侵他的阿施蘭的那些蟲蛇卻並不手軟，他也不像耆那教徒一樣不吃茄子或馬鈴薯。

一九四八年一月，為了族群和諧，最後一次斷食中的甘地，位於比拉之家（Birla House）。

　　甘地在獨立運動中的主要抗爭武器是絕食。他一生中曾斷食十七次，最長的一次在一九四三年，長達二十一天，為了停止群體暴動[23]。絕食抗爭也成為印度、海外人士的手段，近來，印度反貪腐鬥士安娜·哈薩（Anna Hazare）就採用這樣的手段。

　　甘地也堅定地捍衛牛群，保護牛隻。他曾寫道：

　　　印度教的核心宗旨……是護牛。對我而言，人類演化以來，最美妙的文化現象之一就是護牛……。透過牛，人能結合、領悟自己在眾生間的身分。在我看來，牛被從萬物之中受選神化，理由很明顯。牛在印度是世人最好的同伴。她是慷慨的給予者，不只給予牛奶，也讓農業成為可能……她是印度千萬人的母親。護牛意思就是保護受造於神的一切萬物。古時的先知，不論是誰，都始於牛。來自低階造物的請託，是印度教帶給世界的禮物。而印度教將會長存，只要印度教徒還會站出來護牛。[36]

　　今天許多印度行省都有保護牛的法律，禁制運輸、屠宰牛隻，有些邦省禁止吃牛肉。

　　在印度，甘地對食物的觀點是否有長遠的影響令人懷疑。伴隨著經濟成長而來的是飲食改變，也帶來了糖尿病、高血壓，以及其他「富人病」，這一點我們將會在十二章討論。

---

23 甘地這一次的斷食是回應總督將前一年的暴動歸咎於國大黨，甘地同意此說，斷食作為懺悔。

第十一章
綜觀印度飲食：餐點、烹飪技巧與地區變化

　　放眼世界歷史，大部分的人民能吃的食物都受限於季節與地區，在印度更是如此。由於印度面積廣大，又缺乏優良道路交通網，而且各地氣候變化幅度劇烈，導致能在全國各地都生長的植物實在不多，也少有食材是各地都方便取得。印度料理常見的分類法是以大區域或小地區作為分類標籤——比如南印、旁遮普、孟加拉、海德拉巴，諸如此類等，但就算以此區別料理風格，也無法清楚呈現其多元性。企圖以任何方式概括一切印度料理，都可能找到反例，這話一點也不誇張。不過，若要呈現次大陸上料理的多元、豐富程度，地區料理調查倒不失為最實際的方法，即便有其不足之處。

一餐的組成

　　印度人的一頓飯以澱粉類為重心，米飯或穀類。穀物提供全國人民七成所攝取卡路里與蛋白質，隨著收入水平提高，該比例會下降。在產稻的地區（東北、南印、烏塔普拉德什），米飯就是主食，而生產小麥的北部地區（包含旁遮普、哈里亞納），小麥則是主食，通常會做成餅來吃。印度西部曾經以所謂的粗糧為主食，也就是小米、高粱，不過現在已被小麥取而代之。

　　第二重要的飲食元素是豆類（豌豆、扁豆、豆莢類）。穀物加上豆類，就能提供維持人體健康所需的完整氨基酸。蔬菜、乳製品、香料、酸甜醬、醬菜、水果、糖等，則可以補充維生素、礦物質、微量元素。印度許多地區的人民在飯後會來點白脫牛奶或優格，人們認為這樣可以幫助消化。

　　旁遮普的酪農業分布廣，此地的人均牛奶攝取量是全國平均值的兩倍，跟奧利薩地區相比則高達十七倍。若是油脂攝取量，古吉拉特地區則是全國之冠，這裡正是全國最大的榨油種子產區，而旁遮普地區有一定經濟能力的人，則每天都吃得到奶油、酥油。過往，各地區也會使用當地生

產的油，比如喀拉拉的椰子油、西孟加拉的芥末籽油、南部的芝麻油，不過今天逐漸被大豆油、蔬菜油取代。

　　印度的素食人口也不符合西方人對印度的刻板印象，數據顯示印度的素食人口占少數，有項調查統計出來的全國茹素比例數據是，約二成五至三成。各地區之間則有巨大差異，喀拉拉的素食人口比例少於六％，奧利薩、西孟加拉地區高達六成，拉賈斯坦、古吉拉特地區甚至更高。[1]話雖如此，肉品價格昂貴，大部分的人沒辦法每天吃肉，就算是有錢人，吃肉的頻率跟西方標準比較，也吃得不多。就算一頓飯含肉，分量也比西式飲食少，尤其西餐中常常以肉為主菜。平均而論，印度人的熱量攝取有九二％從蔬菜類食物而來，只有八％是來自動物性食物（如肉、乳製品、蛋等）。

　　多數中產階級的印度人，一天吃兩餐，另加上一到兩次小分量的餐點，包含午茶、晚間輕食。在偏鄉地區，人們主要會吃一頓豐盛的早餐，或早一點的午餐，為一天的勞動做準備，晚上再吃簡便的晚餐，或許下午額外吃一些麵餅、點心。

　　根據印度教古老的飲食觀念，每一頓飯都應該包含六種味道，且依照順序：甜、酸、鹹、辣、苦、澀。今天大多數的印度人對此一無所知，只

印度南部、東南亞地區的傳統餐盤，用蕉葉盛食物。

有在正式婚宴上的餐點才會品嚐到所有的味道——只是不會有特別苦的料理。然而，通常一餐中還是會包含四到五種味道。不論在哪一省，廚藝好的廚子都會努力在一餐中搭配菜色，使顏色、口感達到和諧。比如，如果肉類料理的醬汁較為清淡，蔬菜料理就會搭配濃稠的醬汁，或者，將清燉豆泥配上比較乾的肉料理，比如串燒烤肉。

正常情況下，印度人的一餐不會有特定的上菜順序，所有的食物上桌的時間不會相差太多，不過特定料理可能會遲一點上，並持續留在餐桌上。墨西哥駐印外交官暨諾貝爾文學獎得主奧克塔維奧・帕斯（Octavio Paz，一九一四—九八年）曾說：

　　歐式料理有精確的上菜次序，是按照時序的餐點……印度則大大不同，各種料理同時在一個大托盤上呈現，沒有先後，也不排列，而是各種東西與味道聚集，互相疊加；一切同步發生的餐點。味道交融，時序交融。[2]

印度南部、東南亞地區的傳統餐盤，用蕉葉盛食物。

　　印度常見的餐具是塔利，這是種金屬圓盤，直徑約三十五公分長，盤緣略高。這本來只見於印度北部，現在各地家家戶戶、餐廳飯店都看得到。人們會將米飯、麵餅、小菜放在塔利盤上，燉扁豆泥、蔬菜、肉、魚、優格、甜點則會盛裝在卡托里（katori，小碗）之中。塔利「thali」的詞源可能來自鄉下的一種鍋子「sthali」，這是吠陀廚房使用的飯鍋。塔利盤的材質多元，有錢人用金銀製的塔利，也有銅製、堪薩合金（kansa，銅、錫、鋅、鐵、汞組成的合金），甚至有保麗龍餐盤，上面以凹槽來取代小碗，用於比較隨興的大型場合。傳統上認定特定金屬帶有醫療功效，也能促進消化。[3] 塔利一詞也被餐廳用來稱呼定食料理。在南印，傳統餐盤是香蕉葉，不過今天大部分只會在慶典或婚宴上看到這種作法。

　　傳統印度的進餐方式是以右手取食。料理食物的過程中，沒有人會觸碰或品嚐食物，所以某種程度來說，吃的人會進行最後一道調理步驟，將食物與飯或餅混合，加上調味料，依照喜好調整味道。如果味道太清淡，可以自己加上一點泡菜或辣椒，萬一太辣，就加點優格中和。進餐的過程中，以手抓飯或把餅撕開來舀菜，動作像是畫圓一樣循環。比較西化的印度家庭則會用刀叉進食。

烹飪技巧與廚具

　　印度料理通常講求烹調技術，非常耗工。新鮮的食材或產地並不那麼重要，或至少不像義式料理那麼重要。傳統上多數家庭負責煮飯的是女性。住在一起的大家族，媳婦們幫忙煮飯，年長的婦女則監督過程。婆羅門家庭中，女子得要先沐浴、穿上棉質紗麗後，才能開始煮飯。富有的家庭會雇用廚子，通常是男性，如果是嚴格派印度教家庭，則會雇用婆羅門廚師（過去，婆羅門階級最常見的職業是祭司，再來就是廚師）。為了避免汙染食物，外人不得進入廚房，也不可碰觸廚師。

　　印度廚房的設置很簡單，甚至以西方標準來看有點簡陋（不過有錢的都市人現在已經會在裝潢時採用「設計師廚房」）。幾乎所有的烹調過程都會用到火爐。傳統的柴火使用的是乾牛糞、煤炭、焦炭、樹枝或木屑。燒牛糞是種古老的資源回收，而且也能提供收入給收集牛糞的人，他們會乾燥處理後再售出。燃燒牛糞只會產生火苗，適合用於長時間的燜燉醬汁料理，有時候人們會將鍋子放在熱炭上過夜。中產階級的標準爐具是兩個瓦斯爐口搭配爐架，接上桶裝瓦斯。如此簡單的配置可以煮出無數席精緻的

宴會，令人讚嘆。四分之三的都市家庭擁有壓力鍋。這種法國人在十七世紀時發明的鍋子配有密閉的鍋蓋，能增加空氣壓力，降低鍋內水沸騰所需的溫度，也大幅降低烹煮時間。

　　印度料理有一種烹調手法是西式料理沒有的，步驟包含煎、炒、燉。掌廚者先爆香香料，再加入一種泥狀醬料，由大蒜、洋蔥、薑組成，有時還會有番茄，在少許油中煮到食材軟化，然後以同樣的鍋中油來煮切塊的肉、魚或蔬菜，直到表面呈金黃上色。再來在翻炒時隨時加入適量液體，多寡則看最終成品需否含有醬汁。另一個印度獨有的烹飪技巧用於提味，稱為「拷克」（chhauk、takar、bagar），在咖哩或扁豆燉菜煮好之後，額外加入酥油或一般油爆香過的香料，提升香氣。

　　細火燉菜、「咖哩類」料理，之所以成為印度主流料理的可能原因是，印度人由大家庭共同生活，吃飯時人口眾多，由於一次要端上很多食物，有些烹飪技巧就行不通，比方說講究速度與新鮮度的快炒。烤箱、壁爐除了煮食，也是讓住宅保持溫暖的方式，不過在印度並不需要，所以印度北部的烘烤料理是極少數的例外。

　　醃漬是古老的食品技術，在氣候炎熱的地區很重要，將水果、蔬菜、肉、魚等食材浸泡在酸液裡面，能抑制大部分的微生物生長，藉此保存食物。醃漬手法有很多，可以直接添加酸性液體，比如醋，或者將食材泡在高濃度的鹽水中，促進製造酸的菌種生長。印度的醬菜可甜、可酸、可鹹，可清涼，可辣，還可大辣，讓一頓飯的味道更加豐富。

　　印度的專用廚具組規模相對小得多。古代的印度鍋具、廚具的材料是陶製，清潔時使用灰燼、土、酸或鹼性物質等天然材料。今天的廚具是金屬材質，最常用的鍋具是不鏽鋼深鍋，或鑄鐵鍋（karahi），鍋上附兩個握把，鍋底是平的，或略具弧形，可以用來炸或油煎食物。煮飯或燉菜類帶醬汁的料理，用的鍋子側邊與鍋底垂直相連，並有鍋蓋，鍋蓋則呈內凹的扁弧形，以便烹煮特定料理時可以放置炭火。塔瓦（tawa）是種鐵製平面煎鍋，帶有長柄，用於煎烤薄油或無油的餅皮。還有帶有孔洞的金屬長勺，可以用來炸或瀝乾食物，以及用來攪拌的長勺。在孟加拉有種連著砧板的鍘刀「嘮碪」（bonti，砧板）是用來切魚跟大型蔬菜的。南印度、古吉拉特地區的廚房會有各式各樣的專門廚具，用來蒸麵餅或點心。

　　印度部分地區用來研磨香料、洋蔥大蒜、香草的工具是石板與小型石製擀棍，南印度則通常使用搗缽，現代廚師會用電動食物處理機與攪打器。富貴人家或餐廳這類大型廚房，則會聘用幫手，該員唯一的工作就是

研磨香料。當天要用的香料、調味料通常一早就會準備完畢。

喀什米爾

　　印度最北的省分是查謨與喀什米爾邦（Jammu and Kashmir）。[4] 英屬印度時，這是境內最大的公國之一，獨立之後，印度與巴基斯坦雙方爭奪該地區的主權，一九七二年共同設立了「控制線」（Line of Control）劃分這塊土地，其三分之二被劃入印度聯邦的查謨與喀什米爾邦，剩下的則由巴基斯坦控制，稱為阿扎德喀什米爾（Azad Kashmir）。自一九五〇年代以來，印巴兩國曾為了這個地區數度交戰，政治動盪讓該省的經濟損失慘重，二〇〇五年喀什米爾又發生大地震，更是雪上加霜。查謨與喀什米爾邦人口為一千兩百萬，約有七成為穆斯林，其餘人口信奉印度教、錫克教、佛教。阿扎德喀什米爾則有四百五十萬人口，主要由穆斯林組成。

　　喀什米爾有綠意盎然的自然景致與湖色風光，曾是蒙兀兒帝國權貴最愛的遊憩之地。喀什米爾谷地具有傳奇色彩，能生產豐富的蔬果，湖中漁獲豐富，還能水耕美味的菱角、蓮藕。遊牧民族能在此牧養山羊、綿羊。

孟加拉某位替村中學校張羅午餐的女性

勒克瑙某貴族家中的廚房。

典型喀什米爾風格的食材包含番紅花、小型紅蔥頭「噗藍」（praan）、羊肚菌（morel，蕈菇類）、野蘆薈、溫和的喀什米爾辣椒。傳統的烹飪油芥末籽油。

喀什米爾料理分成兩派：穆斯林與印度教，有時後者也稱為婆羅門風。兩派都吃肉（不過婆羅門會避免雞肉），但各有不同的香料組合。印度教使用優格與阿魏，穆斯林則使用洋蔥、大蒜，也就是婆羅門不會碰的食材。

人們吃蕪菁的方式有生吃、醃漬、香料煎過並以優格煨煮，或以奶油醬汁烹煮。喀什米爾是印度少數常吃蕈菇類的地區，人們尤其常吃當地特有種的羊肚菌。最常見的料理之一是獨阿盧（dum aloo），小型馬鈴薯水煮、煎過後再用優格香料醬燉煮。人們每天都會吃到白米飯。慶典上則有菩勞、比延。

喀什米爾的知名料理是豐富的肉料理大餐「瓦薩旺」，只有特別的宴會場合上才會提供，菜色豐富，可多達四十道餐點（詳見本書一九八─九頁）。人們比較愛吃山羊肉，山羊越年輕越好，通常以優格與香料醃製入味，烹煮時加入牛奶、鮮奶油，醬汁濃厚豐富。人人都喝的喀什米爾飲料是可瓦茶（qehwa），這是以綠茶為底，以番紅花、豆蔻、扁桃仁調味，從茶炊[24]（samovar）倒入杯中。

烏塔普拉德什

烏塔普拉德什的意思是北方邦，人口超過一億三千萬，是印度人口最多的省分，印度首都新德里也座落於此邦的邊界上。該地區位於廣大的沖積平原上，熱帶季風氣候帶，是印度最大的小麥生產地，也是全國甘蔗、豆類、馬鈴薯、畜牧、乳製品、蔬菜、水果等農產品的主要產地。

約有八二％的北方邦居民信奉印度教，六成茹素，葷食人口是一個人數眾多的種姓階級「塔雅斯塔」，他們的祖先是在蒙兀兒帝國當官的印度教徒，後來也為英國人服務。常見的早餐是哈爾瓦普里──普里（酥炸小麥麵食）、紅蘿蔔哈爾瓦、鷹嘴豆香料燉菜、馬鈴薯、醬菜。典型的正餐會有扁豆燉菜、小麥麵餅（普里、皮拉塔或洽巴提），加上一兩樣時蔬料理，

---

24 茶炊是由俄羅斯傳入中亞、中東、南亞等地的金屬壺，傳統壺中設計了放置炭火的空間來煮濃茶與保溫，壺上有水龍頭。

冬季是白花椰菜，夏季是苦瓜。不吃素的人則以香料燉肉替代一道菜。

　　瓦拉納西是印度教中的聖城，該地的素食料理是其特色，食物不含洋蔥、大蒜，以印度酥油製作，還有甜點，大部分是用戈亞做的，這是將全脂牛乳煮滾後形成的濃稠固體乳製品。也有其他的北方邦城市以甜點出名。黑天神的誕生地馬圖拉，知名點心是皮打（peda），這是種有點軟的淡色甜食，食材是濃牛奶，以豆蔻、堅果、番紅花調味。阿格拉則是佩塔（petha）的故鄉，這是種透明的軟糖，食材是熟冬瓜漬糖水。北方邦首府勒克瑙，其食物完全不同於崇尚簡樸的印度教素食餐，這裡以肉食料理為中心，而且極為講究，這是阿瓦德宮廷文化的遺產（詳見本書一八五－九頁）。

西北部

　　南亞最早的農耕與放牧考古證據可追溯到公元前七千年，位於屬巴基斯坦的俾路支斯坦省，地點是梅爾嘎赫村，俾路支斯坦今天是俾路支人（Baluchi）與其他民族居住的地方。[5] 這裡的地形崎嶇，土壤貧瘠，飲食簡單，不加香料。麵餅很重要，人們吃坦都爐洛提餅、喀米兒洛提（khameer roti），後者是稍微發酵的餅，以特殊的陶土壁爐烘烤而成。人們還會吃喀克，這是種非常硬的麵包，用麵糊包裹炙熱的石頭，再放在炭上烘烤。

　　這裡的串燒烤肉只用少量的鹽與芫荽調味。人們最喜歡的料理是鎖巴，這種湯通常會加入牛奶來煮。另一種特色料理是古露（quroot），這是發酵的鹽漬凝乳，做成鵝卵石大小的丸狀，再經過日曬乾燥。薩基（Sajii）則來自中東，是烤全羊，先醃製入味，串好後叉在地上燒烤，下面是木柴火堆。肉類通常會鹽漬做成肉乾，冬天的時候煮滾來吃。常見的飲料是綠茶，煮茶的水會先以綠豆蔻、肉桂調味。

　　屬巴基斯坦的開伯爾－普什圖省（Khyber Patunkhwa）在二〇一〇年之前都叫做西北前線省（Northwest Frontier Province），主要民族是普什圖人（Pasthun）。該地在一八四九年之後受英國統治，在此之前是阿富汗、錫克教王國的一部分。他們吃的食物跟俾路支斯坦類似，且以肉為重（根據當地諺語，就算是燒焦的肉還是比扁豆好）。羊肉、牛肉串烤會加上少量香料，非常受人喜愛。當地主食是麵餅，通常是小麥麵粉（有些地區是玉米粉）製作，坦都爐烤熟，許多人家都有這種陶製烤爐。印度最有名的名廚與餐廳經營者，昆丹·拉·谷吉臘（Kundan Lal Gujral）的出生地就

是該省首府白沙瓦，他創造了知名的坦都爐料理。

信德

今天的信德省屬於巴基斯坦，千百年來，該地區都是印度主要歷史的一部分，從印度河流域古文明時期便是如此。[6] 印巴獨立的時候，約有四分之一的人口是印度教與錫克教徒，還有許多商人遷居到印度或海外。

只有高粱、小米能生長在乾燥的塔爾大沙漠，這兩種作物也成為鄉下人民的主食。此地植被稀疏，除了有灌溉系統的印度河谷區，人們在那裡種植蔬果。信德的北部、南部產稻米與小麥。海鮮，尤其是蝦，還有淡水魚，是當地飲食的重要角色。人們愛吃雲鰣（當地人稱「bony palla」，孟加拉地區稱為「hilsa」），這種魚會隨著印度河遷徙，燒烤或炸魚，或者填入綜合香料餡，低溫慢煮或放在熱砂裡烤熟。典型的早餐是炸魚搭配噗爾喀（phulka），一種膨起的餅。

信德有許多特色餅食與點心，如紅米製成的辰瓦蘭裘阿杜（chanwaran jo atto）、都度（dho do），厚洛提餅加上綜合香料與大蒜醬，還有巴薩里（bossari），這是種高熱量的洛提餅，上面有石蜜與酥油。阿拉伯人在七世紀時就入駐此地，帶來的文化影響很明顯，這裡有各式各樣的哈爾瓦，有些用芝麻醬做成，就像中東的版本。另外的阿拉伯食物是馬潤（mazoon，阿曼的古稱），這是用酥油烹煮碎堅果、香料、糖漿做成的甜點。

旁遮普與哈里亞納

旁遮普這個地名的意思是「五河」，這裡向來是印度農業的心臟。一九四七年印度獨立之後，旁遮普被分為印屬旁遮普與巴屬旁遮普。一九六六年，出於語言、宗教的原因，印屬旁遮普被分成三個省分：喜馬偕爾邦（Himachal Pradesh）、哈里亞納邦、旁遮普省。喜馬偕爾邦小而多山，哈里亞納邦主要由印度教徒組成，旁遮普有大量的錫克教徒。跨過旁遮普的印巴國界，另一邊的人口數高達九千一百萬，超過巴基斯坦半數人口，而省會拉合爾距離阿姆利則（Amritsar）只有三十公里，後者是印屬旁遮普的省會。

旁遮普座落於肥沃的平原，是印度與巴基斯坦的麵包籃，生產小麥、大麥、玉米、鷹嘴豆、甘蔗、稻米、芥末、水果、蔬菜。此地的農業機械

古吉拉特的婦女以當地生產的小米麵粉製作食物。

化程度高於印度其他地區，也是兩國貧窮人口率最低的區域。酪農（水牛、乳牛）也是重要產業。

　　當地的食物樸素、粗獷，與土地連結緊密。人們有時暱稱此地為「洛提之國」，因為主食是由小麥做成的餅，有時也用小米、玉米。季節性蔬菜如白花椰菜、紅蘿蔔、蕪菁、南瓜、芥末葉，跟當地飲食密不可分。有點矛盾的是，印屬旁遮普的人均收入雖高，卻也有高比例的素食者：五四％。當地乳糖不耐症的比例不高，人們喝很多牛奶、調味優格（拉昔）、白脫牛奶。

　　帕尼爾是種農家起司，以重物壓製後切成塊狀，這種起司是許多印度燉菜的食材，通常搭配豌豆、其他蔬菜，也可以串烤。人們會吃的醬料是以酥油爆香的洋蔥、番茄、大蒜、薑等食材製成，香料也簡單明瞭，主要是芫荽籽、孜然籽、紅辣椒。米飯只有特殊場合才會吃。該地區濃厚稠密的燉扁豆，舉國皆知，比如黛曼坎尼（dal makhani），小火慢燉黑扁豆、鷹嘴豆、豇豆或大紅豆，以香料、鮮奶油調味。旁遮普地區另一知名料理是芥末葉（sarson ka sag），搭配類似墨西哥捲餅的玉米餅吃。科叻貝圖拉

錫克教徒

印度信奉錫克教的人數約有一千八百萬，這是由納達克上師（Guru Nanak，一四六九—一五三九年）所創立的宗教，他是印度教徒，向人宣揚「創造主是獨一真神，祂的名字是真理」這樣的教義。納達克之後的錫克教上師，在一四五九至一七〇八年之間，反對種姓制度、宗教疑點、苦修、崇拜神像，並認為兩性平等、各宗教平等。錫克教徒有五個特徵：蓄大鬍子、戴大頭巾、匕首隨身、穿戴鐵手環與特殊內襯。錫克教經典《阿底格蘭特》（Adi Granth）也稱為「格蘭特上師」，是錫克教信眾聚集崇拜時的重心。崇拜的聚會地點稱為「古瓦拉」（gurdwara，意思是通往上師的門），禮拜結束後，信眾會分到一種哈爾瓦，由等量的小麥麵粉、酥油、糖所製成。

錫克教特有的料理並不多，信徒跟所在地區吃的沒有太大不同，旁遮普的錫克教徒就吃旁遮普料理。大多數的錫克教徒都不吃素，不過他們也不吃牛肉，且肉品需要依照錫克教律法宰殺，否則也不能吃（錫克教可吃的肉稱為「加特卡」〔Jatka〕：一刀斬斷動物頭部的屠宰方式。）他們的經典記載裡明言指出，吃肉與否應該是出於個人的選擇。錫克教古瓦拉有公共食堂「藍迦」（langar），提供免費食物給信眾與一般訪客，不論訪客本身的宗教為何。食堂的餐點一定是素食，好讓各種背景的人都能用餐。

（chole batura）是常見的路邊小吃，辣鷹嘴豆搭配煎到略膨的餅，也可以當早餐吃。

巴屬旁遮普，有經濟能力的人普遍會吃羊肉（山羊）、雞肉、牛肉，當地特色料理有裴亞可雷（paye cholay，牛蹄佐鷹嘴豆）、洽兒迦（chargha，油炸檸檬汁漬全雞）、各種串烤料理。

拉昔是人們愛喝的優格飲料，傳統的販賣方式是裝在陶杯中。

拉賈斯坦

　　一九四七年，二十多個公國聯合共同組成了拉賈斯坦邦，這片土地被阿拉瓦利嶺（Aravalli）切分成東南部崎嶇的山區地形與貧瘠的塔爾沙漠，該沙漠是世界上最熱、最乾燥的地方之一，不過拉賈斯坦有了灌溉系統之後，成為了小米、油菜籽、芥末、大麥、玉米、某些香料與牲畜的重要生產地。大約九成的人口信奉印度教與耆那教。

　　這裡的人將穀物磨成粉，做出的餅是南亞次大陸上最好吃的餅之一。西印度的主食是巴喀哩（bhakri、dhebra），一種未酵扁圓餅，或軟或硬，以粗麵粉加水揉成，傳統上農人會帶著這種餅去田裡工作，搭配酸甜醬、

辣椒或醬菜一起吃。目前當地的傳統穀物逐漸被小麥取而代之。酥油、烹飪油對窮苦的人民而言是珍貴的調味品，所以餅會在沉重的鍋中烤熟之後，在吃的時候才加上一點點酥油。

接近三分之二的拉賈斯坦人民吃素。當地最有名的地區料理是古老的燉扁豆配餅「黛巴提丘瑪」（dal batti churma），燉豆一般以五種扁豆組成，以酥油燉煮，巴提則是小麥粉做的球，在炭火中烤硬，吃的時候扒開配酥油。丘瑪則是粗小麥碎，拌糖與酥油煮熟。該地區的燉菜、卡地（kadhi，鷹嘴豆粉優格辣咖哩）幾乎都會使用扁豆，人們也會將扁豆磨成粉來做成餅或點心。噶塔（gatta）是用含鷹嘴豆粉、優格、香料的麵糊做成，搓成又長又薄的條狀，水煮後曬乾，人們用料理蔬菜的方式來處理噶塔。日曬蔬菜乾也很常見。

瑪瓦里（Marwari）是專事貿易的種姓階級，他們來自拉賈斯坦，至少在阿克巴的時代就開始遷徙到印度全境。他們是嚴格素食主義者（許多人是耆那教徒），不吃洋蔥大蒜，自有一套豐富的傳統食物，以日曬蔬菜乾、麵餅、多種甜點組成。

拉傑普族是世襲的統治者，他們的料理以肉食為主，反映他們身為剎帝利的種姓階級，以及熱愛狩獵的生活方式。拉傑普料理的精華是蘇拉（sula），這是種煙燻製燒串烤，傳統使用野豬、鹿肉、鶴鶉或其他野味的肉；還有醃漬野豬、鹿肉；另外有薩飛瑪（safed maa），這是種香味濃郁的白燉肉，內含優格、椰子、鮮奶油。

古吉拉特

古吉拉特西臨阿拉伯海，另一邊緊鄰巴基斯坦與印度數省，以前曾是孟買邦的一部分，一九六〇年後孟買邦依照語言切分為古吉拉特邦、馬哈拉什特拉。三分之二的古吉拉特人民住在偏鄉，貿易經商的人口雖然不是主流，但為數不少。九成人口是印度教徒，將近一成是穆斯林。

此地區主要的作物是稻米、小麥、小米、扁豆、花生、棉花。七成人民吃素——全印度最高的地區。反映出當地耆那教族群與聖雄甘地的影響力。該地區許多印度教徒不吃雞蛋、洋蔥、大蒜。普遍使用的調味方法是青辣椒與薑做成的醬。此地料理使用的油量相對少得多，不少料理是蒸的。人們喜歡吃酸甜口味的菜，酸味食材是一種山竹（Garcinia indica）的果皮。廚子通常會在燉扁豆或蔬菜料理中加入一撮糖，上桌的時候也會放

上石蜜、甜點。雖然古吉拉特海岸線綿延，料理中卻沒有什麼魚或海鮮。當地特產的蔬菜有袙普哩（papri，長扁狀綠色豆類）、茄子葉（colocasia），各種南瓜、山藥。

　　古吉拉特西部又稱索拉什特拉，以乳製品、無湯汁蔬菜料理、醬菜出名。有道知名地方料理叫做鶉迪歐（undhio、oondhiya），是什錦地瓜、茄子、綠色豆子、椰子絲，還有鷹嘴豆粉與葫蘆巴葉餃做成的。

　　古吉拉特第二大城蘇拉特，有歷史最悠久的印度穆斯林社群，他們被稱為蘇提人（Surti），有自己的傳統美食，包含各種湯品。古吉拉特中部是該邦的糧倉，也以麵餅類、點心、扁豆菜聞名。古吉拉特邦南部土壤肥沃、水資源充足，能生產豐富的綠色蔬菜與水果，這裡的芒果是印度最好吃的芒果之一。

　　古吉拉特的下午茶可以吃到當地美味小點心，稱為法珊（farsan）。該地區的特色食物是豆喀拉，以發酵的豆類製成的蒸食。古吉拉特的甜食歷史悠長，有些以牛奶為基底，也有的用豆類製作，比如甜扁豆餡普里、鷹嘴豆哈爾瓦。

豆喀拉是人們愛吃的古吉拉特法珊，發酵的鷹嘴豆蒸米糕，切成方塊狀。

古吉拉特風味喀門豆喀拉（Khaman Dhokla）

一五〇克生鷹嘴豆
四大匙優格
四顆青辣椒，切碎
二・五公分長的薑片，切碎
四分之一小匙薑黃
一大匙糖
一小匙蘇打粉
四大匙油
一小匙芥末籽
鹽適量
芫荽、新鮮椰子肉，最後裝飾提味

鷹嘴豆浸泡過夜，瀝乾後磨成粗顆粒狀，加入優格並覆蓋，發酵四小時。
加入青辣椒、薑、薑黃、糖、鹽，攪拌均勻。
將蘇打粉融入一大匙油之中，再加入混合糊中。
在邊緣有四公分高的金屬扁盤（塔利）上稍微抹一點油，把調好的糊倒入盤中，蓋起來，蒸二十分鐘。放涼後，切成方塊狀，以盤子盛裝。
把剩下的油與芥末籽在小鍋中加熱，當芥末籽開始爆開時，把熱油淋在切好的豆喀拉上，最後撒上芫荽與椰子肉。

馬哈拉什特拉

　　馬哈拉什特拉邦是印度工業的心臟，省會孟買則是商業中心。此地區是榨油種子、花生、黃豆、甘蔗、薑黃、蔬菜、葡萄的產地，這裡也有成長迅速的葡萄酒產業。馬哈拉什特拉海岸線長達八百公里，有豐富的魚與

海鮮。八成人口是印度教徒，一成為穆斯林，其餘則是基督教與帕西人。這裡的兩大種姓階級是茹素的婆羅門，以及葷食的馬拉塔，全省約有三成人口吃素。

馬哈拉什特拉料理十分精彩，因為該地處於印度南北交匯之地——所以主食既有小麥也有稻米——而且又因長期與葡萄牙人往來受到影響。辣椒、番茄、馬鈴薯、花生、甜玉米、地瓜、青胡椒、四季豆、腰果、樹薯、木瓜都是此地區的重要食材，使用率遠超過印度其他地區。[7]

該地區的料理特色之一是餐點會融合甜、鹹、酸、辣等口味，甚至可以同時出現在一道菜中。食物會用塔利盤分裝，嚴格按照順序，如果是宴會場合，則會使用香蕉葉。當地料理不常使用油炸或燒烤，比較常快煎或蒸，以保存食材風味。馬哈拉什特拉的特色甜點「昔卡罕」歷史悠久，這是種軟甜點，以過濾優格加糖、番紅花、豆蔻、其他香料製成。

鄉村地區的常見食物是「宗卡霸卡」（zunka bhakar），這種粥的食材有鷹嘴豆、洋蔥、香料、高粱或小米厚餅，旁邊附上紅辣椒，可能上面會放上一匙奶油。（一九九五年，馬哈拉什特拉省政府設立許多宗卡霸卡小吃攤，每個一盧比，為了提供人民工作機會、贏得民心。）

沿海有道料理稱為康喀尼（Konkani），食材有海鮮、椰子、水果、蔬菜。人們很愛吃的魚叫做鵬彼（bombil），也叫「孟買鴨」，乾煎小魚直到香酥，是咖哩料理的佐料。另一種魚料理是龐腓（pomfret），填入餡料後燒烤，或煎香，或做成椰味醬香料燉菜。蟹肉、海蝦、淡水蝦、貝類、龍蝦等，也都是人們愛吃的食物。

馬哈拉什特拉有道特色料理融合了印度、波斯、英國文化，出自帕西人之手，他們是七世紀時從波斯來的祆教徒後代。住在孟買的帕西族群是印度工業與商業發展史的重要推手，不過他們的人數不斷銳減，在二〇〇一年時已低於七萬人。

帕西人吃肉與魚，不過他們出於尊敬印度教、穆斯林鄰里，會避免吃牛肉或豬肉。他們的肉料理是伊朗風格，搭配蔬菜如茄子、馬鈴薯、波菜、豌豆，只會使用少量香料。辣椒用量適中。料理使用堅果、果乾、玫瑰露也是明顯的伊朗風格。最有名的帕西菜是覃薩（dhansakh），包含肉類與高達七種豆子或扁豆、南瓜、茄子、葫蘆巴葉、洋蔥、薑、大蒜、羅望子、香料。

蛋是人們愛吃的早點菜色，以往一天吃三四顆蛋並不稀奇，搭配絞肉、魚、馬鈴薯、熟蔬菜或香蕉。酥油炒蛋與洋蔥、大蒜、芫荽、番茄，

叫做阿估利（akoori）。大多數的餐食會有餅、小菜、酸甜醬。帕西人改良了許多英式餐點，包含卡士達、蛋糕、甜點、燉菜。

帕西人的重要節慶是帕西新年「那弗羅茲」（Navroz），時間是春分，人們會準備澎湃的宴席。其中一定有三道甜食，很可能源於伊朗：拉佛（ravo，鮮奶油粗麵糊，加上香料與玫瑰露）、瑟夫（糖漿甜麵線）、蜜茶黛（meethu dhai，甜優格）。

一般而言，帕西人每個月會有四天忌肉食，不過可以吃魚與蛋。帕西曆第十一個月也是避免吃肉的時候。親愛的人若去世，三天之內不吃肉，第四天吃覃薩，恢復正常飲食。

十九世紀到二十世紀初，第二波伊朗祅教徒移民潮湧入印度，他們被叫做伊朗尼（Irani），他們開的小食堂叫做伊朗尼咖啡店，販售餅乾、烘焙食品、麵餅、奶油、沙摩薩、其他印式點心、帕西料理、伊朗風味茶。不過，這些店隨時間過去，不斷消失：一九五〇年代，孟買有三百五十家伊朗尼咖啡店，現在只有二十五家左右。

果亞

小小的果亞省從十六世紀起就由葡萄牙人占據，直到一九六一年為止。[8] 大約三分之一的人口是羅馬天主教徒，其餘信奉印度教。這是個富饒之邦，僅有百分之五的人口生活水平落在貧窮線之下。此地區多砂質土，極少可耕地，不過海鮮、魚、水果、腰果、椰子產量豐富。果亞料理重肉，人們會吃豬肉、雞肉，甚至牛肉。果亞廚師也是出了名的好手藝。

果亞料理雜糅葡式、印式甚至英式文化。傳統的葡萄牙菜經過改良，加入了香料添味（詳見本書第十章）。當地人愛喝的芬尼（feni），這是腰果製成的蒸餾酒，最早由葡萄牙天主教修士釀造。

果亞人民會熱烈慶祝聖誕節，聖誕節午餐必定吃豬肉，尤其是索爾波特（sorpotel），這道燉菜又酸又辣，有肉、肝臟、豬血、豬油，加上醋與香料調味。傳統聖誕節蛋糕稱為畢繽卡，共有十六層，麵糊由蛋黃、麵粉、椰奶組成，烤完再整個翻過來。節慶美食還有督篤（dodol，石蜜軟糖）、波（bol，西式蛋糕，以扁桃仁糊、粗麵粉、糖、雞蛋、白蘭地製成）。每年的五旬節前，果亞會舉辦大型慶典。

馬德雅普拉德

　　馬德雅普拉德是印度第二大邦，人口超過七千五百萬。該地區曾是孔雀王朝、蒙兀兒帝國、馬拉塔帝國的領土，不過在十八世紀初時，已經分裂成許多小型王國，英國人整併稱為中央邦。大概有將近一半的人口吃素。

　　中央邦的正中央是馬爾瓦高原，肥沃的黑土能生產高粱、稻米、小麥、粗糧小米、花生、豆類、黃豆、棉花、亞麻籽、芝麻、甘蔗。西部地區較為乾燥，飲食也跟鄰近的拉賈斯坦類似。典型的中央邦料理有部塔里奇（bhutta ri kee，酥油烤玉米碎，再以調味牛奶煮過）、巴提（baati、bafla，小麥麵粉做的烤丸子）。當地也有一種酸味卡地，食材是鷹嘴豆粉，並以羅望子取代原本的優格。督利是種像粥的甜品，由小麥碎製成，通常跟牛奶或卡地一起吃。

坦米爾納度

　　印度南方四邦：坦米爾納度[9]、卡納塔卡、安德拉普拉德什、喀拉拉，在飲食、語言、文化上，都跟印度其他地區截然不同，各邦之間也有區域分歧或地方差異。此地區通用的語言分別是坦米爾語、卡那達語、泰盧固語（Telugu，也稱特魯古語）、馬拉也林語（Malayalam），都屬於達羅毗荼語系，有各自的書寫系統、字彙，不過其中也有許多梵文詞彙。

　　稻米與扁豆在這四省都是素食人口的主食，主要由婆羅門組成，小麥則居次要地位。普遍使用的香料則有芥末籽、葫蘆巴、孜然籽、阿魏、咖哩葉、紅辣椒、羅望子等。

　　一九四七年，馬德拉斯行政區改為馬德拉斯邦，包含坦米爾納度、部分安德拉普拉德什、喀拉拉、卡納塔卡。該邦後來依照語言區，再度重劃，一九六九年重新命名為坦米爾納度，意思是「屬於坦米爾的土地」，省會欽奈（舊稱馬德拉斯）是十七世紀時由英國人建立的聖喬治堡。不過，英國人對坦米爾飲食或文化的影響甚微。八九％的人口信奉印度教，五％是穆斯林，五％基督徒。估計有十五％的坦米爾人是婆羅門，多數吃素食。主要的作物有稻米、小米、豆類、甘蔗、花生、洋蔥、炸油種子、多種蔬菜。西部的西高止山種植許多咖啡、茶樹。

　　早餐很重要，會吃伊迪立（軟的圓蒸糕）或度沙（少許油煎成的脆煎餅）。這兩者的麵糊作法都是浸泡米與黑豆後磨成泥，靜置隔夜以發酵。

吃的時候都會搭配桑巴（一種扁豆辣清湯，通常以黃色扁豆仁煮成，有時也會有蔬菜）、椰子酸甜醬（椰子粉、豇豆、香料製成的醬）。度沙也可以改用粗小麥麵粉加香料馬鈴薯，或者完全使用香料馬鈴薯（綜合香料度沙）。坦米爾納杜的度沙通常比較厚實、柔軟，卡納塔卡的則比較薄脆。人們也會在米飯上撒一種粉，叫做米萊卡仆迪（milakai podi），內容是扁豆粉、香料、辣椒。

坦米爾地區的午、晚餐通常有固定的形式，不過每道菜會混合所有的元素。第一道餐點會有白米飯、桑巴，加上一種蔬菜，比如有濃濃椰子醬的艾維偶（avial）或者燉蔬菜古杜（kootu），還有煮扁豆、椰子。蔬菜一定是新鮮的，每天都不一樣。一餐中也可能出現㸃㸃杜（扁豆威化脆餅），或者瓦戴（炸扁豆餅，看起來像中間沒有洞的甜甜圈）。第二道餐點是米飯、拉桑（酸辣扁豆清湯）、另一種蔬菜。一頓飯的最後是白脫牛奶或優格。一般常喝的飲料是濃咖啡加入牛奶，令人想到法式拿鐵咖啡。

切蒂納（Chettinad）是富商族群，從中古世紀就在南亞從事貿易，他們的飲食腥葷不計，居住地距離欽奈南邊約四百公里，有七十五個社區。他們的料理是又香又辣的肉或海鮮，比如珂散卜（kozhambu，腰果醬肉丸）、密估藍卜（meen kulambu，香濃的羅望子醬汁佐魚）、珂支庫魯馬（kozhi kuruma，椰子扁桃仁醬汁佐雞肉）。[10]

卡納塔卡

卡納塔卡邦於一九五六年，原本是邁索爾公國，加上也說卡那達語的幾個相連的小邦。其省會邦加羅爾是印度蓬勃發展的電腦產業重鎮，也是亞洲成長最快速的城市，以西式酒吧、西式餐廳聞名。該省生產稻米、芒果、小麥、小米、椰子、花生、榨油種子、咖啡、茶、腰果、香料，尤其是胡椒與豆蔻。八成五的居民是印度教徒，一成二是穆斯林，只有二％是基督徒。三分之一的人吃素。整體而言，人們消耗的米飯、小麥、小米量均等，尤其是北部地區，飲食類似馬哈拉什特拉。

卡納塔卡的飲食早有文獻記載，最早可追溯上千年，如《利民論》、《廚經》，當代作品則有阿奇亞教授的著作，他的家鄉是卡納塔卡。卡納塔卡特色料理之一是畢席貝樂霸（bisi bele bhat），這是一道精緻的料理，混合了米飯、扁豆、蔬菜、咖哩葉、其他香料，這些香料在十一世紀已有使用紀錄，那道菜是歐嘎拉（ogara）。另一道歷史悠久的料理是曼迪格，這

是大片的帕拉塔，小麥麵糊加上糖與豆蔻粉調味。各個節慶都會出現的必要當地甜點是邁索爾帕克（mysore pak），這是三角形的軟糖，食材是鷹嘴豆粉、酥油、糖。

庫格（Coorg）是產咖啡、香料、柳橙的蓊鬱山區，位於西高止山，該區料理的特色是雞肉與豬肉椰香咖哩、香菇竹筍燉菜、米麵粉製成餅、麵條、米疙瘩。

沿海的芒加墨（Mangalore）著名的料理是椰醬辣魚、辣海鮮。米食有很多種：度沙、山納（以托迪酒或酵母發酵的伊迪立）、寇哩洛提（kori roti，像煎餅一樣薄的餅）、欶迪（米麵粉與椰奶做成的丸子）。

喀拉拉

喀拉拉邦面積不大，位於印度西南角，於一九五六年劃立，合併了許多馬拉也林語地區。[11]這裡自古以來就種植香料，尤其是豆蔻、胡椒，該省也是印度出口香料、腰果、海鮮的重鎮。喀拉拉一片綠油油，有許多椰林、香蕉樹林、稻田、菜園，海岸線長達六五〇公里，加上淡水、鹽水潟湖，帶來了豐富漁產與海產。東部高地則種植了豆蔻、咖啡、茶。

喀拉拉的諸族群皆以米食為主食，通常會燙過，再泡水，乾燥後，再磨成粉。米粉會做成各種糕餅，如維萊阿帕姆（wellayappam），也稱為阿帕姆。人們會先將米糊加入托迪酒發酵，再放進炒鍋煎（當地人稱這種鍋子為中華鍋〔cheen-chetti〕），最後會形成中間軟綿、邊緣酥脆的圓餅。人們愛吃的早點是浦圖（poottu），將米粉、椰子放進竹筒中蒸熟。

所有的人都會吃淡水魚、鹹水魚、海鮮。喀拉拉的精華料理是覓莫厘（meen molee），辣椰漿燉魚，這道菜在東南亞也很受歡迎，有些人認為，喀拉拉與東南亞在歷史上早有往來交流，因此生出了這道料理，並認為「莫厘」來自「馬來」這個詞。

喀拉拉的常見食材除了椰子，還有樹薯。歷史上，樹薯引入喀拉拉不止一次，不過真正變得普遍要等到第二次世界大戰期間，由於稻米短缺，樹薯為替。自此之後，樹薯的用量持續衰退，不過，喀拉拉南部還是可以吃到辣魚配樹薯這道美食。

歐南節（onam）是喀拉拉全省的節慶，印度教徒、穆斯林、基督徒都會慶祝，時間是八月或九月。這個節日慶祝的稻米豐收，並紀念打造古代盛世的君王摩訶巴里（Mahabali）。節慶第三天，家庭或社群會吃一頓素食

托迪酒

人們愛喝托迪酒，南印尤其如此，托迪酒（來自印度語「tari」）是以扇椰子、椰棗或椰子的樹液發酵釀造的酒。人們用一種鑽木工具採集樹液，裝在罐中，剛採收好的樹液是甜的，不含酒精。不過一旦加入天然酵母，馬上就會產生發酵作用，兩小時內就可以變成酒精含量四％的飲品，發酵時間越長，酒精成分越高，味道也越酸，最後會變成醋。人們會在酒中加入香料增添風味。喀拉拉、卡納塔卡地區，托迪酒店鋪也會販售食物。不過，釀造、販售托迪酒並非沒有爭議，省政府在不同時期也曾禁過托迪酒。今天，托迪酒被用來當作發酵催化劑，在喀拉拉用來製作阿帕姆，在果亞用來製作山納（sanna），兩種都是椰奶米蒸糕。若將托迪酒持續沸煮，則可以製造出不同的石蜜。

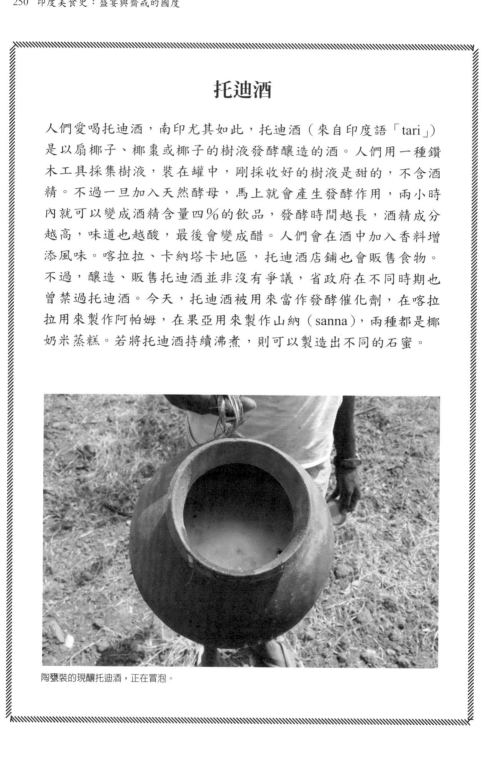

陶甕裝的現釀托迪酒，正在冒泡。

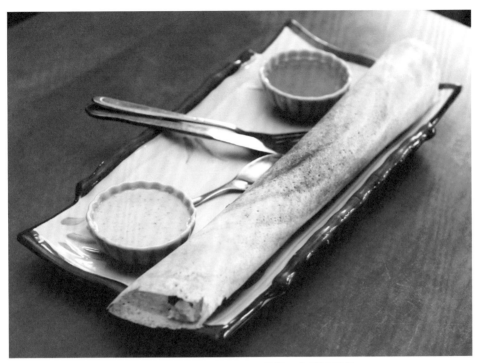

南印餐廳必備食物，綜合香料度沙，以發酵米、扁豆粉做成的大片煎餅，包香料馬鈴薯。

餐，盛裝在香蕉葉上。

　　喀拉拉不同於印度其他地區，從未直接受到英國殖民管轄。喀拉拉的識字率也是全印度最高，生育率則是最低。僅有六％的人口茹素。雖然五七％人口（稱為馬拉也林人）是印度教徒，穆斯林族群也頗為可觀（二三％），基督徒則有一九％。穆斯林被稱為莫普拉或麥皮拉（Moplah、Mappila，來自意思是「新郎」的詞），當地穆斯林的祖先是娶了當地女子為妻的阿拉伯商人。莫普拉料理呈現了西亞的文化影響，尤其是葉門，經典料理是哈里（haree，阿拉伯語「harissa」，這是澎湃的小麥肉粥）、伊拉奇帕提利（erachi pathiri，羊絞肉全麥派包全蛋）、馬拉巴比延（Malabar biryani，使用當地香料）。雖然當地生產肉桂、丁香、肉豆蔻，不過料理上卻用得不多，甚至連黑胡椒都不太用。傳統上，香料僅會用在阿育吠陀藥方之中，喀拉拉也以阿育吠陀聞名。[12]

　　喀拉拉的基督徒包含敘利亞基督徒（這群人最早可追溯到聖多馬）、羅馬天主教徒與其他教派，這些人大多腥葷不計。[13]人們普遍吃海鮮、雞

伊迪立在外太空

拉達奇斯楠教授（Dr K. Radhakrishnan）是在印度太空研究組織任職的科學家，他開發出可以讓太空人吃的伊迪立、桑巴、椰子酸甜醬，好讓印度太空人上外太空之後能吃，也就是二〇一六年印度首度載人的太空發射任務。伊迪立先以紅外線加熱至攝氏七〇〇度，再經由微波去除水分，直到每個伊迪立的重量剩下十二公克。泡在熱水時，它們會膨脹至二十五公克。每個包裝都含有十顆小伊迪立，等同於三顆一般大小。桑巴、椰子酸甜醬則利用紅外線做乾燥處理。

此外，拉達奇斯楠教授還花了一年半來開發太空用的印式點心拉絲古拉（rasgulla），這些小丸子經過冷凍乾燥處理，真空包裝，而糖漿做成乾粉狀，可溶於水。「拉絲古拉很適合外太空，」他這麼說：「它有美麗的質地，並不像其他甜食那麼容易崩塌。」他最大的貢獻是太空優格，製作方式是向優格發射短電脈衝，以抑制壞菌，並保持好菌活躍。該教授的父親與叔叔在邁索爾開烏德比餐廳，可能並不是巧合。

索悉尼‧恰托帕迪雅〈伊迪立太空任務〉，《開放雜誌》九月九日，二〇一二年。

（Sohini Chattopadhyay, 'The Space Idli Mission', *Open Magazine*）

肉、蛋、牛肉，特殊場合會吃豬肉、鴨肉（如今鴨肉較為少見了），比如婚禮、聖誕節。許多喀拉拉天主教徒會在聖誕節前節食二十五日，不吃肉，甚至不吃蛋。科欽與其他城市一度有少數但極為活躍的猶太社群，不過他們移民以色列之後，近乎完全消失。

安德拉普拉德什

　　安德拉普拉德什是印度第一大邦，於一九五六年劃定，整併南印所有的泰盧固語區，以及海德拉巴公國。[14] 九成的人口是印度教徒，八％是穆斯林，多居住於省會海德拉巴。該地區也有為數可觀的表列種姓（詳見二六三頁）。安德拉普拉德什是主要的稻米、大麥、小米、扁豆、香蕉、辣椒、薑黃、黑胡椒產地。雖然婆羅門遵循嚴格素食，其他印度教種姓會吃魚、肉，尤其是沿海居民。本地區只有一成六的人口茹素。

　　安德拉料理的必備食材有三：羅望子、紅辣椒、洛神葉（gongura）。窮人普通的一餐會是洛神葉配米飯，或米飯拌上用辣椒、蒜頭、鹽、萊姆汁做成的酸甜醬。羅望子賦予食物酸味，可加入蔬菜料理或米飯料理，也可加上糖、鹽，調成飲料。羅望子的花、葉都可以入菜燉煮，種子可磨成粉，果實可以拌石蜜，當作甜點吃。（安德拉普拉德什某些地方的民眾用番茄來取代羅望子，結果全村的人都得了氟骨症，這種病會使人體骨骼永久受損變形。當地的水源證實含氟量非常高，而羅望子則減緩了含氟量超標水源所帶來的健康問題。）

　　安德拉料理之辣，居全印之冠。根據傳說，當地曾有饑荒，只有辣椒能生長，從此變成當地的主要食材之一。最辣的辣椒，在泰盧固語中意思是「燃燒的棒子」（koraivikaram）。當地有種乾式酸甜醬的作法是將這種辣椒打碎成粉，再加入羅望子糖漿與鹽。本地最有名的料理是青芒果酸甜醬，叫做阿維凱（avikkai），辣到曾讓遊客送醫急救。

　　海德拉巴市有名的高檔料理源於尼欽宮廷料理（詳見第九章）。海德拉巴比延稱為喀奇比延（kacchi biryani），食材是優格醃山羊肉、洋蔥、香料，搭配米、牛奶、洋蔥酥、番紅花、豆蔻等層層堆疊，蓋上鍋蓋密封燉煮，直到湯汁收乾。這道菜通常會搭配埔蘭尼（boorani，番茄或蔬菜配優格），或者沙蘭基梅其（salan ki mirch，研磨花生、椰子、羅望子、芝麻、香料做的醬汁煮青辣椒或青椒）。當地特產是腩哈里，這是辣燉肉，通常以羊或牛舌煮成，慢燉隔夜，常作早餐吃。另一道經典料理是哈林姆，這是小麥扁豆山羊肉泥粥，慢火熬煮，吃的時候撒上一點洋蔥酥。可能原本是阿拉伯食物哈里斯亞的一種變形版本，十九世紀時由尼欽皇宮的阿拉伯守衛（大多是葉門人）傳入本地。二○一○年，海德拉巴的哈林姆獲得地理標示地位（Geographical Indication Status，簡稱 GIS，印度的食品產地認證系統），這是非素食的印度食品首次被欽點入列。唯有符合條件，才標

烹製腩哈里，這是種深色燉肉，慢火燉隔夜，南亞穆斯林常當早餐吃，尤其是齋戒月。

榜是正宗海德拉巴的哈林姆：必須採用山羊肉，肉與小麥的比例必須是十：四，酥油則須經過實驗室認證是純酥油，必須以銅鍋、柴火慢燉十二小時。

孟加拉

　　西孟加拉邦人口稠密，位於孟加拉灣旁，緊鄰尼泊爾、不丹、孟加拉人民共和國。歷史上，該地區曾是蒙兀兒帝國的孟加拉省，許多孟加拉人因此轉信伊斯蘭教，尤其是該區東部的人民。後來，不同部分的孟加拉分裂，受納瓦統治，其中最重要的是莫夕達巴的納瓦。[15] 英國人在十七世紀後半葉打造出加爾各答，該城也一直是英屬印度的首都，直到一九一一年為止。加爾各答是印度最英式的城市，英國文化的影響滲透人民生活的各層面。穆斯林眾多的孟加拉東部，則在一九四七年成為巴基斯坦國的一部分，被劃分為東巴西斯坦省，不過在一九七一年，東巴基斯坦的人民反抗，組成了獨立的國家，也就是孟加拉人民共和國。

雲鰳是十分有代表性的孟加拉料理，這種魚的小刺非常多。照片中的雲鰳煮法已經先剔除了魚刺。

　　從語言、文化、飲食看來，西孟加拉邦與孟加拉國有許多共同之處。西孟加拉有七成五的印度教徒、二成三的穆斯林，以及少數基督教徒以及一些遵循部落信仰的人民。而孟加拉有八成五的穆斯林、一成五的印度教徒，其他則是佛教徒或民俗信仰的信眾。只有極少的印度教孟加手山廿人遵守嚴格素食，而就連婆羅門都愛吃魚（有時魚被戲稱為「海中蔬菜」）。

　　此地區土壤肥沃，降雨充足，每隔一段時間會鬧水災。主要作物為稻米，人們除了吃水煮米飯，也會將米粒放進熱砂裡烘烤，做成爆米香「目里」，再以此做成不同的小吃。這裡種植的作物還有小麥、鷹嘴豆、馬鈴薯、榨油種子、各種瓜與葫蘆類、茶樹。西孟加拉與孟加拉國都出口魚與海鮮。標準的孟加拉風味綜合香料是「五香粉」（panchphoron）：葫蘆巴、黑種草、孜然、黑芥末、茴香籽。芥末籽加水磨成泥後，可以拿來做咖哩，或者磨成油。人們會使用整株植物（莖、葉、花、籽）。當地的特色美食是雷澤拉（rezala），以牛奶、優格、香料、青辣椒小火慢燉的羊肉料理。

　　孟加拉人非常重吃，據說此地人民的食物花費占據可支配收入的比例，比起印度其他地區的人民都還多。孟加拉的兩大特色食物是魚料理與甜食（他們熱衷吃魚的程度之深，窮人會購買魚鱗來加在菜餚中，以增添魚味）。人們愛吃淡水魚，但不吃海魚，只有尖吻鱸（bhekti）除外，這是種肉質嫩如鱈魚的魚。不吃海魚的其中原因之一是，某些深海魚味道很腥，如果沒趁新鮮吃的話，可能會讓人生病。[16]

　　人們愛用的烹飪油是芥末油，認為芥末油的辛味可以帶出魚的鮮味。經典的孟加拉魚料理是「馬哲裘」（maacher jhol），這是種燉魚，先將魚切成大塊（通常是鯉魚）、除去魚刺，加入香料煎香，再加入蔬菜煎一煎。人們最愛的孟加拉魚是雲鰣，類似西腓魚，會逆流上游以產卵，細小的魚刺很多，吃的時候要小心。

　　英屬印度的飲食文化遺產有煎魚片（切碎的蔬菜、肉、蝦或魚，裹上麵糊後油煎）、炸肉片（絞肉裹馬鈴薯泥後油炸）、舒芙蕾、歐姆蛋餅，人們也會喝下午茶，並搭配小黃瓜三明治、蛋糕、鹹點，當然還有英式茶（不加香料）。

　　印度教孟加拉式餐點會按照菜餚味道順序吃，從苦開始，再吃到鹹、酸，最後以甜味食物收尾，通常是甜優格米西兜（mishit doi）。孟加拉人是出名的愛吃甜食，要是他們的收入負擔得起，可以整天吃甜食：餐後甜點、午茶甜點、閒時點心。甜食是孟加拉人待客必備之物，尤其是桑迪許。大部分的甜食都是糖與佳拿凝乳做的。

理啼丘卡（沙突餡麵糊球，搭配香料蔬菜泥），是比哈特色料理。

理啼是比哈地區的餅，將麵糊做成球狀，填入香料沙突餡料（烤鷹嘴豆）。

奧里薩

　　奧里薩邦曾名奧利薩，是印度最貧困的省分之一，部落民人口眾多。
[17] 超過九成的人民信奉印度教，不過僅有六％茹素。該地區的料理跟孟加
拉有許多相似之處。特色料理之一是安普（ambul），芒果乾佐魚。奧里薩
南部料理比較接近南印度，常常使用椰子、羅望子、紅辣椒、咖哩葉。奧
里薩的甜食、鹹食種類繁多，但統稱為披塔，只會在特殊場合吃到，包含
洽喀哩（chakuli），這是種薄煎餅，以米、小麥、扁豆粉製成，另有曼達，
是一種蒸餃。

比哈

　　比哈曾經是印度文明的中心，如今卻是印度最貧窮的省分。許多沒有
農地的農民，為了生計離開家鄉，到加爾各答或其他城市做工或找工。八
成二的人口是印度教徒，一成五則是穆斯林。比哈的食物是簡樸的粗食。
人們常吃沙突，也就是烘鷹嘴豆粉。工人會把沙突綁在布巾上，帶著上
工，吃的時候加鹽與青辣椒。小麥、大麥、玉米、其他穀物，會使用砂來
加熱，埋進砂中日曬即可烹煮。

　　芥末油是傳統的烹飪油。普通的一頓飯會有米飯、扁豆燉菜與蔬菜。
比哈的特色料理是理啼（litti）：小麥、鷹嘴豆或扁豆粉做成的丸子，包入
酥油內餡後油炸。通常與丘卡（chokha）一起吃，這是蔬菜泥淋芥末油、
洋蔥、辣椒。許多比哈的人民在十九世紀時移民到加勒比海地區（尤其是
千里達島、圭亞那），也把家鄉的食物帶到當地去（詳見本書十三章）。

阿薩姆

　　阿薩姆邦的茶，世界聞名，阿薩姆（Assam）這個地名來自傣族的別
稱「阿豪姆」（Ahom），這個支派的傣族人在十三世紀時從雲南西遷至此，
並統治該地直到一八二六年被英國人併吞為止。[18] 一九七○年代間，阿薩
姆依照多數部落民族，再劃出許多小邦：納加蘭邦（Nagaland）、梅加拉亞
邦（Meghalaya）、米佐拉姆邦（Mizoram）、阿魯納查邦（Arunchal
Pradesh）。約莫三分之二的阿薩姆居民是印度教徒，二成八是穆斯林（包
含許多從孟加拉國移民到印度的人），其餘的則是基督徒、信奉民俗宗教

梅加拉亞邦的豬肉酸筍
（Wak Me-A-Mesang Pura）

五〇〇公克發酵酸竹筍

一公斤帶骨肥豬肉

二小匙青辣椒碎

二小匙薑碎

一小匙半的鹽

一撮薑黃粉

七十五公克米麵粉

竹筍洗淨瀝乾。

豬肉切丁，中等大小，放入厚鍋小火慢煎，不加油或水，煎二十五分鐘，適時翻炒，直到豬肉中的水分完全蒸發。

加入竹筍與一杯水（二四〇毫升），再多煮幾分鐘。

加入青辣椒、薑、鹽、薑黃粉，熬煮至收乾。

加入兩杯水（四八〇毫升）拌炒，再煮十五分鐘，直到豬肉柔軟。

加入米麵粉，煮十五分鐘，直到醬汁呈現稠狀。

修改自何依努・豪左（Hoihnu Hauzel）《東北部精要料理食譜書》（*The Essential North-east Cookbook*），新德里，二〇〇三，頁二〇四。

的人。絕大多數的阿薩姆居民並不吃素。

　　阿薩姆地區的料理風格是讓印度料理如此有趣的原因之一，印度唯一會在飲食中呈現古老印度教六味飲食觀的，就是阿薩姆料理，其中還包含鹹味。阿薩姆的特色料理是典佳（tenga），略酸的燉菜，以芥末油煎魚塊，再加上葫蘆巴籽、蔬菜、萊姆汁熬煮。另一道酸味料理是發酵的竹筍。與酸味相對的料理是喀兒（khar），歸類是喀兒料理的食物會帶有澀味或鹹

味。今天料理中的鹹味多來自蘇打粉，不過以往人們會燃燒香蕉樹幹，將灰燼撒在扁豆料理或蔬菜上，來製造鹹味。人們以米飯為主食，芥末油是傳統烹飪油，特別愛吃魚，尤其是鱸魚、雲鰣（如同孟加拉人）。阿薩姆有各式各樣的披塔，這種甜食類的食材是糖與米麵粉，通常跟豐年祭（Bihus）有關。人們也會在披塔中填入椰子餡，再加上芝麻、回芹籽，或是混入波羅蜜糖漿。

東北部其他邦、省分

　　印度東北部的七邦——米佐拉姆邦、納加蘭邦、阿魯納查邦、梅加拉亞邦、崔普拉邦、曼尼普爾邦（Manipur）、錫金邦（Sikkim），有時被稱為七姊妹邦，人口由多元民族、部落組成，有些是好幾世紀前就從東南亞、中國南方移居至此的人，語言屬於藏緬語族。由於西方傳教士在該地區長年耕耘，許多人是基督徒。（納加蘭邦的官方語言是英語，這也是為什麼印度紙鈔上的官方語言會有英語。）大多數居民並不吃素，以米飯為主食，不過該地區偏好糯米，不像印度其他地方的人愛吃長米。

　　納加蘭邦的人愛吃豬肉（也愛吃狗肉——其他地區的人蔑視納加蘭人，說他們吃任何有長腳的東西，只差桌椅不吃而已），調理食物時不太用油，大多水煮、清蒸，或者直火燒烤。竹筍是咖哩或醬菜的必要食材。人們會將米飯、魚包在蕉葉中蒸熟。辛香料有大蒜、蔥、薑、辣椒。（世界上最辣的辣椒生長在此地區，斷魂椒〔bhut jolokia〕，也稱鬼椒。）

　　崔普拉邦、曼尼普爾邦的人民會將小魚曬乾、發酵，用來做香料燉菜、醬汁、醬菜。人們會喝當地釀造的小米酒或米酒。發酵食品十分普遍，此地有各式各樣的發酵食物，從黃豆、竹筍、山藥、咖哩葉，到魚或河蟹，都是發酵食材。

　　納加蘭邦的人民會將黃豆煮過，放在鍋中發酵數天，再以搗缽磨碎，包進香蕉葉中，儲放在火邊，進行二次發酵。（類似的作法在亞洲各地都有，比如日本納豆、韓國清麴醬、泰國北部豆豉餅〔thua nao〕）自古以來，本地就有野生茶樹。人們會採茶葉，發酵後當作蔬菜吃，或者滾煮當作飲料，孔雅克部落（Konyak）至今依然這麼煮茶，他們住在納加蘭高山地區。[19]

　　米佐拉姆邦會在祭典上宰殺大額牛（mithun），並在宴席上共同享用牛肉，這是黃牛與水牛雜交的混種牛。阿魯納查邦的料理跟典型西藏料理相

似，如肉餃子饃饃（momo）、亞克乾酪（yak）、糌粑（tsampa），這種茶會加入青稞麵粉、藏酥油攪拌均勻，喝起來有點像濃稠的湯。

表列種姓

印度將近有九％的人口是屬於表列種姓（Scheduled Tribes），也稱為部落民、阿迪西瓦（adivasis，印度語「原住民」，人們相信這些人的祖先是次大陸原本的居民，被驅趕到山林間生活）。[20] 印度有超過三百五十個部落民族，超過一百種語言，分布在各邦各省，僅旁遮普、哈里亞納除外。大部分的表列種姓住在印度中部、西部，約有八七％，包含七百四十萬的岡族人、五百五十萬的比爾人（Bhil）。二〇〇一年，印度劃分出三個新省分，讓部落民有自己的省：烏塔拉坎德邦（Uttaranchal，又稱北阿坎德邦）、賈坎德邦（Jharkhand）、查提斯加爾邦（Chhattisgarh）。

部落民是印度遭受剝削最嚴重的一群人，不論是收入、受教育機會、醫療照護，皆不如人。他們在山林間生存，狩獵捕魚、採集野生植物、輪耕可用地。隨著林地減少，他們逐漸變成定居農民，但擁有的土地通常非常貧瘠。有時他們會以物易物，以野生豆蔻、樹脂、蜂蜜或其他森林收穫物，來換取油、米、鹽、廚具。他們的蛋白質來源之一是田鼠，通常在收穫祭前就用煙燻誘捕，水煮或燒烤來吃。他們也會把紅螞蟻磨碎做成辣的酸甜醬。

馬德雅普拉德什的岡族人有種酒精飲料叫瑣菲（sulfi），是由瑣菲樹（即棕櫚樹）的樹液製成。剛採收的瑣菲酒精含量不高，但發酵一兩天之後，就會變濃稠，成為比較濃烈的酒。另一種酒是清澈的蒸餾酒，味道很嗆，是用長葉馬府油樹的花釀造的，這種酒的歷史悠久，一度由英國人釀造當成商品販售。現在人們正在研究如何復甦這種酒的商機。

第十二章
印度飲食新潮流，一九四七年至今
獨立後的糧食安全問題

　　世界史上記錄有案最慘的糧食災難，發生於一九四三年。所謂的孟加拉大饑荒，印度東部因為饑饉或相關疾病而死亡人數，估計約在五六百萬人之間。一開始饑荒的原因是糧食生產短缺，不過，日後曾在孩提時代經歷饑荒的諾貝爾經濟學獎得主阿馬蒂亞・庫馬爾・森（Amartya Sen）認為該饑荒是「人禍」導致，由於政府管理失當、過度儲糧，同時人民真實所得下降，尤其是鄉村地區。

　　一九四七年印度獨立之後，糧食安全是新政府最關切的問題。當時七二％的印度人口住在鄉村地區，第一個政府選擇實行有點類似蘇維埃模式的政策，以中央計畫決策為主，發展重工業、由中央配給食物，不過農業維持民營私人產業。由於農業生產跟不上需求量，印度在一九五〇年代在食品方面一直呈現貿易逆差。

　　大概在一九五〇年代起，酪農業出現了「白色革命」，稱為「洪流計畫」（Operation Flood）。鄉村的酪農合作社引介現代科技與管理技術給社中的農民會員，希望能增加牛奶產量、提高鄉村收入、去除中盤商、確保消費者以公平價格購買商品。今天印度是世界最大的牛奶產地（於一九九八年超越美國），酪農超過一千萬，牛奶產量超過兩千萬公升。

　　隨後又發生了「綠色革命」，讓印度從糧食進口國躍升為世界領先的農產品出口國。在一九六六至七七年之間，實行了非常多的農業計畫，擴張與整併農業用地、推廣一期二作、以美國土地撥贈法案的模式開設農業學校、增進化學肥料與殺蟲劑的使用、擴張灌溉系統、研發高產量的品種，尤其是小麥與稻米。到了一九七八年時，每公頃的產量已經增加了百分之三十。

　　印度農業持續成長。在一九六一到二〇〇九年之間，小麥產量從一千一百萬噸，提升到八千萬噸，而每日人均消耗量則成長了七倍，每人每年大約消耗五十八公斤左右的小麥。這段時期的小米、高粱的消耗量跟

一開始相較，最後則下滑了三分之一，不過每人平均消耗的水果、蔬菜、牛奶、香料量，幾乎都加倍了。動物性食品依然只占每人日均飲食消耗量的九％，相較之下美國則是二八％。雞肉平均消耗量在十年間上升了十％，反映出農民轉向整合型農業，也飼養混種雞。雞蛋產量急遽上升，同樣升高的還有酥油的消耗量，從一九九〇年起幾乎成長了三倍。

與此同時，印度的貧窮人口也隨著上升。根據世界銀行統計，二〇一〇年時，印度約有三分之一的人民生活水平在國際貧窮收入基準線之下，也就是每日不到一‧二五美元，而三分之二的人民收入每日不足二美元。

最貧窮的是比哈邦、賈坎德邦、烏塔拉坎德邦、查提斯加爾邦（這些邦都有大量的部落民人口）以及烏塔普拉德什。近年來，有報導指出印度農民因為收穫量不足與債務問題，走向自殺，農民自殺率比全國自殺率高上許多，馬哈拉什特拉、安德拉普拉德什地區尤其嚴重。[1]

在國際糧食研究所的全球飢餓指數中，印度也是幾乎墊底的國家，尤其是五歲以下幼兒體重不足的比例令人擔憂（四三‧五％）。[2] 雖然比起一九九〇年，印度的成績已有改善，但這些數據並沒有隨著經濟發展而進步。人民營養不良，並不是因為糧食生產不足，而是因為食物浪費、倉儲管理不良、配給不當等問題。[3] 從印度政府倉庫中配送出去的存糧，僅有不到一半的穀物運送到人民家中。因此，最貧困的人民，飲食跟千百年前並無二致：北方人吃麵粉和水做成的洽巴提，配上一點點醬菜與蔬菜，稍微有點錢的人吃扁豆燉菜；南方人吃米飯配醬菜與桑巴；西部人吃沙突、乾燥扁豆，配點辣椒。二〇一三年七月，政府通過《國家糧食安全法》，希望能消除飢餓與營養不良的問題。法案擔保貧戶能享有食物補助，每月能以低廉的價格購入五公斤的穀物（售價在每公斤一到三盧比之間，約二到四美分），這些戶口占都市貧窮人口的一半，鄉村人口的七五％，極貧戶還可以有更多配給。

本書成書之時，印度唯一的基因改造作物僅有棉花，約於二〇〇二年開始種植。二〇〇九年印度政府曾試著推廣基因改良茄子，稱為「Bt Brinjal」，含抗蟲害基因，但人們擔憂這樣的食品有害於人體與動物，政府只得宣布無限延期種植計畫。最高法院指派的專家小組建議，所有的基因改良作物試驗都暫緩十年。二〇一三年五月，印度生物多樣性國家管理局（National Biodiversity Authority of India，簡稱 NBA）控告生技公司孟山都，要求該公司為「Bt Brinjal」基改茄子負責，因為該公司在使用當地茄子品種作為研發基礎之前，「並未取得合法主管機關同意」，也未經過成千上萬

的農民認可，他們世世代代都是耕種當地品種。

二〇〇九年，印度通過法案，認定所有的醫藥草藥（包含瑜伽姿勢）都屬於國家文化遺產，因此是「公有財」，禁止任何人依此申請專利。反對基改食品最有力的人，是生態學家范達納・席娃（Vandana Shiva），她於一九八七年成立組織「九種子」（Navdanya），專門「保存我們耕種作物的生態多樣性，增進有機、非暴力手段的農業，重新評估原生食物與食品文化，同時讓人們保有生計」。[4]

中產階級興起與解放

一九九一年，印度政府面臨國際收支平衡危機，決意走向開放，讓國家經濟面向全球化，政府開放國際貿易與投資，放寬管制，並將部分國營產業私有化，著手控制國內通貨膨脹問題。外匯湧入印度，出口、製造業成長，通貨膨脹率下降，股市攀升，到了二〇〇七年，印度的國內生產毛額成長率是九％，媒體熱烈討論印度經濟奇蹟。（此後的經濟成長率趨緩。）

此後，印度都市化程度不斷增加（一九六一年，印度的都市人口僅一八％，到了二〇一一年已上升至三二％），也促使「中產階級」興起，媒體、智庫皆針對此現象有諸多討論。[5] 中產階級的定義難以一言而定。依印度政府的定義，有兩種：「尋求者」每人每日收入為八至二十美元，「奮鬥者」的每人每日收入為二〇至四〇美元。依照該定義，二〇〇九到二〇一〇年間，印度中產階級幾乎占總人口的一三％，也就是一億五千三百萬人。其他的估計數據較低，認為大概有七千五百萬人，其中六成住在都會地區。有些學者的定義更寬鬆：只要對於自家孩子未來能進身更好的社會經濟處境，抱持樂觀態度，或者是擁有合理保障的穩定收入，都可以算是中產階級。這類的中產階級包含了年輕的印度消費族群，他們在客服中心、資訊公司、國際銀行、顧問公司上班，所得到的收入遠遠超過父母的想像。不論定義或數據如何，中產階級絕對存在，而他們的財富也改變了印度飲食習慣。

改變之一是肉類消耗量增加，尤其是雞肉。如同我們之前提過的，印度只有少數人是嚴格素食派。有份二〇〇六年的調查雖然數據不足，但指出只有二一％的戶口是吃全素的。[6] 三四％的印度女性茹素，相較之下僅有二八％男性茹素，而三七％的素食人口超過五十五歲，對照之下二十五歲以下素食人口比例僅二九％。比較令人驚訝的是，約有三％的印度穆斯

林認為自己是素食者，還有八％基督徒，這顯示出素食文化在印度社會扎根甚深。

各家庭可能會同時有葷食與素食者，雖然這些家庭之中，葷食者通常會在外出時才吃肉。人類學家卡爾（R. S. Khare）研究北方邦特定婆羅門家庭的飲食習慣，他觀察到，較年長的嚴格派教徒，最初都只跟相同種姓的成員一同用餐，經過某個時間點之後，也可能開始吃外面的食物，旅行的時候，如果不是在餐廳吃飯，就會去「毗濕奴廚房」（vaishnav bhojanalaya，印度北部的一種餐館，提供符合嚴格教義派的素食）。[7]他們接下來可能會去咖啡館或甜食鋪吃東西，這些地方也是素食，不過無法得知廚師的種姓甚至宗教。

人們似乎普遍採取「不問不說」原則來處理這種狀況。在餐廳外食會是揮別嚴格派規矩的最好階段。卡爾寫道：「現代餐廳完全悖離嚴格派飲食規範，以及不同伽提共食的規矩，這些傳統是人們從小大到就被耳提面命、不斷灌輸的概念。這很明顯違反原則。」[8]

外出用餐

直到現代，印度才有提供大眾用餐的餐廳文化，歷史上並沒有這樣的傳統（這話的意思是，以前並沒有什麼地方能讓食客待著，從多樣的菜單上選擇餐食，享受相對舒適或奢侈的環境）。[9]主流社會的社交模式、複雜的飲食限制、諸多教條規範，都不鼓勵人們外出用餐。對許多家庭而言，唯一的例外是慶典、婚宴、種姓宴席與寺廟食物。

不過，從古時候印度就有酒館、公共旅社，販售熟食、點心或甜食給旅人學生的店鋪，也給偶爾不想煮飯的家庭主婦採買食物（她們當然存在）。這些傳統商家不斷延續至今，形成印度豐富精彩的街頭小吃文化。在路邊小吃攤工作的人口估計有一千萬，光是德里就有三十萬攤販、加爾各答則有十三萬。路邊小吃通常是素食，食物一般會做成適合在現場馬上食用的狀態，因為炎熱氣候之下，食物不宜長時間久放不吃。印度各地區、各城市都有各自特色小吃，比如孟買的別普里（bhelpuri）、加爾各答的喀狄串烤（kathi）、北印度的恰（chaat）。隨著交通運輸發達、通訊交流進步，人們遷移到其他地區找工作，許多地方小吃也跟著變得隨處可見。[10]

食品安全是個問題，因為許多攤販並沒有乾淨的水源或垃圾處理設

加爾各答路邊，享用晨間點心的人們。

備，而且也常常以不乾淨的手來處理、烹煮食物。二〇〇七年，德里市政
府企圖禁止街頭攤販料理食物，該政策受到印度高等法院的支持，但是法
令難以落地，所以至今依然沒有實施。如今街頭小吃開始離開街邊，類似
的做法在馬來西亞、新加坡早已出現，政府設立附設符合衛生的小吃美食
區。連鎖餐廳也提供衛生的傳統料理，如孟買的「Jumbo King」，或許多城
市都有店面的串燒大工廠（Great Kabab Factory），現代都會的大型購物中
心也會附設小吃美食區。

新德里路邊的現代「帶吧」。

　　傳統食物小吃攤還衍生出另一種商家，「帶吧」（dhaba）是種設於主要道路旁的小攤子，店面通常會有大銅鍋，提供五六種不同的料理。不少帶吧也提供杯裝的濃奶茶「九十英里茶」（nabbe mil chai），意思是這茶濃到可以讓卡車司機開上九十英里也不會累。早期的顧客群確實是卡車司機，不過現在帶吧已經成為印度新興都會地區的新潮詞彙，許多店面也投資裝修，蓋牆壁、冷氣、桌椅，還有紙本菜單。

　　到印度南方旅行或旅居的人，可以到軍事旅社吃飯，這裡提供肉類、蛋類料理，此外也可以去烏德比飯店（詳見第五章），這種餐廳僅提供素食料理。[11] 有趣的是，紐約市倒是有不少符合猶太教規的南印餐廳。

　　西式餐廳大約在十九世紀晚期進入印度，比英國晚不了多久。約在一八九〇年，義大利甜點商費德利克・沛力提（Federico Peliti）在加爾各答開設了一間同名餐廳，他的店成為城中商務人士最愛的午餐去處。第一次世界大戰之後，瑞士人安傑洛・法樸（Angelo Firpo）在加爾各答的大街丘林西路（Chowringhee）上開了「法樸的店」。這些新式餐廳的菜單大多是西式餐點，加上略帶印度風味的料理，比如印度咖哩肉湯、印度咖哩

孟買的便當快遞服務

孟買有獨特的便當盒快遞服務（dabbawallas），服務員通常騎著單車，替人到府領取剛做好的新鮮便當，遞送到這些辦公室職員的工作地點，晚一點再取回便當盒還回各府。這些便當盒一開始會送到地方火車站，用顏色標記，再送到孟買的其他車站，重新理貨、遞送到目的地。每天約有四千五到五千名便當快遞員，可以送出十七萬五千到二十萬個便當盒，費用低廉，且非常準時可靠。今天人們有時會用簡訊來預約服務。

完成編號的便當盒，準備好可以遞送了

孟買的便當盒遞送服務，到府領取新鮮便當後，在午飯前送到辦公室職員的工作地點。

加爾各答知名餐廳夢坎伯的基輔雞料理，該餐廳自一九五〇
年代起持續提供歐陸料理至今。

等。帕克街上有間知名的點心烘焙坊叫芙路梨的店（Flury's），從一九二七
年開幕到現在依然生意興隆。同類型的店在孟買也有，莫吉尼斯
（Monginis）是由義大利餐飲業者經營的；路旁小館（Wayside）自稱是「令
人愉悅的英式旅社，氣氛安靜，不受打擾」。果登公司（Gourdon
&Company）則提供歐陸料理。[12] 這些新店家的客戶群是歐洲人或受英式
文化影響的印度菁英社群。

　　加爾各答曾經有超過八萬客家漢人，也有繽紛的中式餐廳文化，今天
該城市在譚格拉（Tengra）依然有中國城與中式飲食餐館。近年來，混合
印式與中式風格的料理，已成為印度最受歡迎的餐飲風格，這種餐廳料理
的特色是紅辣醬、雞蓉玉米湯、蒙古雞肉、蒙古羊肉或帕尼爾，還有辣椒
雞。

　　提供高檔印度料理，適合闔家前往的印式餐廳，進軍印度餐飲市場的
時間相對晚。該類型餐廳的始祖是莫提馬哈餐廳（Moti Mahal），一九四七
年在新德里紅堡附近開幕，創辦者為昆丹・拉・谷吉臘（Kundan Lal
Gujral），他就是一手催生坦都爐風格料理的人，如今世界各地的印度餐廳

加爾各答的中國城遠近馳名，當地某餐廳。

發明坦都爐烤雞的人

今天，坦都爐烤雞、印度奶油雞、坦都爐洛提餅，是世界各地的印式餐廳都會提供的主打餐點，不過在二十世紀中葉以前，這些料理根本不為人所知，甚至南亞次大陸上的居民也沒聽過。這些料理的創造者是印度最有創新精神、最願意跟隨時代脈動的餐飲業者昆丹・拉・谷吉臘，他創立了印度最有名的餐廳，位於新德里的莫提馬哈餐廳。

昆丹・拉出生於英屬印度西北前線省的白沙瓦，來自旁遮普印度教徒與阿富汗裔西北印度人的家族。他小時候曾在白沙瓦的小型外燴店工作，這間店最後會成為莫提馬哈（意思是珍珠宮殿），當時店裡提供饢餅與坦都爐串燒烤肉，這是種地下陶製烤爐。

一九四七年印巴分治後，昆丹・拉與家人最後在印度首都德里安頓下來，他在路邊開了一間小咖啡鋪，距離紅堡不遠，就在達雅岡吉區（Daryaganj），店名叫做莫提馬哈。他找了一位坦都爐師傅（也是難民），嘗試了數種坦都爐設計，最後選擇了樣式適合用於廚房餐廳，變成了地面上的烤爐。

家鄉食物平淡無奇，為了讓印度人更能接受他的食物，昆丹・拉嘗試各種香料組合，終於定下了配方，到今天還是餐廳所使用的香料配方之一。據說這個祕密配方包含研磨的芫荽籽、黑胡椒、溫和紅胡椒，讓他的坦都爐烤雞能呈現招牌的紅色，雞肉塊，甚至全雞都會經過配方香料與優格醃製，最後送進坦都爐烘烤。為了迎合喜歡濃郁醬料的客人（也有人說是為了利用沒賣出去的坦都爐烤雞），他又創造了奶油雞：將烤雞放進番茄、鮮奶油與奶油醬汁中燉煮。莫提馬哈另一道名菜是黛曼坎尼，整夜慢燉黑扁豆，搭配番茄、奶油、新鮮鮮奶油。昆丹・拉也在店裡提供家鄉的各種麵餅，其中之一是又長又厚的饢餅，以及白沙瓦饢餅，內陷是堅果、葡萄乾。

從偉大餐飲業者的傳統發跡路線來看，昆丹・拉是個道地稱頭的表演家，從他頭上的羊毛土耳其帽、翹起的八字鬍、彬彬有禮的言行舉止就可知一二。他的餐廳成為許多政客的愛店，其中包含印度首位總理賈爾哈拉爾・尼赫魯，還有他女兒英迪拉・甘地，後者擔任總理時，多次光顧餐廳，享有尊榮貴賓的待遇。有位印度官員曾對來訪伊朗國王說，到了德里沒去吃莫提馬哈，就像去了阿格拉沒去看泰姬瑪哈陵一樣。這間餐廳曾為不少重要場合預備宴會飲食，包含招待美國第一夫人賈桂琳・甘迺迪的國宴，以及尼赫魯孫子桑賈伊・甘地（Sanjay Gandhi）的婚宴。

昆丹・拉在德里、摩蘇里（Moosoorie）都有開設分店，不過他本人持續在本店經營，直到逝世。他的孫子莫尼許攻讀餐飲管理，創立坦都爐小徑公司，如今在印度擁有超過九十間加盟店。今天莫提馬哈的模仿者無數，印度、海外都有，而對印度飲食史而言最諷刺的是，坦都爐烤雞如今被世人認為是必吃的印度料理。[13]

坦都爐烤雞是由昆丹・拉一手創造出來的料理，他是一九四〇年代末從白沙瓦逃到印度的難民。

小米：受人輕賤到營養穀食

小米（俗稱黃米，此分類也包含高粱，以及湖南稷子、穇子、細柄黍、黍、穄仔、稗等雜糧）是世界上最古老的作物，在古時曾是中國、南印的主食。雖然印度依舊是世界上最大的小米生產國，今天小米的主要用途卻是牲畜飼料。自一九六〇年代起，過往耕種小米的土地，約有四四％已不復見。小米不再那麼受人歡迎的原因之一是口感不如小麥柔軟，需要更長的烹煮時間，而且需要趁新鮮烹煮、食用。而且，傳統上小米是窮人、下層階級的食物，而米飯、小麥則讓人聯想到較高的社會地位。

不過，近年來小米正在恢復過往地位。印度小米聯絡網是由機構、農民、營養學家、食品運動倡議者組成的聯盟，該組織正在推廣小米食品復興，引用研究佐證小米對環境有益、營養豐富。比如，與稻米相比，小米中的纖維、蛋白質、礦物質、鈣質的含量更高。

世界心臟日時，國際半乾旱熱帶作物研究中心呼籲印度盡快恢復以高粱（及小米）為主的農業，藉此對抗日益嚴重的生活文明病。由於小米有益健康，成為印度與海外都會美食家追隨的潮流，可能人們也能藉此展現「道地感」的食物。

資訊來自印度小米聯絡網，德干發展社，《小米：糧食與農業的未來》：www.swaraj.org/shikshantar/millets.pdf（資料取自二〇一四年五月）

都以這種風格的料理為賣點。

　　許多在一九四七年因為印巴分治而逃難至新德里的難民是旁遮普人，他們經營不需要大筆資金的小本生意，比如賣小吃的攤子，有些攤販擴張後變成小型社區食堂，最後成為更體面的店家。科瓦力提（Kwality's）、蓋洛（Gaylord's）就是有名的例子。蓋洛一開始賣的是西式與中式料理，後來將印式料理也納入菜單之中。他們菜單上的主打料理是略帶南印風格的旁遮普料理，以及所謂的蒙兀兒風料理。一九六〇年代間由印度政府設立的餐飲學校都會教授這種料理風格的技巧。當學生畢業踏入餐飲業，並晉升至五星飯店工作，他們也將這些料理引入了星級飯店，所以在七〇、八〇年代間，這些料理成為新興都市階級在社交活動時會接觸到的精緻餐飲。

　　另一家地標級餐廳位於舊德里，卡黎穆（Karim's）於一九一三年開張，創始人是哈吉・卡黎穆丁（Haji Karimuddin），他的祖先是蒙兀兒皇帝的御廚，今天經營餐廳的是他的曾孫輩，餐廳也有許多分店。創辦人的目標就寫在菜單上：「讓平民能享用皇家料理」，菜單上推出的是北印穆斯林菜，比如比延、串烤、哈林姆、腩哈里、羊腦咖哩。

　　近二十年來，西式餐廳越來越多，不只是大城市，小城鎮也出現了異國料理，泰式料理、義大利料理因為有許多素食餐點，特別受到歡迎。美式速食，如肯德基（一九九五年進入印度）、麥當勞、達樂美（兩者都在一九九六年進入印度）、Ben & Jerry's 冰淇淋（二〇一三年），這些連鎖速食餐廳依照當地口味與習慣改良產品，再推出新品。菜單上不賣牛肉堡，改賣雞肉霸王堡、麥克蔬菜堡、蔬食繽紛樂。印度本土公司也依樣畫葫蘆，提供印式素食、外帶餐，二十一世紀初時聞所未聞的食物，如今大受歡迎。

　　直到近幾年，以往少有餐廳會提供南印風格之外的地區料理。五星級連鎖飯店引領市場，持續復興與推廣地區料理，如 ITC 飯店、泰姬飯店。一九七七年 ITC 聘用來自勒克瑙的大廚，伊提馬茲・侉瑞希（Imtiaz Qureshi），以提升飯店水準。他開設了布哈拉餐廳（Bukhara），專門提供坦都爐風格、西北前線省料理，以及杜姆撲特餐廳（Dum Pukht），主打傳統勒克瑙美食，兩家餐廳都在新德里的孔雀喜來登飯店。泰姬飯店的餐廳則主推拉賈斯坦、海德哈巴、各種南印地區料理，且主辦美食節。今天印度的大城市中，可以找到專門提供比哈、切蒂納、喀什米爾、古吉拉特與其他地區風格的餐廳，只不過店家規模不如上述集團飯店。

　　最成功的印式連鎖餐廳之一是「喔！加爾各答」（Oh! Calcutta），提供

舊德里一家販售庫恰的店，這是旁遮普特色料理。

經典孟加拉美食，在各大城市都有分店，創辦人是安貞・查特基（Anjan Chatterjee），他畢業於孟買餐旅管理學校，經營美食餐廳集團（Speciality Restaurants），旗下餐廳也包含北印料理與中式料理。另一家連鎖餐廳「天生旁遮普」（Punjabi by Nature）則提供高檔旁遮普美食。潮流文化街區則混雜各種美食，從印度區域料理到歐式餐廳都有，比如新德里的豪茲喀斯村（Hauz Khas Village）就有數十間餐廳。邦加羅爾（Bangaluru）是印度高科技、客服產業的重鎮，則有精彩的夜生活、豐富的餐廳文化。許多餐館會有豐富的紅酒單，提供雞尾酒、仿雞尾酒。顧客則可以在網站上給予評價，如美食搜尋引擎「zomato.com」。

出門喝一杯

　　印度文化對於飲酒的看法向來曖昧難明，雖然古代經書裡不贊同飲酒，我們卻可以找到資料證明古人熱愛酒精飲料，阿育吠陀醫師甚至會把酒列為處方來治療特定疾病。聖雄甘地反對飲酒，他認為酒精殘害窮人，而印度憲法受到甘地的思想影響，在一九七七年頒布禁酒令，雖然法令只維持兩年，但是在許多邦省中，製酒、飲酒還是違法的，這些邦包含米佐拉姆邦、曼尼普爾邦、古吉拉特邦。印度也有一些「忌酒」的節日，比如甘地的生日。

　　窮人會用任何可以取得的食材釀酒：米、棕櫚樹漿、當地蔬果。對中產階級而言，一般會喝的酒向來是威士忌，當初由英國人引進，今天印度是最大的威士忌進口國（受傳統束縛的中產階級女性，會喝果汁）。不過，近年來，葡萄酒逐漸躍上檯面，有一小群新興都會男女深愛此道。二〇〇四到二〇二〇年之間的葡萄酒消耗量幾乎有三倍成長，不過現在成長已經趨緩。進口葡萄酒的稅很高，所以目前市面上約四分之三的葡萄酒是國產酒。[14]葡萄酒的客群是中上階級，他們較常接觸外國食品，可支配所得也較高。女性是該市場成長最快速的客戶群。有人認為這是因為葡萄酒以葡萄釀造，跟果汁比較接近。葡萄酒也被認為是種上流的酒，顯出品飲者的社會地位不低。

　　大城市會有葡萄酒俱樂部，教人品酒、成為鑑賞家，甚至有專門的紅酒雜誌《侍酒師》（Sommelier）。

　　老派破舊的「英式紅酒鋪」還未全面被取代，不過多了講求高雅風格的店鋪，開設在大型購物商場。高檔餐廳提供豐富的酒單，二〇一二年

底，印度第一家紅酒小食店「Vinoteca」開設在孟買，提供西班牙風格的下酒菜，老闆拉賈夫‧沙曼（Rajeev Samant）是史丹佛大學校友，他從加州矽谷辭職，回印度經營素拉酒莊（Sula Winery），推出印度最受歡迎的紅酒。素拉、葛羅佛（Grover）、因達格城堡（Chateau Indage）三個酒莊就占了九成的市占率。幾乎所有的國產葡萄酒都是在馬哈拉什特拉製造，尤其是納西克地區（Nasik）因為海拔高，氣溫較低，適合種植葡萄。葡萄酒市場擴張的主要障礙是價格，進口葡萄酒會課一五〇％的進口稅，而且各省還可以再額外課稅。

印度飲食文化發展也受到媒體推波助瀾。報紙總會設置食譜專欄，許多報紙還有生活版，刊登餐廳評論、討論最新飲食潮流的文章。身為記者的帕西人伯蘭‧坎崔特（Behram Contractor，一九三〇－二〇〇一年）開啟評論的先河，他的筆名是忙嗡嗡（Busybee），專欄「忙嗡嗡的外食指南」一寫就是幾十年，在不同的報刊上連載，讀者眾多。[15] 二〇〇一年時，他與太太法姍（Farzan）創辦雜誌《上層酥皮》（Upper Crust），專門報導「美食、美酒、好生活」，雜誌刊載印度境內與海外的餐廳報導、食譜、旅遊文章，且贊助酒食節慶活動。[16]

一九八八年，阿君‧阿帕度萊寫下〈如何烹煮一道國民料理：當代印度食譜書刊〉一文，時至今日市面上又出現了更多食譜書。印度人藉由食譜書，對區域料理越來越熟悉，該功能如今卻有很大一部分被私營電視台的烹飪節目取而代之，而人們又能在網路世界裡找到美食部落格、影片，了解一道菜的烹煮過程。

主廚逐漸變成受人尊敬的職業，顯示印度社會的另一重大轉變。以往，除了少數例外，人們會認為主廚只不過比廚子、僕役好一點，中產階級的家長若聽到孩子長大想當主廚，可是會嚇得半死（這樣的情境曾出現在二〇〇一年的電影《季風婚宴》〔Monsoon Wedding〕）。今天的主廚是名人、創業家，發表自己的部落格、電視節目、旅遊行腳節目。桑基夫‧卡蒲兒（Sanjeev Kapoor）的電視節目《佳餚寶藏》（Khana Khazana）播出的國家超過一百二十個，觀眾超過五億。他後來開展自己的美食節目頻道、販售自家食品。從英美引進的電視節目《廚神當道》，改成印度版後，不少業餘與專業餐飲人士，積極競爭大廚寶座。電影《低糖愛情》（Cheeni Kum，二〇〇七）的劇情，就是社會氛圍轉變的最佳明證，巨星阿米塔布‧巴強（Amitabh Bachchan）飾演一位旅居倫敦的主廚，最終贏得佳人芳心。

健康與飲食

　　經濟開放之後帶來的另一個改變是超市興起，販售新鮮蔬果、魚、肉、進口西方商品（比如墨西哥玉米脆片、法式乳酪、義大利橄欖油），還有包裝食品、即食食品。中產階級家庭不再像過去一樣聘請幫傭，隨著更多女性踏入職場，便利食品也成為生活必需品。目前僅有二％的蔬果會經過加工，成為即食食品，不過這個比例不斷在增加。

　　飲食與健康的關係向來是印度飲食文化的關切核心。社會上一部分的人們生活變得富裕，速食又容易取得，人們消耗的白米、糖、脂肪越來越多，動得卻越來越少，導致所謂的社會文明病叢生：高血壓、心血管疾病、肥胖、第二型糖尿病。[17]印度糖尿病的人口估計在三千萬到六千五百萬之間，而高達七千七百萬人被列為有糖尿病前期徵兆。第二型糖尿病逐漸成為常見的鄉村、都市疾病，甚至連兒童也受其害。世界衛生組織預測，二〇一五年，印度花費在糖尿病與其他非傳染性疾病的金額可高達兩億三千六百萬。

　　這樣的現象，促使人們開始關注健康飲食。明星廚師、食譜書作家開始提倡低脂、低醣飲食──這並不容易，因為傳統印度飲食以澱粉為主，又愛吃甜食，油炸食物也很常見。近年來有一波復興傳統穀物的聲浪，比如小米，還有阿育吠陀、悉達療法。[18]同時，「有機」、「在地食材」成為都會美食家的口頭禪，政府也發起各種計畫來推廣有機作物、水果、蔬菜。

　　不只印度，世界各地的研究人員都正在研究傳統印度藥方中促進健康的成分。二〇一三年一月，查詢美國國家衛生院底下的公共醫療資料庫，能發現二一四三篇文章、研究報告、臨床實驗，都是關於阿育吠陀藥方在治療不同疾病的研究，比如糖尿病、癌症、肺結核，甚至憂鬱症。

新德里一處販賣水果與蔬菜的夜間市場。

第十三章
食物與散居各地的印度人

千百年來，印度人以多種身分與緣由到世界各地旅行，貿易經商、佛教僧侶、印度教祭司、勞工，近年來還有移民。我們可以從封泥印鑑得知印度河流域古文明的商人曾到達美索不達米亞的城市；上古時期與中古世紀時，印度商人前往中東、東非、北非、東南亞，海路可以抵達中東、斯里蘭卡、印尼，也有人循著絲路，走陸路到達伊朗、阿富汗、中亞，一路深入中國地區。

十七世紀之後，少數的印度人零散地進入南非、英國、北美，成為奴隸或幫傭。[1] 不過，大量從南亞次大陸外移的移民潮要等到一八三〇年代，有了契約奴工制（indentured labour system）之後才會發生。十九世紀末，印度農工在加拿大西岸與美利堅合眾國定居。不過，二十世紀初嚴格的移民政策限制了亞洲移民進入北美洲、英國澳洲的人數，成功移民的寥寥無幾，直到一九六〇、七〇年代，政策才鬆綁。

今天世界上印度裔、巴基斯坦裔、孟加拉裔的離散人口約有三千萬人，只有中國移民才有如此大的數量。[2] 幾百年來，他們發展出屬於自己的獨特飲食，使用異地食材製作家鄉料理，也受到所移居的地方文化影響。

契約奴工制

一八三四年八月，英國宣布在西印度蓄奴違反法律。當時的甘蔗田，勞動力是非洲奴隸，他們擁有自由之後，大多不願意繼續為了過於微薄的薪資從事如此耗費體力的工作。甘蔗田地主因而承受經濟損失，這些人大多與政界關係良好（如首相威廉·格萊斯頓〔William Gladstone〕的父親），所以英屬東印度公司想出了解決方案，他們向印度較貧困的地區招工。這些工人會簽訂所謂的契約，同意在特定的製糖莊園工作，一次兩期，一期五年，而契約結束之後，地主會支付返印的交通費，或者工人也可以在當地購買土地置產。東印度公司也向法國、荷蘭提供勞力，兩國分別在

一八四六、一八七三年廢止奴隸制。

　　一八三四年，第一艘船抵達圭亞那，直到一九一七年契約奴工廢止為止，期間估計有一千四百萬印度人離開南亞次大陸，其中約有二十四萬前往圭亞那、十四萬四千人到千里達，三萬七千人到了牙買加。這些勞工也會被送到印度洋上的模里西斯島，該島在一八一〇年被英國與法國占領。約有五十萬印度人前往該地，為製糖業在農場工作。其他的人則前往法國殖民度，留尼旺島（Réunion）、瓜地洛普（Guadeloupe）、法屬馬丁尼克（Martinique），或者荷屬的蘇利南（Suriname），甚至屬丹麥的聖克羅伊島（Saint Croix）。[3]航行到目的地的時間最長可達十八週。工人在船上的伙食少得可憐，僅有一點點米、麵粉、醃肉、魚乾、椰子、芥末油，還有少數幾種香料，比如孜然、葫蘆巴、羅望子、鹽。煮飯常常引發火災。

　　大多數的印度移工來自飽受饑荒所苦的偏遠地區：烏塔普拉德什東部、比哈西部，他們大多講博傑普爾語（Bhojpuri），大約一成的人來自南印。八成五是印度教徒，一成五穆斯林。令人驚訝的是，約有四分之一到三分之一是女性移工，通常是寡婦，或逃離不幸婚姻的女子。印度移工不同於非洲奴隸，沒有被完全剝奪身分，印度工人可以保持自己的信仰與習俗，有少數的婆羅門祭司、伊斯蘭伊瑪目也陪他們到工作地。（出身千里達的諾貝爾文學獎得主奈波爾〔V・S・Naipaul〕的祖先就是這樣的婆羅門祭司。）有些印度移工在契約結束後回到家鄉，不過大多數都在當地購買土地，永遠留了下來。今天法屬馬丁尼克有三分之二的人口是印度裔後代（也是南亞次大陸之外，印度人口占最多比例的地方），千里達、圭亞那、蘇利南則有四成人口是印度後裔。

　　一八五二年，契約奴工制度將印度人帶往東南亞地區勞動，為了咖啡、棕櫚、橡膠等經濟作物，大約兩百萬人口去了馬來亞（現稱馬來西亞），兩百五十萬去了緬甸，這些人大多來自南印。多數印度移工在一九六二年緬甸軍事政變後離開當地。自一八六〇年起，前往南非的印度移工約有十五萬，另有三萬去了英屬東非（現在的肯亞、烏干達），這些勞工大多是旁遮普的錫克教徒，在東非修築鐵路。還有一批去了斐濟島上的甘蔗田。

加勒比海

千里達及托巴哥

　　這座小島國就在南美海岸線上，島上人口約有四〇％是印度裔，三八％是非裔千里達人，剩下的則是歐洲人、華人、中東人。移工抵達之後，每天可以領取食物配給，米、扁豆、椰子油或酥油、鹽、薑黃、洋蔥，有時有鹹魚或魚乾。契約期限結束後，多數移工購買土地定居，形成了移工村落，他們試著依照過往的方式生活，種植稻米、糖、蔬菜。奈波爾寫道，這些印度契約奴工努力「在千里達中部重建烏塔普拉德什東部的村莊生活，彷彿這裡的土地廣袤如印度」。[4] 因為千里達及托巴哥擁有大量的石油、天然氣，該國從未像其他加勒比海群島一樣，在經濟上深度依賴觀光業，這很可能有助於保存文化與飲食傳統。（發現當地產石油，也加速了千里達的甘蔗糖工業的衰退。）

　　看印度移工的家鄉所在地，就不難理解千里達料理的特色。不同於印度常見的情況，這裡的人們不會用全麥麵粉來做麵餅，因為這些移工來自米食地區，他們人生第一次吃到麵粉很可能是在運輸船上，由英國人配給的白麵粉。街上、小店鋪賣的鹹食，很像十九世紀的比哈點心：福洛梨（phulorie，油炸調味扁豆粉小丸子）、霸拉（像是比較扁、比較重的福洛梨）、楛馬（kurma，麵粉、糖、澄清奶油做成的甜食）、梭哈里（少許奶油煎香的糕餅）、酸甜羅望子丸子、沙恩那（sahenna，煎綠蔬菜扁豆糊）。[5] 這些點心通常會搭配芒果醬，或辣青芒果醬。還有另一個經典比哈食物：丘卡，蔬菜泥加上油與洋蔥碎，通常還有馬鈴薯泥。

　　咖哩是千里達及托巴哥很常見的主菜，主要的香料是孜然、芫荽、葫蘆巴、薑黃，這些都是比哈偏遠地區的人家會使用的香料。由於千里達並不生產咖哩葉、新鮮芫荽、薄荷，人們找了替代品，代替芫荽的是當地的水溝裡會發現的野生香草，刺芫荽（Eryngium foetidum，也稱刺芹）。千里達咖哩使用的辣椒則是黃燈籠辣椒，外型就像名字一樣。至於印度料理中像菠菜的薩格，在千里達（與牙買加）則是叫可列魯（callaloo），這是一種芋頭的葉子。吃咖哩的時候會搭配白麵粉做的洛提餅、酸甜醬與醬汁，比如芒果庫切拉（kuchela），這是芒果與芥末油做成的醬菜，還有「岳母菜」，這是種辣蔬菜醬。

　　千里達的「洛提」不只是餅，也是種熱門小吃，人們甚至認為是國民

料理。這種小吃是大張的小麥圓餅，裹上一層黃色扁豆粉，裡面包著肉、魚或蔬菜咖哩，再捲起來，最外面用蠟紙或鋁箔紙包著，方便邊走邊吃。另一種熱門小吃是雙仔，這種夾心餅有兩層薑黃口味的洛提，中間有鷹嘴豆咖哩，最後淋上辣的酸甜醬與辣椒醬，很像印度小點心科叻貝圖拉（chole bhature）。另一些千里達特色餅有裂衫洛提（buss-up-shut），酥薄的洛提脆片；豆普里洛提，香料扁豆餡炸麵團；沙打洛提，原味白麵餅，一般家常菜；油洛提則是像薄脆的皮拉塔。

圭亞那與蘇利南

　　這兩個小國雖位於南美大陸的東北角，在飲食文化上卻是加勒比的一部分。圭亞那在一九六六年之前是英國殖民地，蘇利南則在一六六七到一九七五年之間是荷蘭殖民地。兩者都曾是甘蔗經濟作物殖民地。

千里達的麵餅還有豆普里洛提，內餡是香料黃扁豆，搭配咖哩、鷹嘴豆、甜味哈爾瓦一起吃。

最開始，圭亞那的佩拉餅（pera）作法是煮沸加糖的新鮮牛奶，將剩下的固體捏成丸狀。後來，人們開始改用蒸發乳（evaporated milk，台灣也稱奶水，香港稱淡奶，蒸餾鮮奶的乳製品，有些地區稱為無糖煉乳），做出來的口感更滑順，且質地細緻，外型也逐漸從丸狀變成扁球或餅狀。

圭亞那的皮拉塔特色是鬆軟多層的酥皮口感。皮拉塔起鍋後，會經過拋擲，在空中拍打多次，直到出現層次為止。這道程序讓口感變得很有彈性，就算放涼之後也不會改變，所以很適合拿來舀咖哩。

千里拿與圭亞那的番茄丘卡

這是早點的一部分，通常跟沙打（sada，原味）洛提一起吃。

四五〇克成熟番茄
一小顆洋蔥，切丁
一條辣椒，切碎
二小匙蔬菜油
二瓣大蒜，壓碎
鹽適量

烤番茄，直到表面焦脆，離火冷卻後，去除番茄皮，搗壓番茄
成漿狀，加入洋蔥、鹽、辣椒。
在小鍋中加熱油，爆香大蒜，將油加入番茄糊，充分攪拌。

圭亞那人數最多的民族是印度裔（他們被稱為東印度人），幾乎占有
四四％的人口，再來是三〇％的非裔圭亞那人，約有十七％是多重混血，
剩下九％則是原住民、華人、歐洲人。跟千里達一樣，當地飲食反映出移
民文化背景。以鷹嘴豆做成的霸拉、福洛梨，是熱門小吃，人們會搭配胡
椒或芒果醬一起吃。圭亞那跟千里達一樣，印度教徒會慶祝灑紅節（他們
稱為帕格瓦節〔Phagwah〕）、排燈節，節慶的時候也會分享印度傳統甜點。

蘇利南是文化與宗教的熔爐，有印度裔（四〇％）、克里奧人（非裔
與原住民混血，三〇－三五％）、印尼裔（十五％）及各種少數民族。
一九七五年蘇利南獨立之後，約有三分之一人移民至荷蘭，今天荷蘭約有
三十五萬蘇利南居民（被稱為印度斯坦人）。典型蘇利南料理是白麵粉洛
提，並包有馬鈴薯與扁豆仁內餡，還有霸拉、福洛梨、沙摩薩，通常會搭
配印尼式調味料。

沙打洛提（圭亞那麵餅）

二五○克麵粉

二小匙半泡打粉

四分之一小匙鹽

一小匙糖

一大匙碎洋蔥

一條青或紅的鳥眼辣椒，切碎

大約一五○毫升的溫水

一大匙油，酥油或奶油，另備三大匙作塗抹用

混合所有材料，直到麵糊呈現柔韌有彈性的樣子。

將麵糊揉成團狀，再放進抹過油的大碗裡，用保鮮膜蓋住，靜置半小時至一小時。重新揉麵團，再分成四等分，將每份揉成圓餅形，直徑約十五公分，可視情況加入手粉。

預熱塔瓦鍋（厚平底煎鍋），鍋子熱了之後，轉小火，將餅皮甩拋到鍋中，烤到底部出現焦黃的斑點，翻面烤另一邊。雙面都刷上奶油，捲起放進包巾蓋著，直到要上桌吃為止。

節錄自蓋崔·帕格拉契洽德拉《熱騰騰的麵包與蜂蜜蛋糕》（Pavilion 出版社，倫敦，二○○九）

牙買加

　　一八四五至一九一○年之間，大約有四萬印度人來到牙買加，在契約到期後，他們在當地分散而居，沒有聚集成社群。牙買加的跨種族婚姻比例相較千里達、圭亞那還高上許多，只有三％的牙買加人認為自己是印度裔。不過，牙買加的飲食明顯受印度文化影響，尤其是牙買加最有名的兩種料理：肉餅與山羊肉咖哩，後者是節慶食物，料理方式則是使用商業生

炸普里。

來自南非德爾班的兔子三明治，挖空麵包填入咖哩。

產的咖哩粉（內含當地多香果的粉）、黃燈籠辣椒、椰奶醬。肉餅是香料肉
餡餅，不只在牙買加很受歡迎，旅居世界各地的牙買加人也非常喜歡這種
點心。

模里西斯

　　這座島位於印度洋上，距離馬達加斯加東部八百公里，距離印度
四千八百公里，不論在語言或飲食上，都是多元融合的文化。今天有三分
之二的人口是印度裔，其他的是法模混血或華人。

　　模里西斯料理非常精彩，融合了非洲、荷蘭、法國、印度的食材與烹
飪手法。咖哩可以加入章魚，或者使用鹿肉、樹豆（lilva bean，古吉拉特
語，微帶有甜、苦味的豆子，在印度西部很常見）、雞肉、蝦肉。果亞的
文達魯在這裡被稱為文戴兒（vindaille），作法是以芥末、番紅花、辣椒、
大蒜、油、醋來醃鮪魚、章魚或其他海鮮。有種熱門的印度馬丁尼克點心
叫豆普里（dalpuri）：煎炸印式咖哩扁豆餡餅，還有羅格醬（rougaille，番
茄香辣醬，馬丁尼克常見料理醬汁）、酸甜醬、漬蔬菜。

斐濟

　　南太平洋的斐濟島上，幾乎有一半人口是印度裔，他們的祖先在
一八九〇年代時被英國人帶到此地開墾經濟產糖作物。斐濟料理融合了美
拉尼西亞、波里尼西亞、印度、中華料理、西餐元素。斐濟的咖哩食材有
麵包樹果實、山藥、木薯、芋頭與芋頭葉、海鮮，通常含椰奶。調味料則
有大蒜、薑、薑黃、芫荽、葫蘆巴、孜然、黃豆醬、辣椒。有種家常咖哩
叫做「魚罐頭」咖哩，使用罐頭鮪魚、鯖魚或鮭魚。咖哩粉藉由斐濟傳入
東加、薩摩亞與太平洋上的其他小島，人們會用來煮芋頭或麵包樹果實等
澱粉類。

南非

　　一六五一年，荷屬東印度公司在好望角建立殖民地，補給往返荷屬東
印度群島與荷蘭之間的船隻。殖民者在當地修造常設建築，且引進從孟加
拉、科羅曼德海岸、東印度地區來的奴隸，讓他們務農、在廚房打雜。這

群人的後代是開普馬來人（馬來語是當時通用的貿易語言）。今天估計有十八萬開普馬來人住在南非，大部分住在開普敦。

開普馬來人的廚藝赫赫有名，是炙手可熱的掌廚人選。此地深受印度料理的影響，只要看人們愛吃的料理就知道，比延、燉豆子、串烤肉、普里、洛提、沙摩薩、各式咖哩（當地寫作「kerry」），配上印式醬菜（atjar）、水果調味品、酸甜醬、桑巴、米飯。

一八○六年，英國人接管開普敦，他們帶來了十五萬契約奴工，大部分來自印度偏遠地區。人們主要吃扁豆、豌豆、稻米、麵粉洛提、玉蜀黍飯（mealie rice，玉米粒壓碎，煮成米飯的模樣）。魚乾本來是契約奴工在航行途中的配給食物，後來成為日常飲食的一部分。一八八○年代起，南非還多了印度商人、貿易家、律師（其中之一是年輕時以律師為業的聖雄甘地）。許多「印度旅人」都是來自印度西岸的古吉拉特，他們在這裡開設小型餐館、店鋪，販售香料、印度調味料。

最有名的印度式南非料理是「兔子三明治」，將西式吐司挖空，填入咖哩肉，兔子三明治的名字起源，有種說法是印度商人在德爾班（Durban）被稱為般尼亞（bania），這些商人經營小餐廳，不過南非黑人因為種族隔離政策，不能入內用餐，商家倒是可以在後門提供餐點（當然非法）。有位腦筋動得快的餐飲業者，想出了一種不用餐具也能吃的食物，他把小條的吐司挖空，倒入咖哩，加上一點印度小菜，顧客拿著就能直接吃。這種食物被稱作「bania chow」，後來變成「bunny chow」（兔子三明治）。[25]

東非

一八八八年，英國政府建立了大英帝國東非公司（Imperial British East Africa Company）以發展該地區的貿易，後來更在東非劃定了英屬東非保護地，涵蓋了今天的肯亞、烏干達。十九世紀下半葉前往東非修築肯亞與烏干達之間鐵路系統的印度工人有三萬，隨後也有大批印度移民進入東非，其中有許多古吉拉特的印度教徒與穆斯林，他們經營借貸、貿易，還有小店生意，小店鋪叫做杜卡（duka）。一九六○年代中期時，在東非的印度裔人口約有三十六萬，不過國族主義高漲的新政府迫使這些移民離開該地，由於他們擁有英國護照，就選擇移民到英國、加拿大。日後，隨著烏

25 「chow」可能來自中式料理的「炒」。當地已經習慣將這種三明治簡稱為「兔子」。

移民的抉擇

當卡魯快要四歲的時候，發生了旱災。前一年的稻作收成已經很糟糕了，今年又沒有下雨讓作物能生長，沒有錢買食物維生。我們當時應該種小米（bajra），但我們又一次選擇不要，如今我們只能靠米了。我每天煮飯，看著家裡的米越來越少⋯⋯

我得找工作，但哪裡有工作呢？村裡？所以，我拿了最後兩把婆婆特別保留的烤米，加上沙特瓦調味粉（sattva），還有烤佳拿，把食物打包成兩袋。我又拿了一件紗麗備用，帶著孩子走去法茲亞巴鎮（Faziabad，位於烏塔普拉德什的城市）。

我在那裡遇到了阿卡提尼雅（arkatiniya），也就是招人去當移工的女士。我一到，她就在路上攔下我，告訴我他們在找人去一個叫做「鉗里達」（Chini-dad）的地方工作，那裡都是「鉗里」，也就是糖。鉗里達有個大莊園，他們在那裡製造糖，他們需要有人在甘蔗田工作。她告訴我，他們尤其想要女工，如果我簽字加入，她保證會額外給我預付金。她說，只要在那裡待一年就好，之後他們會帶你回來，錢很多。

佩姬・穆罕（Peggy Mohan）《賈哈金》（*Jahajin*，新德里，二〇〇七）

干達、肯亞政權交替，也有些印度人選擇回到東非，經營雜貨店、小攤販，販售沙摩薩、咖哩、其他印度料理。今天東非都市有許多印度餐廳，如肯亞的蒙巴沙（Mombasa）、烏干達的坎帕拉（Kampala）。

鐵路工人普遍吃的食物是小米餅、燉豆配契科黎。中產階級則發展出混合非洲與印度風格的料理，許多印度食物有了史瓦希利語名字。在肯亞長大的雅司米・阿李拜－布朗（Yasmin Alibhai-Brown）認為：「為印度人工作的非洲傭僕接手了大部分的廚務，以致酥油、丘茨咖哩（mchuzi）成為東非飲食的一部分。今天隨便在路邊都能找到一家攤販，買到洽巴提、沙摩薩、串燒烤肉或巴吉亞（bhajia），不是嗎？」[6] 丘茨是以番茄、椰奶、

羅望子、咖哩粉做成的咖哩，會搭配香蕉、醬菜，醬菜通常使用超辣的鳥眼辣椒，中文稱為霹靂辣椒（peri peri）。丘茨在史瓦希利語中也可指咖哩粉，是家中主婦必備材料。或許最受歡迎的肯亞－印度料理是庫庫葩卡（Kuku Paka）──椰汁燉雞。

葡屬非洲

　　從十六世紀開始，葡萄牙在非洲不斷建立殖民地，位於今天的安哥拉、赤道幾內亞、馬達加斯加、莫三比克、占吉巴。他們引入了來自新大陸的辣椒、玉米、馬鈴薯、地瓜、木薯、家豬，以及來自葡萄牙的鹽漬鱈魚，還有來自印度殖民地的香料。葡萄牙人與英國人都帶了果亞人到各自的殖民地，主要讓他們從事工匠類或神職工作。果亞文化在此地的影響可以從料理使用椰奶醬看出，許多非洲料理會搭配椰奶醬，尤其是海鮮類。咖哩在此寫作「caril」，在莫三比克、安哥拉非常受歡迎。根據勞倫斯・馮德彭斯（Laurens van der Post）的說法，這裡的咖哩要嘛是「直接挪用印度咖哩，要嘛就是南非咖哩的仿作，而且仿得很不像，尤其是納塔爾（Natal）這邊」。[7] 霹靂辣椒（拼法有許多，除了「peri peri」，也作「prir piri」或「pili pili」，也就是鳥眼辣椒。霹靂辣椒在非洲各地都有生產，人們也用該辣椒的名字來稱呼一種果亞辣料理，通常是雞肉料理，「peri peri」這道菜在英國十分受歡迎。

東南亞

　　自古以來，東南亞就是印度與中國貿易航線上的重要區域。公元前三世紀，印度商人帶去東南亞的不只是香料、織品等商品，他們帶去的還有印度教、佛教，還有新的舞蹈、雕塑、音樂形式，以及印度的經世濟民之道。東南亞地區崛起的勢力，是所謂的印度教化諸王國，遍布今天的泰國、越南、柬埔寨、印尼，直到十八世紀中為止。貿易可能也把羅望子、大蒜、紅蔥頭、薑、薑黃、胡椒等作物帶入該地區，也讓檸檬香茅、南薑等香草在地區之間傳播。香料貿易在八世紀時被阿拉伯商人掌控，一併並讓當地許多居民改信伊斯蘭教。阿拉伯人引入了串燒烤肉、比延、扣瑪、其他伊斯蘭世界的肉料理，他們可能也讓丁香、肉豆蔻與其他當地香料被更廣泛地使用。

　　一六〇二年，荷蘭人創立荷屬東印度公司以在亞洲進行貿易與殖民活動，其正式名稱為聯合東印度公司（Vereenigde Oostindische Compagnie，簡稱 VOC），咸認是世界史上第一個跨國組織。荷屬東印度公司在鼎盛期的勢力遠勝於英屬東印度公司，而前者最後的勢力範圍囊括今日的印尼（稱為荷屬東印度，直到一九四五年取得獨立之前，都是荷蘭殖民地）。

　　英國人在一八一九年打造出新加坡，之後更將勢力擴張至馬來半島與緬甸。一九一四年，法蘭西帝國的版圖涵蓋了印度支那半島，也就是今天的寮國、柬埔寨、越南，唯有泰國免於遭受外國勢力掌控的命運。不過泰國文化也深受印度影響，某種程度而言也包含了飲食，享有盛名的泰式咖哩尤是，不過卻很少印度人移民到泰國，不像印度人在東南亞各地那麼多。

馬來西亞與新加坡

　　在十九世紀時，有來自南印、斯里蘭卡的兩百萬印度移工來到馬來西亞、新加坡的橡膠、棕櫚等經濟作物園工作，這些人大多是坦米爾人。也有些印度公務員在此定居。今天馬來西亞的人口是二千五百萬，其中三分之二是馬來人，四分之一是華人，八％是印度人，主要是坦米爾人。新加坡在一九六五年脫離馬來西亞，華人占多數，印度、馬來人則是少數。

　　此地區的印度飲食文化影響是坦米爾風格，吉隆坡常見蕉葉餐廳，或是小型餐館販售伊迪立、度沙、瓦戴、桑吧、拉桑、其他的南印料理，盛在香蕉葉上。

　　許多街頭小吃源於印度。當地有種跟印度洛提餡餅一樣的食物，叫做模塔巴（來自阿拉伯詞「折起的」，用白麵粉做麵團，以香料絞肉、蛋液做成餡包起，吃的時候加上咖哩醬。另一種熱門街頭食物是魚頭咖哩，據說是一九六四年由兩位住在新加坡的印度廚師所發明的。在馬來西亞的印度穆斯林也發展出特色料理，統稱為嘛嘛檔（mamak，台灣也稱媽媽檔、嬤嬤檔），食物包含比延、洛提坎奈（canai），這是一種多層的餅，搭配咖哩或夾炒蛋、洋蔥、沙丁魚、起司、扁豆、其他食材。人們會搭配拉茶（teh tarik，「teh」為茶）一起吃，拉茶是煉乳奶茶，多次從高處沖入杯中，製造出泡沫，類似南印泡咖啡的方式。

　　洛提坎奈是印度風煎餅，在馬來西亞、新加坡、印尼是熱門的街頭小吃，通常配咖哩肉一起吃。

洛提坎奈是印度風煎餅，在馬來西亞、新加坡、印尼是熱門的街頭小吃，通常配咖哩肉一起吃。

其他東南亞國家

　　法國人將南印殖民地的工人帶去越南工作，文化交融的結果之一是南印風格咖哩粉，內有辣椒、薑黃、其他香料。人們愛吃椰漿雞肉咖哩（cari ga）、牛肉咖哩（cari bo），後者通常有月桂葉、肉桂、紅蘿蔔、馬鈴薯或地瓜。

　　緬甸在一九四八年以前是英屬印度的一部分，種族複雜，不過料理上最大的文化影響是印式與中式料理。一九四〇年代時，仰光有一半人口是印度裔，不過今天的印度裔族群只有二％。印式料理影響可見於緬甸是沙摩薩、比延、麵餅、咖哩，他們除了使用印度香料，也使用檸檬香茅、羅勒、魚露。國民料理是中印緬甸融合風的魚湯米粉（mohinga），由烤米、大蒜、洋蔥、檸檬香茅、香蕉心、魚醬、魚露、土虱、高湯煮成。

英國

　　十七世紀末起，就有印度人移入英國，主要是返國的東印度公司人士的僕傭或家眷，或者是那波布，他們在印度累積了大筆財富。英國人，尤其是倫敦，稱這些印度風俗為「那波樣」（nabobery），而倫敦的馬里波恩、梅菲爾區則漸漸有了小孟加拉的稱號。英國人住在印度時努力重現家鄉的樣貌，回到家鄉時，又想保存旅居印度時的生活片段。英國餐廳第一次出現印度料理是在一七三三年，於乾草市場的諾里斯街咖啡屋，不過首家純印度料理餐廳則是印度斯坦尼咖啡屋，該店於一八〇九年開幕，店址位於喬治街三十四號，老闆薩克丁・穆罕默德（Sake Dean Mahomed，一七五九－一八五一年）是個挺有意思的印度人，他曾於英軍服役，娶了愛爾蘭女子為妻。餐廳於一八三三年歇業。一八二四年，倫敦西區出現了東方俱樂部，曾於東印度公司工作的人們會到那裡聚會，最開始店家提供法式料理，不過一八三九年也開始提供咖哩。今天該俱樂部的菜單依然遵循傳統，主打「今日咖哩」。

　　第一本收錄咖哩的英國食譜書是漢娜・格拉斯（Hannah Glasse）《簡單直白的烹飪之道》（*The Art of Cookery Made Plain and Easy*，一七四七），她最早的食譜是以胡椒粒、芫荽籽做出來的濃郁燉菜，不過在一七九六年再版的時候，食材額外增加了咖哩（粉）與番椒（cayenne pepper）。其後，英語世界出版的食譜書，包含殖民地，總是會有不少咖哩食譜。英國第一

個咖哩粉商品於一七八四年的士兵香水倉庫開售，到了一八六〇年時，人們已經可以買到福南梅森（Fortnum & Mason）、克洛布萊威爾（Crosse & Blackwell）等品牌大量製造的咖哩醬、咖哩肉湯醬、酸甜醬。這些商品的共通食材是薑黃粉。其他的食材有（大致上按照出現頻率排列）芫荽籽、孜然籽、芥末籽、葫蘆巴、黑胡椒、辣椒、咖哩葉，有時也有薑、肉桂、丁香、豆蔻。

來到英國的印度人還有水手（lascar），受東印度公司招聘到船上工作，許多人靠岸之後就偷偷離船，成為非法移民，也有滯留倫敦的人。到十九世紀中時，英國境內有超過四萬名南亞人，到了二十世紀時增加到七萬人，四分之三都是水手，其他的則是學生。許多人來自夕爾赫特地區，該區長久以來是英國人、葡萄牙人尋找廚子的地區，也有不少在英國開設餐廳。

到了一九二〇年時，倫敦已經有十幾家印度餐廳了，如霍本區的「Salute Hind」餐廳、爵祿街的沙飛餐廳，還有東區的許多咖啡館，靠近碼頭。一九二六年，海德拉巴公主與英軍中將的曾孫愛德華‧帕瑪在攝政街九十九號開設了「Veeraswamy」餐廳，營業至今。帕瑪的餐廳盡力重現在印度的英國人俱樂部裡的氛圍，文達魯、馬德拉斯式咖哩、度毗阿扎、多彩菩勞飯，還有其他人們愛吃的料理。

第二次世界大戰後，英國又有一波移民潮湧入，他們來自大英國協各地，尤其是加勒比海地區與南亞次大陸，到英國進行戰後重建工程、協助生產。一九七一年孟加拉國成立時，也引發了一波移民潮，隔年又有大批被迫離開東非的南亞移民。此後，移民法規大幅限制了大波移民潮，不過這些人的家人可以入境英國。二〇〇一年的人口普查顯示，英國約有二百三十萬的南亞裔人口（包含移民二、三代），占總人口四％，約有一半是印度裔，七十五萬巴基斯坦裔，二十八萬三千孟加拉裔。

由於移民人口持續增加，食品製造商開始推出綜合香料、醬料、酸甜醬、醬菜與其他印度食品，這些公司有「Noon」、「Pathak's」（後改名為Patak's）、「S & A」。許多移民自己開餐廳，因為餐飲業相對不需要大筆資金，但需要大量廉價勞工。英國的大型城鎮都有印度餐廳，最有名的是倫敦的磚巷（Brick Lane）、伯明罕的百老街（Broad Street），這些餐廳的菜單逐漸同化，來自不同地區的料理都擠在同一份菜單上。人們極為熱愛咖哩，咖哩甚至一度取代外帶炸魚薯條的地位，不過現在風頭最健的還是炸魚薯條，以及中式料理。

北美

　　一六○七年，美洲建立了詹姆斯頓（Jamestown）殖民地，隨之而來的是亞洲的印度移民，有些人是英屬東印度公司船上的水手，其他則是富有的英國那波布的僕役（有些那波布發財之後，移居美洲）。[9] 也有些人被荷蘭或英國奴隸販子擄去，以奴隸身分抵達美洲。十八世紀初的維吉尼亞人口普查顯示，「東印度人」跟北美原住民的數量已經均等，兩族群之間通婚也頗為平常。

　　一八八○年代時，美利堅合眾國出現了孟加拉穆斯林小販，向想要印度產品的大眾兜售針織絲綢與其他「異國風情」商品。[10] 他們主要聚集在紐奧良的崔畝社區（Treme），娶當地的非裔美國人為妻。另一批孟加拉人則是水手，在第二次世界大戰後在美洲港口脫隊非法入境，紐約尤其多。不少人最後在哈林區（Harlem）定居，娶波多黎各女子、非裔美國女性為妻，他們經營清真肉鋪、小型印度餐館。

　　由於移民法規排除絕大多數的有色人種，該國的印度人口成長並不多，一九三○年僅有三千人，多為住在紐約市的學生。一九二○年代末，紐約有十幾間印度餐館，煮出來的咖哩辣到不行。首波印度次大陸大量移民潮發生在一九○○至一九一○年，約有三千名農人來到美國西北沿岸地區、加拿大，主要是旁遮普地區的錫克教徒。由於排亞情緒高漲，促使這些人南遷至加州的薩克拉門多谷地（Sacramento Valley），他們在那裡成為成績亮眼的農民。在一九一七年通過的移民法案阻絕了「有色人種」移入之後，許多人娶了當地的墨西哥裔女子為妻，該社區後來共有四百對夫妻，人們稱他們為「墨西哥印度人」。[11] 他們的料理融合了墨西哥與旁遮普食物。浴霸市（Yuba City）最後一間提供這類料理的餐廳是「Rasul's El Ranchero」，甚至提供「印度風披薩」，於二○○九年歇業。

　　一九四六年，移民法規稍有鬆綁，而一九六五年約有六千名印度人入境美國，主要是學生。一九六五年，移民局停用了舊制的總額人口數限制，也就是偏好接納「白人」國家的評量系統，取而代之的新制評量以地球半球為界，作為分配額度標準，並優待專業人士與現有公民的親戚。一九七六年後，區域人數配給限制全部廢止，其後的十年，成千上萬的印度專業人士移民至美國，印度人才大量流失，一部分就是去了美國。

　　到了二○○七年，美國有二百八十萬南亞裔居民，其中一百五十萬出生於印度，其他則來自巴基斯坦、孟加拉、加勒比海、南非等地，或者是

第二或三代的亞裔美國人。紐約到紐澤西地區就有大概六十萬亞裔印度人。因應這些移民的飲食需求，出現了雜貨店、餐廳、購物街區，紐約皇后區的傑克森高地（Jackson Heights）即是其中之一，此外還有曼哈頓的萊辛頓大道「咖哩丘」、芝加哥得文大道、洛杉磯先驅大道、紐澤西州澤西市雜誌廣場、德州休士頓的希爾克洛芙大道。隨著移民聚落遷至郊區，這些商家也一同遷移，印度食品雜物店有帕托兄弟（Patel Brothers），總部在芝加哥，分店全國都有，且發展出自家的生產線與物流網。

這些店一開始都是賣香料、米、其他必要食材，不過在商家規模擴張之後，也提供便利調理包、即食商品，比如用塑膠小袋包好的菜（通常素食）、冷凍開胃菜或前菜、新鮮或冷凍的各式麵餅，你想得到的都有。今天幾乎每個城鎮的郊區都有自己的印度雜貨店，而多數的超市架上也可以找到印度食品。

移民們似乎在自家廚房融合了印式與西式飲食模式。社會學家克里南杜·雷（Krishnendu Ray）所發表的研究顯示，住在美國的孟加拉裔家庭通常吃西式早餐，牛奶穀片或吐司（就像印度的中產階級家庭），中餐在外頭吃，也是西式，不過許多人並不吃牛肉，只有晚餐才是「傳統」的範疇，不過通常會有食物被替代。晚餐可能會有米飯、以典型孟加拉鄉了組合烹煮的燉豆與魚，或者米飯、櫛瓜煮火雞絞肉（而不是山羊絞肉），點心不是孟加拉甜點，而搭配草莓奶油餅乾。「彷彿孟加拉人把一天分成兩半，一半時間是他們所說的『現代』，另一半是『傳統』，他們認為兩者都是好的，且依照場合有其必要性。」雷的文字如此說。[12]

加拿大的移民政策以往排除有色人種，直到一九六二年為止，連種族歧視情結最深的省分態度都轉變了。一九七六年，新政策上路，評量標準改為教育水平、職場能力、語言能力、家庭支持。二〇〇一年加拿大的人口普查顯示，超過九十萬人口為印度裔，占總人口的三‧一％，其中有不少千里達及托巴哥、圭亞那移民。

波斯灣與中東

如同本書前面所述，自古以來，印度與波斯灣、中東的阿拉伯國家，向來關係緊密。自一九七〇年代起，從次大陸遷移到波斯灣國家工作的人口估計有三百萬，他們大多是沒有技術，或僅有少數技能的勞工，這些人主要是穆斯林，且超過半數來自喀拉拉。各種商家因應他們的需求而開

張，從工人食堂到廉價小飯館。觀光客、當地人則可以去城市裡的高檔印度料理餐廳，比如杜拜的「Doha」。串燒烤肉、比延、坦都爐烤雞不管在哪裡都很受歡迎。到麥加履行朝覲功的朝聖者，可以到當地的印度與巴基斯坦餐廳吃飯。有錢的阿拉伯家庭聘用印度廚師也很常見。

自從以色列建國之後，多數印度猶太人移民到以色列，今天的以色列估計有七萬印度裔居民。大城市如特拉維夫（Tel Aviv）、耶路撒冷也有許多印度餐廳，部分是素食餐廳，其他的會提供肉食，但不含乳製品，以遵守猶太戒律。

遠古以來，印度就是全球飲食經濟的一環，不斷接收吸納來自世界各地的各種食材、料理、烹飪手法──中亞、中東、波斯、非洲、中國、西半球、東南亞、歐洲，都在其中──印度也不斷向外輸出自身飲食文化中的精髓與精神。這樣的文化交流在二十一世紀顯得更加明顯，因為人們可以自由往來各大洲，文化之間的料理界線也逐漸消融。

生生世世輪迴不已的印度食物，已經成為全世界的料理。其中原因之一是人們逐漸意識到傳統印度飲食的益處，尤其是肉類攝取量低、豐富的蔬果、以穀物為重心、使用香料，這些在醫療上的益處都已得到科學證實。另外相關的趨勢還有素食主義興起，或許這是印度帶給世界最棒的禮物，在道德、人道、健康上，皆有益於人類社會。飲食專家們也指出，二十一世紀的消費潮流偏向更多辛香料、更「帶勁兒」的飲食。

印度史簡年表

作者附註：由於早期的史事與著作難有明確的時日，所以部分日期為約略時間。

公元前六五〇〇年－二五〇〇年	梅爾嘎赫村文化（位於俾路支斯坦）。耕種大麥、小麥、棗子、葡萄、豆類、椰棗、馴化綿羊、山羊、牛
公元前三〇〇〇年－約一五〇〇年	印度河古文明。依賴農耕與貿易的大型都市文明。主要作物為小麥、大麥。飲食內容包含鷹嘴豆、扁豆、肉、魚、水牛牛乳、薑黃、黑胡椒、薑
公元前一七〇〇年－一三〇〇年	印度雅利安部族帶著牛隻遷移到印度河恆河平原。主食為大麥，後有小麥、小米。吠陀經典成書。以四種姓分隔社會
公元前七〇〇年－六〇〇年	阿育吠陀醫師妙聞在貝拉納斯（瓦拉納西）傳授醫道
公元前六世紀	形成印度十六雄國的局面。佛祖釋迦牟尼（公元前五六三－四八三年）與大雄摩訶毘羅（公元前五四〇－四六八年）創立佛教與耆那教，宣揚毋害、忌葷食的概念
約公元前五〇〇年	《法經》成書
公元年三二七年	亞歷山大大帝侵略印度
公元前三一六年	旃陀羅笈多王創立孔雀王朝
公元前三〇四年－二三二年	阿育王宣揚素食
公元前三〇〇年－一〇〇年	印度是世界上最富裕的國家，出口胡椒、香料、奢侈品到羅馬、中東、中國等地
公元前三〇〇年－公元後三〇〇年	《摩訶婆羅多》成書
公元前二〇〇年－七八年	中亞民族、巴特利亞人、希臘人侵略印度北部
公元前二〇〇年－公元後二〇〇年	《羅摩衍那》成書；《摩奴法典》規範人的行為，包含飲食戒律
公元前二〇〇年－公元後四〇〇年	印度－斯基泰王國
公元前一八〇年－公元後一〇年	印度－希臘化諸王國盛世
公元後五二年	聖多馬於南印殉道

約二世紀	遮羅迦撰寫阿育吠陀醫學論文
三二四年－五五〇年	笈多王朝統治北印度；印度的「黃金盛世」
約六五〇年	拉賈斯坦出現拉普傑王朝；帕西人定居於印度西岸
七一二年	阿拉伯穆斯林征服信德地區
約公元前四〇〇年－一二七九年 約公元前四〇〇年－一三一四年 二七五年－八八二年 五四三年－一一五六年 公元前三〇一年－一二七九	南印諸王朝 哲羅王朝 帕拉瓦王朝 遮婁其王朝 朱羅王朝
七五六年－一一七四年	波羅王朝統治印度北部與東北部
約一〇一七年－一〇二五年	通才型學者阿爾比魯尼（Alberuni）旅行至印度
約一〇二五年	《利民論》成書
一一二六年－一一三八年	遮婁其王朝蘇彌首羅三世在位，他寫下《心之樂》
一二〇六年－一五二六年	中亞諸王國建立了德里蘇丹王朝。 進入印度的外來食物：菩勞、比延、串烤肉、沙摩薩、哈爾瓦及其他
一二九二年	馬可波羅抵達科羅曼德海岸
一三三六年－一五六五年	維查耶那加爾帝國
一三四七一一五二七年	巴赫曼尼蘇丹國
一三九八年	帖木兒入侵北印
一四九五年－一五〇五年	曼度蘇丹宮中撰寫了《薩希姆丁薩美饌之書》
一四九八年	達伽馬登陸印度西岸
十六世紀	葡萄牙人建立貿易據點，奪果亞，建立「印度帝國」，引入番茄、馬鈴薯、辣椒、花生、鳳梨、腰果與其他新大陸植物
一五二六至年至一八五七年	蒙兀兒帝國統治印度，宮廷料理更上一層樓，但皇帝半吃素
一五六三年	佳西亞·迪歐塔撰寫《印度草本藥方對話錄》
約一五九〇年	阿布法左撰寫《阿克巴本紀》

一六〇〇年十二月三十一日	女王伊莉莎白一世頒布特許給英屬東印度公司
一六七四年－一八一七年	馬拉塔帝國
十七世紀	荷德蘭、大不列顛、法蘭西等國各自在印度建立貿易據點
十七世紀	海德拉巴尼欽宣布脫離德里獨立
一七五三年－一八五六年	勒克瑙成為文化與飲食中心
一八三〇年－五〇年	英國人在阿薩姆、大吉嶺設立茶園,並於南印設立咖啡園。從印度返回母國的英國人,發明了咖哩粉、伍斯特醬。
一八五七年	印度第一次獨立戰爭(也稱印度譁變)
一八五八年	末代蒙兀兒皇帝遭流放。印度直接受大英帝國管轄。
一八七七年	維多利亞女王兼任印度女皇
一八八五年	印度國會成立
一八九〇年	聖雄甘地加入倫敦素食協會
一九二〇－二二年	聖雄甘地領導公民不服從運動對抗英國統治
一九四七年	印度脫英獨立,印度與巴基斯坦分治。德里發明了坦都爐烤雞。
一九六六年－一九七七年	綠色革命促進印度農業生產
一九九六年	麥當勞於印度開幕
二〇〇〇年五月	印度人口達十億

引用書目與備註

前言

1　雖然本書的副標題是「印度食物史」，書中涵蓋的地理範圍包含整個次大陸：印度共和國、巴基斯坦伊斯蘭共和國、孟加拉人民共和國。這片土地在歷史上有許多名字，包含南亞、次大陸、印度次大陸、南亞次大陸、印－巴－孟次大陸、大印度地區。因為這些用詞或者帶有政治意涵，或者意思模稜兩可（比如，有的時候，尼泊爾、不丹、斯里蘭卡，甚至有時阿富汗算在南亞的範圍），我選擇使用「印度」一詞指稱這個地區。政治疆界無法將飲食習慣一分為二，就像語言。而這塊土地六十五年來因政治因素切割，以其六千多年的漫長歷史洪流中，僅不過滄海一粟。這三個國家曾是三個大帝國的一部分：孔雀王朝（公元前三一六－一八四年）、蒙兀爾王朝（一五二六－一八五七年），以及大英帝國（一八五八－一九四七年）——同時，印度與巴基斯坦皆可上溯自印度河古文明。

2　Mark Twain, *Following the Equator: A Journey Around the World* (1897), chapter 43; available online at www.gutenberg.org.

3　Diana L. Eck, *India: A Sacred Geography* (New York, 2012), p. 82.

4　Arjun Appadurai, 'How to Make a National Cuisine: Cookbooks in Contemporary India', *Comparative Studies in Sociology and History, xxx/1* (1988), pp. 3–24.

5　Carol Appadurai Breckenridge, 'Food, Politics and Pilgrimage in South India, 1350–1640 ad', in *Food, Society and Culture: Aspects in South Asian Food Systems*, ed. R. S. Khare and M.S.A. Rao (Durham, nc, 1986), pp. 21–2.

第一章 氣候、作物、史前紀錄

1　For a list of famines in India from the fifth century bce to the eighteenth century ce, see R. C. Saxena, S. L. Choudhary and Y. L. Nene, *A Textbook on Ancient History of Indian Agriculture* (Secunderabad, India, 2009), pp. 112–16.

2　Dorian Q. Fuller and Emma L. Harvey, ' S e Archaeobotany of Indian

Pulses: Identification, Processing and Evidence for Cultivation',
Environmental Archaeology, xi/2 (2006), pp. 219–44.

3   Food and Agriculture Organization of the United Nations:
http://faostat.fao.org.

4   See, for example, Dorian Q. Fuller, 'Finding Plant Domestication in the
Indian Subcontinent', *Current Anthropology*, lii/s4 (October 2011), pp.
s347–d362. Available online at www.jstor.org. See also Fuller, ' S e Ganges
on the World Neolithic Map: S e Significance of Recent Research on
Agricultural Origins in Northern India', *Prāgadhāna* [Journal of the Uttar
Pradesh State Archaeology Department], no. 16 (2005–6), pp. 187–206.

5   Dorian Q. Fuller et al., 'Across the Indian Ocean: S e Prehistoric Movement
of Plants and Animals', *Antiquity, lxxxv/328* (2011), pp. 544–58:
www.antiquity.ac.uk.

6   William Shurtleff and Akiko Aoyagi, 'History of Soy on the Indian
Subcontinent', 2007: www.soyinfocenter.com; Ramesh Chand, *Agroindustries
Characterization and Appraisal: Soybeans in India,* FAO. Agricultural
Management, Marketing and Finance Working Document 20 (Rome, 2007):
www.fao.org.

7   See 'Rice's Origins Point to China, Genome Researchers Conclude', 3 May
2011: www.sciencenewsline.com; Xuehui Huang et al., 'A Map of Rice
Genome Variation Reveals the Origin of Cultivated Rice', *Nature,*
cdxc/7421 (2012), pp. 497–501.

8   'Mango – History', plantcultures.kew.org, accessed 28 June 2014.

9   K. T. Achaya, *A Historical Dictionary of Indian Food* (New Delhi, 2002), p. 84.

10   For papers on the health benefits of spices, search PubMed, the u.s. National
Library of Medicine's database of articles from medical and biological science
journals around the world, at www.ncbi.nlm.nih.gov. In January 2014 it
contained over 6,200 references to turmeric and curcumin (one of the active
ingredients in turmeric) alone, of which 2,400 related to cancer. See also
Helen Saberi and Colleen Taylor Sen, Turmeric: The Wonder Spice
(Evanston, il, 2014).

11   Romila S apar, *Early India: From the Origins to AD 1300* (Berkeley, ca, 2002),
p. 57.

12   哈佛的基因研究顯示，幾乎所有的印度人，都是兩大族群的混血後裔。其一為「北印先
祖」（Ancestral North Indian），在印度人的基因組中佔了約四到八成，這些基因與西部歐

亞人相似，其包含歐洲人、中東人、中亞人。另一則是「南印先祖」（Ancestral South Indian），是截然不同的民族群體，與世界上其他的族群都沒有明顯的關聯。See David Reich et al., 'Reconstructing Indian PopulationHistory', *Nature, cdlxi* (24 September 2009), pp. 489–95, available at http://genetics.med.harvard.edu. 另一個 DNA 研究發現，約在公元前二千二百年時，達羅毗荼人曾行船至澳大利亞，並將鐵蘇堅果（cycad nuts，這是喀拉拉的常見食材）帶入當地，可能還引入了丁哥（dingo，澳洲野犬）。See 'An Antipodean Raj', *The Economist*, 19 January 2013, pp. 77–8, available at www.economist.com.

13 Although it was once common to talk about a 'Dravidian' or 'Aryan' race, the equation of language with race is today considered spurious; indeed, the very concept of a unitary 'race' has been challenged, especially in the light of dna analysis.

14 Frank C. Southworth, 'Proto-Dravidian Agriculture', www.upenn.edu, accessed 30 June 2014.

15 Dorian Q. Fuller and Mike Rowlands, 'Towards a Long-term Macro-geography of Cultural Substances: Food and Sacrifice Traditions in East, West and South Asia', *Chinese Review of Anthropology,* 12 (2009), pp. 32–3.

16 'India's "Miracle River"', BBC News South Asia, 29 June 2002, news.bbc.co.uk.

17 Jean Bottéro, *The Oldest Cuisine in the World: Cooking in Mesopotamia* (Chicago, il, 2004).

18 傳統上，「咖哩」一詞是歐洲人的用語，印度人並不這樣講，對印度人而言，各料理自有其名稱，如：扣瑪（korma）、羅共九胥（rogan josh）、覓莫厘（molee）、文達魯（vindaloo）等等。不過今天印度人也常常使用咖哩來稱呼帶濃稠醬汁的任意料理。若欲了解這個詞的定義與起源，請見本書第二一三頁。

19 Andrew Lawler, The Mystery of Curry', *Slate*, 29 January 2013, www.slate.com; Arunima Kashyap and Steve Weber, 'Harappan Plant Use Revealed by Starch Grains from Farmana, India', *Antiquity, lxxxiv/326* (December 2010): www.antiquity.ac.uk; and Steve Weber, Arunima Kashyap and Laura Mounce, 'Archaeobotany at Farmana: New Insights into Harappan Plant Use Strategies', in Excavations at Farmana: District Rohtak, Haryana, India, 2006–2008, ed. Vasant Shinde, Toshiki Osada and Manmohan Kumar (Kyoto, 2011), pp. 808–82.

20 Jonathan Mark Kenoyer, *Ancient Cities of the Indus Valley Civilization* (Oxford, 1998), pp. 169–70.

21 Ibid., p. 164.

22 Ibid., p. 19.

第二章 儀式的年代，公元前一七○○至一一○○年

1 See Colin Renfrew, *Archaeology and Language: The Puzzle of Indo-European Origins* (Cambridge, 1990). Also B. B. Lal, 'Aryan Invasion of India, Perpetuation of a Myth', in Edwin Bryant and Laurie Patton, *The Indo-Aryan Controversy: Evidence and Inference in Indian History* (London, 2005). 另類理論觀點「出於印度」（Out of India），認為印度雅利安人是印度次大陸的原住民，後來才往北遷徙。學術圈大部分並不會嚴肅看待這個理論，但某些圈子依然會為此爭論。

2 以《梨俱吠陀》為基礎的另有兩篇：《夜柔吠陀》（*Yajur*）、《沙磨吠陀》（*Sama*），主要討論儀式。《阿闥婆吠陀》（*Atharva Veda*）的寫作時期稍晚，內容有咒語、符咒、針對疾病或事件影響的療方。該篇被視為是阿育吠陀的前身。本書原文中所引用的的《梨俱吠陀》文本翻譯，皆出於拉伏（Ralph T.H.T）的翻譯，除非另有標註。
可見於：www.sacredtexts.com.

3 你可以在 YouTube 網站上看到當代重現吠陀焚燒獻祭的場面。

4 See Emily Eakin, 'Holy Cow a Myth? An Indian Finds the Kick is Real', *New York Times,* 17 August 1992, pp. a13, a15; Herman W. Tull, The Killing that is Not Killing: Men, Cattle and the Origins of Nonviolence (Ahimsa) in the Vedic Sacrifice', *Indo-Iranian Journal, 39* (1996), pp. 223–44; Ludwig Alsdorf, trans. Bal Patil, ed. Willem Bollée, *The History of Vegetarianism and Cow Veneration in India* (London, 2010); D. N. Jha, *The Myth of the Holy Cow* (London, 2004); and Ian Proudfoot, *Ahimsa and a Mahabharata Story: The Development of the Story of Tuladhara in the Mahabharata in Connection with Non-violence, Cow Protection and Sacrifice* (Canberra, 1987).

5 K. T. Achaya, *Indian Food: A Historical Companion* (New Delhi, 1994), pp. 104–5.

6 Wendy Doniger, *The Hindus: An Alternative History* (New York, 2009), p. 161.

7 Robert Gordon Wasson, *Soma: Divine Mushroom of Immortality* (New York, 1972), p. 316.

8 *The Rigveda,* trans. Stephanie Jamison and Joel Brereton (Oxford, 2014).

9 Achaya, Indian Food, p. 33.

10 'Lactose Intolerance by Ethnicity and Region', 23 February 2010: http://milk.procon.org.

308

11 人類學家尼可拉斯・德克（Nicholas Dirks）認為，今天我們所知的種姓，並非印度社會、文化或傳統的基石，而是「當代現象，更明確地說，這是印度與西方殖民在歷史碰撞之下的產物」。這並不是說，英國人發明了種姓制度，種姓向來存在於婚配與宗教事務之中，但在英國人來之前，「這並不特別顯得至關重要或僵固」。英國人利用種姓，把印度形形色色的社會認同加以制度化，以利他們管理印度，並合理化殖民威權。Nicholas B. Dirks, *Castes of Mind: Colonialism and the Making of Modern India* (Princeton, nj, 2001). 在一八七二年至一九三二年之間的十年一度人口普查報告中，種姓制度變成社會分類問題相關的重點主題。最新的印度人口普查（二〇一一年），有關種姓的問題又回到問卷中，可能是因為種姓在政治上有了新的重要性。

第三章　隱士傳統與茹素，公元前一〇〇〇至三〇〇年

1 此一戈爾・維達爾（Gore Vidal）曾運用想像力，在小說作品《創造》（Creation，紐約，二〇〇二年）中推演這些人之間曾有交流、互相影響的情況。靈魂轉世（輪迴）是畢達哥拉斯主義的信條之一，畢達哥拉斯（公元前五八〇─四九五年）也提倡茹素。有些人宣稱畢達哥拉斯可能曾透過波斯文化的影響而聽過印度信仰

2 Ainslie T. Embree, ed., *Sources of Indian Tradition,* 2nd edn (New York, 1988), pp. 44–5.

3 Patrick Olivelle, 'From Feast to Fast: Food and the Indian Ascetic', in *Rules and Remedies in Classical Indian Law: Panels of the VIIth World Sanskrit Conference,* ed. Julia Leslie, vol. ix, (Leiden, 1987), p. 21.

4 欲了解苦行僧的生活方式以及飲食習慣，見上一則註腳。

5 Hanns-Peter Schmidt, ' S e Origin of Ahimsa', in Ludwig Alsdorf, *The History of Vegetarianism and Cow Veneration in India,* trans. Bal Patil, ed. Willem Bollée (London, 2010), p. 109.

6 Romila S apar, 'Renunication: S e Making of a Counter-Culture?', in *Ancient*

I *ndian Social History: Some Interpretations* (New Delhi, 1978), pp. 56–93.

7 James Laidlaw, *Riches and Renunciation: Religion, Economy and Society among the Jains* (Oxford, 2003), p. 153. For a fuller description of Jain food customs, see Colleen Taylor Sen, 'Jainism: The World's Most Ethical Religion', in *Food and Morality: Proceedings of the Oxford Symposium on Food and Cookery,* 2007, ed. Susan R. Friedland (Totnes, Devon, 2008).

8 作者為當地饕客團體籌辦的耆那教式晚餐大受歡迎，與會人士堅實要再來一場。欲了解耆那教料理食譜，請見 Manoj Jain, Laxmi Jain and TarlaDalal, Jain Food: Compassionate

and Healthy Eating (Germantown, tn, 2005).

9　這樣的作法如今已有異議，因為自殺觸犯了印度的刑法。See W. M. Braun, 'Sallekhana: The Ethicality and Legality of Religious Suicide by Starvation in the Jain Religious Community', *Medicine and Law, xxvii/4* (2008), pp. 913–24.

10　保羅‧麥卡尼爵士曾寫信給達賴喇嘛，批評他吃肉。達賴喇嘛在回信中說，醫師告訴他，為了身體健康他得吃肉。保羅‧麥卡尼爵士回信表示醫師錯了。'Sir Paul McCartney's Advice to the Dalai Lama', *The Times*, 15 December 2008.

11　Patrick Olivelle, 'Kings, Ascetics, and Brahmins: The Socio-Political Context of Ancient Indian Religions', in *Dynamics in the History of Religions between Asia and Europe: Encounters, Notions and Comparative Perspectives,* ed. Volkhard Krech and Marion Steinicke (Leiden, 2012), p. 131.

12　Wendy Doniger, *The Hindus: An Alternative History* (New York, 2009), p. 256.

13　Rachel Laudan, *Cuisine and Empire: Cooking in World History* (Berkeley, ca, 2013), p. 73.

14　John Watson McCrindle, *Ancient India as Described by Megasthenes and Arrian* (Calcutta, 1877), p. 31.

15　古希臘歷史學家麥家斯梯尼（Megasthenes）將印度人分成七大種姓，可能是模仿希羅多德將埃及人分成七大階級。

16　Ibid., p. 99.

17　Quoted in Andrew Dalby, 'Alexander's Culinary Legacy', in *Cooks and Other People: Proceedings of the Oxford Symposium on Food and Cookery,* 1995, ed. Harlan Walker (Totnes, Devon, 1996), p. 82.

18　Ibid., p. 81.

19　Om Prakash, *Economy and Food in Ancient India, Part ii* (New Delhi, 1987).

20　A. P. Nayak et al., 'A Contemporary Study of Yavagu (Prepared from Rice) as Pathyakalpana', *Ayurpharm: International Journal of Ayurveda and Allied Sciences,* i/1 (2013), pp. 9–13.

21　Prakash, *Economy and Food,* pp. 103–4.

22　V. S. Agrawala, *India as Known to Panini* (Calcutta, 1963), pp. 102–21.

23　'Kautilya's *Arthashastra*: Book 2: "The Duties of Government Superintendents"', trans. R. Shamasastry (Bangalore, 1915), available at www.sdstate.edu.

24　長葉馬府油樹的花可以食用，是印度部落民族普遍使用來製作酒飲的食材，酒飲名稱與花同名，該飲品已經是他們文化資產的一部分。

25 Pankaj Goyal, 'Traditional Fermentation Technology':
www.indianscience.org.

第四章 全球化下的印度與新正統，公元前三〇〇年至公元五〇〇年

1 Rachel Laudan, *Cuisine and Empire: Cooking in World History* (Berkeley, ca,
2013), p. 103.

2 穆茲里斯的確切地點至今依然未知，據信該地在一三四一年因為貝里亞爾河（Periyar
River）氾濫而全毀。人們認為普哈在公元五〇〇年時遭海嘯襲捲，沖刷殆盡。

3 Jack Turner, *Spice: The History of a Temptation* (New York, 2004), p. 70.

4 Rohini Ramakrishnan, 'Connecting with the Romans', The Hindu,
24 January 2011.

5 Ibid.

6 Patrick Olivelle, trans., *Dharmasūtras: The Law Codes of Ancient India*
(Oxford, 1999), p. xxxvii.

7 Ibid., pp. xlii–xliii.

8 《摩奴法典》（一七九四年首度由威廉・瓊斯〔William Jones〕譯成英文）在早期英國統
治之下，有了前所未見的地位，被視為「應用」法律文件。甚至到了今天，《法典》依
然是最廣為人知的印度教經文，連美國通俗喜劇《宅男行不行》（The Big Bang Theory）
都曾在一劇集中引述其內容。

9 David Gordon White, 'You Are What You Eat: S e Anomalous Status of
Dog-Cookers in Hindu Mythology', in *The Eternal Food: Gastronomic Ideas and
Experiences of Hindus and buddhists,* ed. R. S. Khare (Albany, ny, 1992), p. 59.

10 Dharmasutra of Baudhayana, 3:32, in Olivelle, *Dharmasūtras,* p. 215.

11 Dharmasutra of Apastamba, 11:13, p. 52.

12 Patrick Olivelle, 'Abhaksya and Abhojya: An Exploration in Dietary
Language', *Journal of the American Oriental Society, cxxii* (2002), pp. 345–54.

13 Mary Douglas, *Purity and Danger: An Analysis of Concepts of Pollution and
Taboo* (London and New York, 2007), p. 67.

14 Louis Dumont, *Homo Hierarchicus: The Caste System and its Implications*
(Chicago, il, 1980), p. 141.

15 《摩奴法典》僅有一處提到唾液：「從首陀羅女子唇上喝到唾液的男人，沒有任何方式能
夠彌補過犯。」

16 根據人類學家卡爾的說法，飲食上的「嚴格派」（orthodox）同時指「先祖之道，其含『過

往』、美德、正當，及鄰近性（即便比起真實性，更貼近揣測）」，且是為了「經典上、哲學上、精神上的理念」。Khare, *The Hindu Hearth and Home* (New Delhi, 1976), p. 48.

17 十九世紀時，我先生的種姓，吠狄亞（醫師）向地方的婆羅門請願，希望能在慶典時與婆羅門同室共餐，而不需要到另一個房間。

18 M. N. Srinivas, *Religion and Society among the Coorgs of South India* (Oxford, 1952), p. 32.

19 M. N. Srinivas, 'Mobility in the Caste System', in *Structure and Change in Indian Society,* ed. Milton B. Singer and Bernard S. Cohn (Chicago, il, 1968).

20 Quoted in Fa-Hien (Faxian), trans. James Legge, *A Record of buddhistic Kingdoms* (Adelaide, 2014), chapter 16: http://ebooks.adelaide.edu.au.

21 'A Description of India in General by the Chinese Buddhism Pilgrim Hiuan Tsang', in *History of India, vol. ix: Historical Accounts of India by Foreign Travellers, Classic, Oriental and Occidental,* ed. A. V. Williams Jackson (London, 1907), pp. 130–31. I also used the translation by Thomas Watters, *On Yuan Chwang's Travels in India,* 629–645 AD (London, 1904), at www.archive.org.

22 Williams Jackson, *Historical Accounts,* pp. 138–9.

23 K. T. Achaya, *Indian Food: A Historical Companion* (New Delhi, 1994), p. 147.

24 I-Tsing (Yijing), *A Record of the buddhist Religion as Practised in India and the Malay Archipelago,* trans. J. Takakusu (Oxford, 1896), pp. 40–44.

25 Hashi Raychaudhuri and Tapan Raychaudhuri, 'Not by Curry Alone: An Introduction to Indian Cuisines for a Western Audience', in *National and Regional Styles of Cookery: Oxford Symposium on Food History* (Totnes, 1981), p. 48.

26 Ibid., pp. 48–9.

27 H. N. Dubey, 'Agriculture in the Age of Sangam', in *History of Agriculture in India,* up to c. 1200 ad, ed. Lallanji Gopal and V. C. Srivastava (New Delhi, 2008), pp. 415–21.

28 Achaya, Indian Food, p. 45.

29 Quoted ibid., pp. 44–5.

第五章 新的宗教潮流與運動：盛宴與齋戒，五〇〇至一〇〇〇年

1　不論是印度教或非印度教學者，都已對這個主題有不少論述。下列文獻僅為幾例。See, K. M. Sen, *Hinduism* (London, 2005); Gavin D. Flood, *An Introduction to Hinduism* (Cambridge, 1996); Kim Knott, *Hinduism: A Very Short Introduction* (Oxford, 2000); and S. Radhakrishnan, *The Hindu View of Life* (London, 1927).

2　Sen, *Hinduism,* p. 29.

3　當今印度境外的追隨黑天神的信眾組織，最有名的是國際奎師那知覺協會（International Society for Krishna Consciousness，ISKCON），人們稱呼他們為「哈瑞奎師那教派」（Hare Krishna）風潮，於一九六六年創於紐約，他們茹素，避免食用洋蔥與大蒜。

4　Paul M. Toomey, 'Mountain of Food, Mountain of Love', in *The Eternal Food: Gastronomic Ideas and Experiences of Hindus and buddhists,* ed. R. S. Khare (Albany, ny, 1992), pp. 117–46.

5　Paul M. Toomey, 'Krishna's Consuming Passions: Food as Metaphor and Metonym for Emotion at Mount Govardhan', in *Divine Passions: The Social Construction of Emotion in India,* ed. Owen M. Lynch (Berkeley, ca, 1990), p. 167.

6　Carol Appadurai Breckenridge, 'Food, Politics and Pilgrimage in South India, 1350–1640 ad', in *Food, Society and Culture: Aspects in South Asian Food Systems,* ed. R.S. Khare and M.S.A. Rao (Durham, nc, 1986), p. 68.

7　Alka Pande, *Mukhwas: Indian Food through the Ages* (Delhi, 2013), p. 70.

8　Manuel Moreno, 'Pancamirtam: God's Washings as Food', in *Khare, The Eternal Food,* p. 165.

9　Ibid., p. 149.

10　Roopa Varghese, 'Food in Indian Temples', *Indian Food Gourmet* (26 July 2008): www.indianfoodgourmet.com.

11　Stig Toft Madsen and Geoffrey Gardella, 'Udupi Hotels: Entrepreneurship, Reform and Revival', in *Consuming Modernity: Public Culture in a South Asian World,* ed. Carol Appadurai Breckenridge (Minneapolis, mn, 1995), p. 102.

12　詮釋上認為這是翻轉印度教徒用來淨化自己的五種牛食物（酥油、奶油、牛奶、優格、牛尿）。

13　Arthur Avalon, trans., *Mahanirvana Tantra: Tantra of the Great Liberation* (1913), available at www.sacred-texts.com; 'Sugar Cane – Early Technology', www.kew.org, accessed 30 June 2014.

14 Diana L. Eck, *India: A Sacred Geography* (New York, 2012).

15 Kisari Mohan Ganguli, trans., *Mahabharata* (1883–96), part iii, section 50, available at www.sacred-texts.com.

16 Cited in Indira Chakravarty, *Saga of Indian Food: A Historical and Cultural Survey* (New Delhi, 1972), pp. 24–5.

17 Padmini Sathianadhan Sengupta, *Everyday Life in Ancient India* (Bombay, 1950), pp. 547–8.

18 Ganguli, *Mahabharata,* part ii, section 207, available at www.sacredtexts.com.

19 Trans. Ammini Ramachandran: http://peppertrail.com.

20 Ganguli, *Mahabharata,* part v, section 115.

21 Barbara Stoler Miller, trans., *The bhagavad-Gita: Krishna's Counsel in Time of War* (New York, 1986), p. 138.

22 See, for example, Swami Vishnu-Devananda, *The Complete Illustrated book of Yoga* (New York, 1988), pp. 204–19, and Swami Sivananda, Kundalini Yoga (Sivanangdanagar, India, 1991), pp. 8–11.

23 Arjun Appadurai, 'Gastropolitics in Hindu South Asia', *American Ethnologist, viii/3* (1981), pp. 494–511.

24 Joe Roberts and Colleen Taylor Sen, 'A Carp Wearing Lipstick: S e Role of Fish in Bengali Cuisine and Culture', in *Fish: Food from the Waters: Proceedings of the Oxford Symposium of Food and Cookery,* 1997, ed. Harlan Walker (Totnes, Devon, 1998), pp. 252–8.

25 Moni Nag, 'Beliefs and Practices about Food During Pregnancy', *Economic and Political Weekly* (10 September 1994), pp. 2427–38.

第六章 飲食與印度醫生，公元前六〇〇至公元六〇〇年

1 Cakrapanidatta, quoted in Dominik Wujastyk, *The Roots of Ayurveda: Selections from Sanskrit Medical Writings* (London, 2001), p. 8.

2 Ken Albala, *Food in Early Modern Europe* (Westport, ct, 2003), p. 216.

3 摩奴認定醫師們是安巴斯塔（ambastha），出於婆羅門父親、吠舍母親。

4 *The Sushruta Samhita: An English Translation based on Original Sanskrit Texts,* trans. Kaviraj Kunja Lal Bhishagratna, 3 vols (New Delhi, 2006).

5 See, for example, Tina Hesman Saey, 'Gut Bacteria May Affect Cardiovascular Risk', *Science News,* 4 December 2012: www.sciencenews.org;

and Susan Young Rojahn, 'Transplanted Gut Bugs Protect Mice from Diabetes', *MIT Technology Review,* 21 January 2013: www.technologyreview.com.

6　Quoted in K. T. Achaya, *Indian Food: A Historical Companio*n (New Delhi, 1994), p. 76.

7　Francis Zimmermann, *The Jungle and the Aroma of Meats: An Ecological Theme in Hindu Medicine* (Berkeley, ca, 1987), p. 116.

8　這是「叢林」一詞的語源。十八世紀末或十九世紀初，這個字才有了當今「森林」或「雜亂的荒野」的意思。See Henry Yule and A. C. Burnell, *Hobson-Jobson: A Glossary of Colloquial Anglo-Indian Words and Phrases, and of Kindred Terms, Etymological, Historical, Geographical and Discursive* (London and Boston, MA, 1985), p. 470.

9　印度曾有遍佈大地的大量牛羚，不過一九四七年印度獨立之後，牛羚遭到大屠殺（可類比一八八〇年代美洲大草原的情況），因為法律規範不再禁止以來福槍狩獵，認為是一種殖民壓迫。獵人在晚上流連鄉村地區，印度的牛羚分布實際上已經消失殆盡，如今僅有少數復育園區還有牛羚。Zimmermann, The Jungle, p. 58.

10　Ksēmaśarmā, trans. R. Shankar, *Ksēmakutūhalam: A Work on Dietetics and Well-being* (Bangalore, 2009), p. 115. 又是個能彰顯遠古智慧之深奧的好例子。製作酥油的過程集中在接合奶油中的亞麻油酸（能抗癌、預防動脈硬化），這讓酥油比奶油更健康。這個過程也改變了油脂形式，酥油因此風味更佳，保存期限更長，煙點也更高。酥油不會腐敗，因此比奶油更健康。從個人通訊內容中摘取康塔‧雪克博士（DrKanthaShelke）的意見。

11　二〇〇九年曾有人一度想推出一種以牛尿為基底的無酒精飲料，叫做「高澆」（*guajal*，意思是「牛水」），計畫最後並未實現。（See Dean Nelson, 'India Makes Cola from Cow Urine', *The Telegraph*, 11 February 2009.）以自己的尿為藥方的作法並非遠古印度的風俗，但在一九四〇年代間也有了支持聲音，當時英國自然療法師（John W. Armstrong）出版了一本書，宣稱這種作法可以治療大多數的疾病。印度總理莫拉吉‧德賽（Morarji Desai）在某場訪談說他喝自己的尿，治好了痔瘡，這樣的作法因而聞名世界。總理說，尿療法對上百萬無法負擔醫療的印度人而言，是完美的醫療解方。
See PrasenjitChowdhury, 'Curative Elixir: Waters of India', *The Times of India*, 27 July 2009.

12　Ksēmaśarmā, trans. R. Shankar, *Ksēmakutūhalam*, pp. 417–18.

13　Aparna Chattopadhyay, 'Studies in Ancient Indian Medicine', post-doctoral thesis, Varanasi, India, 1993, pp. 75–82.

14　Wujastyk, *The Roots of Ayurveda,* p. 42.

15　Quoted in ibid., pp. 202, 206.

16 Quoted in ibid., p. 204.

17 In 1742 Benjamin Franklin wrote in *Poor Richard's Almanack,* 'After Fish, Milk do not Wish.' Eating milk and fish together was believed to cause skin diseases, including leprosy. However, there is no clinical evidence that this is true. See Eric Silla, 'After Fish, Milk Do Not Wish: Recurring Ideas in a Global Culture', *Cahiers études africaines*, xxxv/144 (1996), pp. 613–24.

18 Robert E. Svoboda, *Ayurveda: Life, Health and Longevity* (New Delhi, 1993), pp. 118–20.

19 Caroline Rowe, 'Thalis of India', in *Food and Material Culture: Proceedings of the Oxford Symposium on Food and Cookery, 2013*, ed. Mark McWilliams (Totnes, Devon, 2014), pp. 264–71.

20 See, for example, Swami Vishnu-Devananda, *The Complete Illustrated book of Yoga* (New York, 1988), pp. 204–19, and Swami Sivananda, *Kundalini Yoga* (Sivanangdanagar, India, 1991), pp. 8–11.

21 For a detailed study of food practices among North Indian brahmins, see R. S. Khare, *The Hindu Hearth and Home* (New Delhi, 1976).

22 水沸騰的溫度是攝氏一〇〇度（華氏二一二度），而油的煙點（油開始燒焦的溫度）則介於攝氏一二一度（華氏二五〇度）到攝氏二七〇度（華氏五二〇度）之高。酥油的煙點高，是攝氏一九〇度（華氏三七五度），相較之下奶油只有攝氏一二一度（華氏二五〇度）。

23 A. L. Basham, 'The Practice of Medicine in Ancient and Medieval India', in *Asian Medical Systems: A Comparative Study*, ed. Charles Leslie (New Delhi, 1998), pp. 19–20.

24 有另類衍生看法，認為尤納尼系統來自中國雲南省，這種觀點可能是因為中醫與印度之間的相似性，包含熱寒二分法。

25 在二〇一三年一月搜尋美國公共醫療資料庫，搜尋結果共有二一四三篇文章是包含應用阿育吠陀療法的研究或試驗，研究的疾病廣泛，如糖尿病、癌症、肺結核，甚至憂鬱症。詳見：www.ncbi.nlm.nih.gov.

第七章 中古世紀：《心之樂》、《利民論》與地區料理，公元六〇〇至一三〇〇年

Regional Cuisines, 600–1300 ce

1　Arjun Appadurai, 'How to Make a National Cuisine: Cookbooks in

Contemporary India', Comparative Studies in Sociology and History, xxx/1 (1988), pp. 3–24.

2　Ibid., pp. 12–13.

3　目前唯一的英文譯本是由阿蘭達蒂博士（夫人）所翻譯（Dr〔Mrs〕P. Arundhati，新德里，一九九四年），但是意譯而非直譯，且內容有些不連貫，並有錯字與誤譯。我請芝加哥大學南亞系的研究生暨梵語學者潔西卡‧那弗瑞（Jessica Navright）協助我，她重新翻譯了許多語意模糊的段落，她所使用的原文版本是哥克瓦出版社（Gaekwad）的東方系列叢書第一、二、三冊（巴洛達，印度，一九三九年）。她也提供了許多有益的註腳與背景資訊。

4　《心之樂》有一段包含了禁忌食物的清單（I.4V: 45–52），包含紅蘿蔔、洋蔥、大蒜，來自老虎、烏鴉、猴子、獅子、大象、馬、鸚鵡、隼等動物的肉，以及「所有村中動物與鳥」的肉。但是，該書中又有些食譜採用這些食材。文中會附上這份清單，可能只是為了敷衍了事，以示合乎印度教飲食戒律的規矩。

5　K. T. Achaya, A Historical Dictionary of Indian Food (New Delhi, 2002), p. 61.

6　Oggarane means 'spice' in modern Kannada, and a popular cooking show is called Oggarane Dabbi, or 'spice box'.

7　伊迪立首度出現在文獻中，是十世紀的卡那達語文獻，不過食材含米的伊迪立，要等到十三世紀才出現。See Achaya, A Historical Dictionary of Indian Food, p. 61.

8　Kishori Prasad Sahu, Some Aspects of Indian Social Life, 1000–1526 ad (Calcutta, 1973), p. 34.

9　Quoted ibid., p. 42.

10　Gazetteer of the bombay Presidency, vol. i, part 1, p. 531.

11　Taponath Chakravarty, Food and Drink in Ancient bengal (Calcutta, 1959), p. 6.

12　'The Charypada', available at www.oocities.org, accessed 1 July 2014.

13　France Bhattacharya, trans. Radha Sharma, 'Food Rituals in the "Chandi Mangala"', India International Centre Quarterly, xii/2 (June 1985), pp. 169–92.

14　Ibid., pp. 188–9.

15　Om Prakash, Economy and Food in Ancient India (New Delhi, 1987), pp. 358–9.

16　Marco Polo, The Travels (London and Harmondsworth, 1974); see also Namit Arora, 'Marco Polo's India', Kyoto Journal, lxxiv (June 2010), available at www.shunya.net.

17　Achaya, A Historical Dictionary of Indian Food (New Delhi, 2002), p. 97.

第八章 德里的蘇丹：《薩希姆丁薩美饌之書》、《廚經》與《飲食與健康》，
一三〇〇至一五五〇年

1 想要瞭解印度穆斯林的盛宴，請參考：Christopher P. H. Murphy, 'Piety and Honor: The Meaning of Muslim Feasts in Old Delhi' in Food,

2 Christopher P. H. Murphy, 'Piety and Honor: S e Meaning of Muslim Feasts in Old Delhi', in Food, Society and Culture, pp. 98–100.

3 K. Gajendra Singh, 'Contribution of Turkic Languages in the Evolution and Development of Hindustani Languages', at www.cs.colostate.edu, accessed 9 July 2014.

4 下文所述，多來自此：Iqtidar Husain Siddiqi, 'Food Dishes and the Catering Profession in Pre-Mughal India', *Islamic Culture*, liv/2 (April 1985), pp. 117–74, and Kishori Prasad Sahu, *Some Aspects of Indian Social Life*, 1000–1526 AD (Calcutta, 1973).

5 該字來自阿拉伯語「*shariba*」，意思是「喝」。有關聯的英文字為：「sherbet」（不含乳製品的雪糕）、「sorbet」（果汁冰沙）、「syrub」（糖漿）、「shrub」（水果雞尾酒，美國殖民時期的流行飲品）。

6 Muhammad ibn al-Hasan ibn Al-Karim (the scribe of Baghdad), *A baghdad Cookery book: N e book of Dishes*, trans. Charles Perry (Totnes, Devon, 2005), p. 78.

7 Siddiqi, 'Food Dishes and the Catering Profession', pp. 124–5.

8 根據我與查爾斯·佩里的私人通訊內容，最早提到「shorba」這種食物的史料是《Kitab-Al-Tabikh》，這個詞在波斯語的意思是鹽水煮的菜餚，這本書則是十世紀的阿拉伯食譜書，書中說明如何為某位波斯王準備這道料理。先將肉余燙後撈起（將水捨棄不用），然後放入乾淨的水中，與鹽、肉桂、南薑一起煮。

9 嚼食用的檳榔，英文是「*betel quid*」，這個詞跟英文的反芻（cud）有關，意思是長時間反覆咀嚼某種東西。「*Paan*」來自梵語的「parsa」，意思是「父親」或「葉子」。檳榔的同義詞是「*tambula*」，可以指檳榔葉或檳榔塊。

10 二〇一三年十月，印度政府禁止販售「*gutka*」與嚼食用菸草，援引健康風險、經濟負擔為由。印度口腔癌的比例居世界之家，這也是男性癌症死亡的主因。

11 Quoted in Muzaffar Alam and Sanjay Subrahmanyam, *Indo-Persian Travels in the Age of Discoveries*, 1400–1800 (Cambridge, 2007), p. 75.

12 Quoted in Siddiqi, 'Food Dishes and the Catering Profession', p. 130.

13 Quoted in Sahu, *Some Aspects of Indian Social Life*, p. 63.

14 Iqtidar Husain Siddiqi, *Perso-Arabic Sources of Information on the Life and Conditions in the Sultanate of Delhi* (New Delhi, 1992), p. 115.

15 Shahzad Ghorasian, personal communication.

16 Henry Yule and A. C. Burnell, *Hobson-Jobson: A Glossary of Colloquial Anglo-Indian Words and Phrases*, 2nd edn (London, 1986), p. 710.

17 「*gharib*」一詞的意思是「外國的」，或者「貧窮、卑微的」。雖然譯者採用前者，但依前後文意來看，後者似乎更恰當。

18 現代已有不少人在家嘗試烹煮這些食譜，他們的印象是內容步驟清楚、容易照著操作、以當今的環境不難做出這些食物。內含許多食物是今天卡納塔卡料理的一部份，包含洛提、曼迪格、以不同穀物做成的度沙、瓦戴。MadhukarKonantambigi, trans., *Culinary Traditions of Medieval Karnataka:TheSoopaShastra of Mangarasa III*, ed. N. P. Bhat and Nerupama Y. Modwel (Delhi, 2012), p. 107.

19 Ksēmaśarmā, trans. R. Shankar, Ksēmakutūhalam: *A Work on Dietetics and Well-being* (Bangalore, 2009).

20 Ammini Ramachandran, private communication.

21 Ksēmaśarmā, *Ksēmakutūhalam*, p. 171.

22 Ibid., pp. 225–7.

23 Ibid., p. 192.

24 Quoted in Robert Sewell, *A Forgotten Empire (Vijayanagar): A Contribution to the History of India* (London, 1900), p. 237.

第九章 蒙兀兒王朝與繼承者，一五二六至一八五七年

1 Quoted in Salma Husain, *The Emperor's Table: The Art of Mughal Cuisine* (New Delhi, 2008), p. 29.

2 Babur (Zahiru'd-din Muhammad Babur Padshah Ghazi), *Babur-Nama: Memoirs of Babur*, trans. Annette Susannah Beveridge (New Delhi, 1989), vol. i, p. 3.

3 Ibid., vol. ii, pp. 517–18.

4 此時的人顯然會在進餐時使用刀與湯匙。一位史家如此紀錄巴布爾的晚宴：「夏坎（Sherkhan，巴布爾的朝臣）盤中有塊魚，夏坎顯然覺得不容易入口，用刀將魚切成小塊，再用湯匙吃掉魚塊。」Kishori Prasad Sahu, *Some Aspects of Indian Social Life*, 1000–1526 AD (Calcutta, 1973), p. 33.

5 鴉片在十二世紀時由西亞傳入印度，剛開始用於醫療。最早提及種植鴉片的文獻可追溯至十五世紀。蒙兀兒王朝時，鴉片由國家壟斷，後來英國人取而代之。十六世紀時，鴉片已經是印度與中國、其他國家在國際貿易上的重要商品。到了十七世紀，使用鴉片的

現象在社會各階級都較為普及了，用於取代酒精，雖然奧朗澤布皇帝明令禁止鴉片。

6 Quoted in Joyce Pamela Westrip, 'Some Persian Influences on the Cooking of India' in *Proceedings of the Oxford Symposium on Food and Cookery*, 1984, ed. Tom Jaine (Totnes, Devon, 1985), p. 74.

7 蘇菲主義是伊斯蘭教的一個支派，於七世紀下半葉發源於伊拉克，當時部分人眼中，伊斯蘭教日漸世俗化，蘇菲主義則是對此的反動。蘇菲主義的前身是群先知的同伴，被稱為「長椅上的人」（*Ahl al-suffa*），因為他們為了虔誠，整天整夜留在清真寺。蘇菲主義信徒為求自律、淨化己身，並向神敞開靈魂，擁抱貧窮，屏除世俗的享樂、進行嚴格的齋戒。他們縱使不是完全吃素，總是認為葷食有靈性。十三世紀時，某位蘇菲主義大師寫道：「注意飲食，吃得營養卻不含動物脂肪，於你更好。」Valerie J. Hoffman, 'Eating and Fasting for God in Sufi Tradition', *Journal of the American Academy of Religion*, lxiii/3 (1995), pp. 465–84. For a contemporary discussion of Islam and vegetarianism, see http:// islamicconcern.com.

8 Abu'l-Fazlibn Mubarak Allami, *The AiniAkbari*, trans. H. Blochmann [1873] (New Delhi, 1989). 據載，阿布法佐本身的食量則十分驚人，一天能吃下二十二習司（約四十五公斤）的食物。阿克巴的兒子沙林姆（Salim）由於嫉妒阿步法佐的影響力，下令殺了他。

9 J. S. Hoyland, trans., *The Commentary of Father Monserrate, SJ, on his Journey to the Court of Akbar* [1591] (London, 1922), from an excerpt at www.columbia.edu.

10 喀什克（*kashk*）以及其同源的字（「*kishik*」、「*keshk*」）所代表的菜餚種類繁多，見於中東、埃及、西亞。有的是酸奶食品，有的是發酵大麥，以及普遍而言製作工序更複雜的食物。詳見：Françoise Aubaile-Sallenave, 'Al-Kishk: The Past and Present of a Complex Culinary Practice' in *A Taste of Thyme: Culinary Cultures of the Middle East*, ed. Sami Zubaida and Richard Tapper (London, 2000), pp. 105–39. 根據我與查爾斯‧佩里的私人通訊內容，「熟拉」（shulla）一詞來自蒙古語族、突厥語族的多種語言，如「shilen」、「*shilan*」、「*shölen*」、「*shülen*」、「*shilen*」……等詞彙，加上發音不含「n」的變化形。

11 Michael H. Fisher, ed., *Visions of Mughal India: An Anthology of European Travel Writing* (London and New York, 2007), p. ix.

12 K. T. Achaya, *A Historical Dictionary of Indian Food* (New Delhi, 2002), p. 43.

13 Willem Floor, 'Tobacco', *Encyclopaedia Iranica*, 20 July 2009, www.iranicaonline.org/articles/tobacco.

14 Quoted in Annemarie Schimmel, *The Empire of the Great Mughals: History, Art and Culture* (London, 2004), p. 194.

15 Quoted in ibid., p. 193.

16 Abu'l-Fazl, *The Ain i Akbari*, p. 59.

17 Ibid., p. 64.

18 *The Tuzuk-i-jahangiri; or, Memoirs of Jahangir*, trans. Alexander Rogers, ed. Henry Beveridge (London, 1900), p. 419, available at http://archive.org.

19 Achaya, *A Historical Dictionary of Indian Food*, p. 162.

20 Ibid., pp. 162–3.

21 Quoted in Chakravarty, *Saga of Indian Food*, p. 73.

22 Abdul Halim Sharar, *Lucknow: The Last Phase of an Oriental Culture*, trans. E. S. Harcourt and Fakhir Hussain (Delhi, 1994), p. 13.

23 Quoted in William Dalrymple, *White Mughals: Love and betrayal in Eighteenth-century India* (London, 2002), p. 266.

24 Sharar, *Lucknow*, p. 157.

25 Ibid., p. 159.

26 欲了解菜餚與傳說的解析，請參考：Holly Shaffer, 'Dum Pukht: A Pseudo-Historical Cuisine', in Krishnendu Ray and TulasiSrinivas, *Curried Cultures: Globalization, Food and South Asia* (Berkeley, ca, 2012), pp. 110–25.

27 See Mukul Mangalik, 'Lucknow Food, Streets, and Bazaars', 16 May 2007: www.gourmetindia.com; also Margo True, 'Fragrant Feasts of Lucknow', *Saveur*, 78 (October 2004), pp. 56–72.

28 Quoted in Michael H. Fisher, ed., *Visions of Mughal India: An Anthology of European Travel Writing* (London and New York, 2007), p. ix.

29 Ja'far Sharif, ed. and trans. Gerhard Andreas Herklots, *Qanoon-e-Islam, or, The Customs of the Moosulmans of India; Comprising a Full and Exact Account of their Various Rites and Ceremonies, from the Moment of birth Till the Hour of Death* (London, 1832).

30 Sidq Jaisi (pen name of Mirza Tassaduz Hussain), *The Nocturnal Court, Darbaar-e-Durbaar: The Life of a Prince of Hyderabad*, trans. Narendra Luther (New Delhi, 2004), p. 12.

31 Ibid., p. xxxv.

第十章 歐洲人、大公們、文化資產，一五〇〇至一九四七年

1 Michael Krondl, *The Taste of Conquest: The Rise and Fall of the N ree Great Cities of Spice* (New York, 2007), p. 116.

2 Minakshie Das Gupta, Bunny Gupta and Jaya Chaliha, *The Calcutta Cook*

book: A Treasury of Over 200 Recipes from Pavement to Palace (New Delhi, 1995), p. 148.

3 Colleen Taylor Sen, 'Sandesh: The Emblem of Bengaliness', in *Milk: beyond the Dairy, Proceedings of the Oxford Symposium on Food and Cookery*, 1999, ed. Harlan Walker (Totnes, Devon, 2000), pp. 300–308.

4 詳見：Carl Johanssen, 'Pre-Columbia American Sunflower and Maize Images in Indian Temples: Evidence of Contact between Civilizations in India and America', *NEARA Journal*, xxxii/1 (Summer 1998), pp. 164–80; and Johanssen, 'Considerations of Asian Crops Indicate Longstanding Transoceanic Pre-Columbian Contacts', *Epigraphic Society Occasional Paper*, xxv (2006), pp. 5–12. 該理論有更激進的說法，認為在更早以前，印度就與南美、太平洋群島、印尼之間有交流，而新大陸上的古文明起源於古印度人。該理論的根據是阿茲提克、馬雅文明遺跡中，有看起來像印度神祇與動物（如大象）的描繪，而且兩者在社會、宗教、政治結構上有相似之處，當然還有食物：玉米薄餅「tortilla」與洽巴提的相似度，正是文中的主要例證。請參考：ChamanLal, *Hindu America*? (Bombay, 1941).

5 Ruben L. Villareal, *Tomatoes in the Tropics* (Boulder, co, 1980), p. 56.

6 William Roxburgh, *Flora Indica: or, Descriptions of Indian Plants*, ed. William Carey, vol. i (Serampore, India, 1832), p. 565.

7 Rachel Laudan, 'Why 1492 is a Non-Event in Culinary History', 16 December 2009: www.rachellaudan.com.

8 Garcia de Orta, trans. Sir Clements Markham, *Colloquies on the Simples and Drugs of India* (London, 1913).

9 Ibid., pp. 44–5.

10 此文妙筆描述了印度歷史上大麻飲料的角色：DominikWujastyk, 'Cannabis in Traditional Indian Herbal Medicine', in *Ayurveda at the Crossroads of Care and Cure: Proceedings of the Indo-European Seminar on Ayurveda Held at Arrábida, Portugal, in November* 2001, ed. Anna Salema (Lisbon, 2002), pp. 45–73.

11 Lourdes Tirouvanziam-Louis, *The Pondicherry Kitchen: Traditional Recipes from the Indo-French Territory* (Chennai, 2012).

12 David Burton, *The Raj at Table: A Culinary History of the british in India* (London, 1993), pp. 3–4.

13 Henry Hobbs, *John Barley Bahadur: Old Time Taverns in India* (Calcutta, 1944) p. 127.

14 Ibid., p. 35.

15 Jayanta Sengupta, 'Nation on a Platter: The Culture and Politics of Food in Colonial Bengal', in Krishnendu Ray and Tulasi Srinivas, *Curried Cultures:*

Globalization, Food and South Asia (Berkeley, ca, 2012), p. 74.

16 Eleanor Bobb, *The Raj Cookbook* (Delhi, 1981), p. 10.

17 Shrabani Basu, *Victoria and Abdul: The True Story of the Queen's Closest Confidant* (London, 2011), pp. 129–30.

18 Quoted in Burton, *The Raj at Table*, p. 84.

19 Caroline Rowe, 'Fermented Nagaland: A Culinary Adventure' in *Cured, Fermented and Smoked Foods, Proceedings of the Oxford Symposium on Food and Cookery*, 2010, ed. Helen Saberi (Totnes, Devon, 2011), pp. 263–77.

20 Alan Pryor, 'Indian Pale Ale: An Icon of Empire' in *Global Histories, Imperial Commodities, Local Interactions*, ed. Jonathan Curry-Machado (New York, 2013), pp. 38–57. For a slightly different account, see Martyn Cornell, 'Hodgon's Brewer, Bow and the Birth of ipa', *Brewery History*, 111 (2003), pp. 63–8.

21 完整的印度俱樂部清單，請見： 'List of India's Gentlemen's Clubs', http://en.wikipedia.org, accessed 30 June 2014.

22 Kal Raustiala, ' S e Imperial Cocktail', *Slate* (28 August 2013): www.slate.com.

23 See Patricia Brown, *Anglo-Indian Food and Customs* (Delhi, 1998).

24 完整的印度公國清單，請見：http://princelystatesofindia.com and 'List of Indian Princely States', http://en.wikipedia.org, accessed 30 June 2014.

25 Anna Jackson and Jaffer Amin, eds, *Maharaja: The Splendour of India's Royal Courts* (London, 2009).

26 Neha Prasada and Ashima Narain, *Dining with the Maharajas: A Thousand Years of Culinary Tradition* (New Delhi, 2013), passim.

27 Government of Rajasthan, Integrated Excise Management System, 'Heritage Liqueur': https://rajexcise.gov.in.

28 Ammini Ramachandran, *Grains, Greens and Grated Coconuts: Recipes and Remembrances of a Vegetarian Legacy* (Lincoln, ne, 2007), pp. 142–3.

29 Digvijaya Singh, *Cooking Delights of the Maharajahs: Exotic Dishes from the Princely House of Sailana* (Bombay, 1982). ManjuShivraj Singh, *A Taste of Palace Life: Royal Indian Cookery* (Leicester, 1987). 另有一本由印多爾（Indore）王室成員與美國妻子合著的食譜書：ShivajiRaoHolkar and Shalini Devi Holkar, Cooking of the Maharajas: The Royal Recipes of India (New York, 1975).

30 S. Vivekenanda, Patrabali Letters, 5th edn (Calcutta, 1987), quoted in Jayanta Sengupta, 'Nation on a Platter', in *Curried Cultures: Globalization, Food and*

South Asia, ed. Krishnendu Ray and Tulasi Srinivas (Berkeley, ca, 2012), p. 85.

31 Mohandas K. Gandhi, *Autobiography: The Story of my Experiments with Truth*, trans. Mahadev Desai (New York, 1983).

32 Ibid., p. 43.

33 M. K. Gandhi, *Key to Health*, trans. Sushila Nayar (Ahmedabad, 1948).

34 甘地的孫子阿倫・甘地（Arun Gandhi）否認他的祖父曾如此做。

35 *Young India*, 10 June 1921.

36 *The Mind of Mohatma Gandhi: The Complete book*, p. 118, at www.mkgandhi.org.

第十一章 縱觀印度飲食：餐點、烹飪技巧與地區變化

1 K. T. Achaya, *Indian Food: A Historical Companion* (New Delhi, 1994), p. 57.

2 Quoted in Krishnendu Ray, *The Migrant's Table: Meals and Memories in bengali-American Households* (Philadelphia, pa, 2004), pp. 28–9.

3 Caroline Rowe, Thalis of India', in *Food and Material Culture: Proceedings of the Oxford Symposium on Food and Cookery*, 2013, ed. Mark McWilliams (Totnes, Devon, 2014), pp. 264–71.

4 Geeta Samtani, *A Taste of Kashmir* (London, 1995); Shyam Rani Kilam and Kaul Kilam, *Culinary Art of Kashmir: A Cook book of all Popular Kashmiri Dishes* (New Delhi, n.d.), available at www.ikashmir.net; M.S.W. Khan et al., *Wazwaan: Traditional Kashmiri Cuisine* (New Delhi, 2007). For an overview of the debate on gm foods in India, see Michael Specter, 'Seeds of Doubt', *New Yorker*, 25 August 2014, pp. 46–57.

5 Shanaz Ramzi, *Food Prints: An Epicurean Voyage through Pakistan: Overview of Pakistani Cuisine* (Karachi, 2012), pp. 7–11.

6 Ibid., pp. 101–4, and Aroona Reejhsinghani, *The Essential Sindhi Cookbook* (New Delhi, 2004).

7 Kaumudi Marathé, *The Essential Marathi Cookbook* (New Delhi, 2009); Hermalata Dandekar, *Beyond Curry: Quick and Easy Indian Cooking Featuring Cuisine from Maharashtra State* (Ann Arbor, mi, 1983).

8 Maria Teresa Menezes, *The Essential Goa Cookbook* (New Delhi, 2000); Mridula Baljekar, *A Taste of Goa* (London, 1995).

9 坦米爾料理的烹飪聖經是由 S. MeenakshiAmmal 所寫的《煮來瞧瞧》（*Samaithu Par*，馬

德拉斯，一九九一年）。最初由作者於一九五一年在坦米爾自費出版，目的是為了教導年輕的主婦料理做坦米爾素食料理，一九七二年時出版了英譯本，也把坦米爾傳統度量衡（ollocks、palams）轉換成公制單位。請見：www.meenakshiammal.com.

10 Alamelu Vairavan, *Chettinad Kitchen: Food and Flavours from South India* (New Chennai, India, 2010).

11 K. M. Mathew, *Kerala Cookery* (Kottayam, India, 1964); Vijayan Kannampilly, *The Essential Kerala Cookbook* (New Delhi, 2003); and Ammini Ramachandran, *Grains, Greens and Grated Coconuts: Recipes and Remembrances of a Vegetarian Legacy* (Lincoln, ne, 2007).

12 Ramachandran, *Grains, Greens and Grated Coconuts*, p. 56.

13 Lathika George, *The Kerala Kitchen: Recipes and Recollections from the Syrian Christians of South India* (New York, 2009).

14 Bilkees I. Latif, *The Essential Andhra Cookbook with Hyderabadi Specialties* (New Delhi, 1999).

15 Minakshie Das Gupta, Bunny Gupta and Jaya Chaliha, *The Calcutta Cook book: A Treasury of over 200 Recipes from Pavement to Palace* (New Delhi, 1995); and Chitrita Banerji, *Life and Food in bengal* (New Delhi, 1993).

16 Joe Roberts and Colleen Taylor Sen, 'A Carp Wearing Lipstick: S e Role of Fish in Bengali Cuisine and Culture', in *Fish: Food from the Waters: Proceedings of the Oxford Symposium of Food and Cookery*, 1997, ed. Harlan Walker (Totnes, Devon, 1998), pp. 252–8.

17 Laxmi Parida, *Purba: Feasts from the East: Oriya Cuisine from Eastern India* (New York, 2003).

18 Hoihnu Hauzel, *The Essential North-East Cookbook* (New Delhi, 2003).

19 Caroline Rowe, 'Fermented Nagaland: A Culinary Adventure' in *Cured, Fermented and Smoked Foods, Proceedings of the Oxford Symposium on Food and Cookery*, 2010, ed. Helen Saberi (Totnes, Devon, 2011), pp. 263–77.

20 Colleen Taylor Sen, ' S e Forest Foodways of India's Tribals' in *Wild Food: Proceedings of the Oxford Symposium on Food and Cookery* 2004, ed. Richard Hosking (Totnes, Devon, 2006), pp. 285–90.

第十二章 印度飲食新潮流，一九四七年至今

1　P. Sainath, 'Farmers' Suicide Rates Soar Above the Rest', The Hindu, 18 May 2013.

2　International Food Policy Research Institute, '2012 Global Hunger Index', 2012, at www.ifpri.org.

3　Vikas Bajaj, 'As Grain Piles Up, India's Poor Still Go Hungry', New York Times, 7 June 2012.

4　Navdanya, *bhoolebisreAnaj: Forgotten Foods* (New Delhi, 2006), foreword. 梵語中「Navdanya」意思既是「新的禮物」，也是「九種種子」，這是指印度九種古老的穀物與扁豆。這篇文章可以讀到基改食物在印度的整體情況與議題辯論：Michael Specter, 'Seeds of Doubt', *New Yorker*, 25 August 2014, pp. 46–57.

5　See Rukmini Shrnivasan, 'Middle Class: Who are S ey?', *Times of India*, 1 December 2012: www.timescrest.com; and Christian Meyer and Nancy Birdsall, 'New Estimates of India's Middle Class: Technical Note', November 2012: www.cgdev.org.

6　Y. Yadav and S. Kumar, ' S e Food Habits of a Nation', *The Hindu*, 14 August 2006.

7　R. S. Khare, *The Hindu Hearth and Home* (New Delhi, 1976), pp. 244–63.

8　Ibid., p. 246.

9　可與中國宋代（公元九六〇一一二七九年），當時客棧文化蓬勃發展。首府開封（原文誤植為海豐）、臨安（杭州）曾有上百家擺設雅緻的客棧，招待區域美食、酒類飲料，有私人廂房也有公開用餐區。當時的顧客是富商與政要，好品美饌也愛嚐鮮。「機動性、實驗性、平等精神、少有飲食禁忌的影響，讓他們打造出了中華美食。」引用自：Michael Freeman in 'Sung', in *Food in Chinese Culture: Anthropological and Historical Perspectives, ed. K. C. Chang* (New Haven, ct, 1977), p. 175.

10　這本書對印度與世界街頭小吃有更詳盡的介紹：Bruce Kraig and Colleen Taylor Sen, *Street Food Around the World: An Encyclopedia of Food and Culture* (Santa Barbara, ca, 2013).

11　在印式英語中，「hotel」意思是「任何對所有人販售餐點的商家，就算只是路邊攤」。Nigel B. Hankin, *Hanklyn-Janklyn; or, A Stranger's Rumble-Tumble Guide to Some Words, Customs,*

12　欲瞭解孟買的餐廳歷史，請見：Frank F. Conlon, 'Dining out in Bombay', in *Consuming Modernity: Public Culture in a South Asian World*, ed. Carol Appadurai Breckenridge (Minneapolis, mn, 1995),

13 Colleen Taylor Sen and Ashish Sen, 'In Delhi, it's the Moti Mahal', *Christian Science Monitor* (5 October 1988), and Monish Gujral, Moti *Mahal's Tandoori Trail* (Delhi, 1994).

14 See usda Foreign Agricultural Service, *Wine Market Update* 2012, Report no. in2162, 24 December 2012, and Western Australia Trade Office – India, *Indian Wine Industry Report*, January 2012.

15 See www.busybeeforever.com, accessed 30 June 2014.

16 See www.uppercrustindia.com, accessed 30 June 2014.

17 See 'Diabetes in India', www.diabetes.co.uk, and Mark Bergen, 'No Answers in Sight for India's Diabetes Crisis', *Time*, 12 May 2013.

18 See, for example, Sheela Rani Chunkath, 'Easy Herbal Route to Tackle Diabetes', *New Indian Express*, 9 December 2012: http://newindianexpress.com.

第十三章 食物與散居各地的印度人

1 有證據顯示，契約奴工有些是奴隸。詳見：Francis C. Assisi, 'Indian Slaves in Colonial America', *New Indian Express*, 16 May 2007: www.indiacurrents.com.

2 See the report *The Indian Diaspora* published by the Indian Government in 1994, at http://indiandiaspora.nic.in.

3 更早的時候，法國人曾在法屬印度殖民地招募工匠。

4 V. S. Naipaul, *An Area of Darkness* (London and Harmondsworth, 1968), p. 30.

5 See the chapter on food in G. A. Grierson, *Bihar Peasant Life* [1885] (Delhi, 1975).

6 Yasmin Alibhai-Brown, *The Settler's Cookbook: A Memoir of Love, Migration and Food* (London, 2008), p. 103.

7 Laurens van der Post, *African Cooking* (New York, 1970), p. 124.

8 'Fish and Chips Crowned the uk's Favourite Takeaway', *The Sun*, 12 October 2012: www.thesun.co.uk.

9 凡英國人，每「引進」一位工人或僕人到殖民地，就能獲得二十公頃的土地。詳見：The Geography of Slavery in Virginia', project compiled by Thomas Costa, Professor of History, University of Virginia's College at Wise: www.vcdh.virginia.edu/gos.

10 已有針對孟加拉移民與其後裔的研究，請見：Vivek Bald, *bengali Harlem and the Lost*

Histories of South Asian America (Cambridge, ma, 2013).

11 See Karen Leonard, *Making Ethnic Choices: California's Punjabi Mexican Americans* (Philadelphia, pa, 1991), and Leonard, 'California's Punjabi Mexican Americans', 1989, at www.sikhpioneers.org.

12 Krishnendu Ray, 'Indian American Food', in *The Oxford Companion to American Food and Drink*, ed. Andrew F. Smith (Oxford, 2007), p. 317.

參考書目

Archival Materials

Achaya, K. T., *Indian Food: A Historical Companion* (New Delhi, 1994)

——, *A Historical Dictionary of Indian Food* (New Delhi, 2002)

Agrawala, V. S., *India as Known to Panini* (Calcutta, 1963)

Allami, Abu'l-Fazl al Mubarak, The Ain i Akbari, trans. H. Blochmann [1873] (New Delhi, 1989)

Alsdorf, Ludwig, *The History of Vegetarianism and Cow Veneration in India*, trans. Bal Patil, ed. Willem Bollée (London, 2010)

Appadurai, Arjun, 'How to Make a National Cuisine: Cookbooks in Contemporary India,' *Comparative Studies in Sociology and History*, xxx/1 (1988), pp. 3–24

——, 'Gastropolitics in Hindu South Asia', *American Ethnologist*, viii/3 (1980), pp. 494–511

Asher, Catherine B., and Cynthia Talbot, *India before Europe* (Cambridge, 2006)

Auboyer, Jeannine, *Daily Life in Ancient India from Approximately 200 BC to 700 AD*, trans. Simon Watson Taylor (London, 1965)

Babur (Zahiru'd-din Muhammad Babur Padshah Ghazi), *Babur-Nama: Memoirs of babur*, trans. Annette Susannah Beveridge (New Delhi, 1989)

Basham, A. L., 'Se Practice of Medicine in Ancient and Medieval India', in *Asian Medical Systems: A Comparative Study*, ed. Charles Leslie (New Delhi, 1998), pp. 18–43

——, *The Wonder that was India: A Survey of the History and Culture of the Indian Sub-continent before the Coming of the Muslims*, 3rd revd edn (Kundli, India, 2004)

Bhishagratna, Kaviraj Kunja Lal, ed. and trans., *The Sushruta Samhita* (Delhi, 1916); available at http://chestofbooks.com

Burnett, David, and Helen Saberi, *The Road to Vindaloo: Curry Cooks and Curry books* (Totnes, Devon, 2008)

Burton, David, *The Raj at Table: A Culinary History of the british in India*

(London, 1993)

Chakravarty, Indira, *Saga of Indian Food: A Historical and Cultural Survey* (New Delhi, 1972)

Chakravarty, Taponath, *Food and Drink in Ancient bengal* (Calcutta, 1959)

Chandra, Satish, *History of Medieval India, 800–1700 (Hyderabad, 2007)*

Chattopadhyay, Aparna, 'Studies in Ancient Indian Medicine', post-doctoral thesis, Varanasi, India, 1993

Chavundaraya ii, *Lokopakara* [c. 1025], trans. Valmiki S. Ayangarya (Secundabad, India, 2006)

Church, Arthur Herbert, *Food-grains of India* (London, 1886)

Collingham, Lizzie, *Curry: A Tale of Cooks and Conquerors* (Oxford, 2006)

Cunningham, Alexander, *The Ancient Geography of India* [1871], (New Delhi, 2006)

Dalrymple, William, *White Mughals* (London, 2003)

De Orta, Garcia, *Colloquies on the Simples and Drugs of India*, trans. Sir Clements Markham (London, 1913)

Dirks, Nicholas B., *Castes of Mind: Colonialism and the Making of Modern India* (Princeton, nj, 2001)

Disney, Anthony R., *Twilight of the Pepper Empire: Portuguese Trade in Southwest India in the Early Seventeenth Century*, 2nd edn (New Delhi, 2010)

Doniger, Wendy, *The Hindus: An Alternative History* (New York, 2009)

Douglas, Mary, *Purity and Danger: An Analysis of Concepts of Pollution and Taboo* (London and New York, 2007)

Dumont, Louis, *Homo Hierarchicus: Ne Caste System and its Implications* (Chicago, il, 1980)

Dundas, Paul, *The Jains,* 2nd edn (London, 2002)

Eck, Diana L., *India: A Sacred Geography* (New York, 2012)

Embree, Ainslie T., ed., *Sources of Indian Tradition*, 2nd edn (New York, 1988)

Fisher, Michael H., ed., *Visions of Mughal India: An Anthology of European Travel Writing* (London and New York, 2007)

Food and Agriculture Organization of the United Nations: http://fao.faostat.org

Gibb, H.A.R., trans. and ed., *The Travels of Ibn battuta* (New Delhi, 2006)

Goody, Jack, *Cooking, Cuisine and Class: A Study in Comparative Sociology* (Cambridge, 1996)

Gopal, Lallanji, and V. C. Srivastava, eds, *History of Agriculture in India, up to c. 1200 AD* (New Delhi, 2008)

Grierson, George A., *Bihar Peasant Life* [1875] (Delhi, 1975)

Gupta, Shakti M., *Plants in Indian Temple Art* (New Delhi, 1996)

Hussaini, Mohammad Mazhar, *Islamic Dietary Concepts and Practices*
    (Bedford Park, il, 1993)

Jackson, Anna, and Amin Jaffer, ed., *Maharaja: The Splendour of India's Royal
    Courts* (London, 2009)

Jaffrey, Madhur, A Taste of India (New York, 1985)

——, *Madhur Jaffrey's Ultimate Curry bible* (London, 2003)

Jones, Constance A., and James D. Ryan, *Encyclopedia of Hinduism* (New York,
    2008)

Kalra, J. Inder Singh, Prashad: *Cooking with Indian Masters* (New Delhi, 2006)

Keay, John, *The Honourable Company: A History of the English East India Company*
    (London, 1993)

——, *India: A History* (New York, 2000)

Karan, Pratibha, *Biryani* (Noida, 2009)

Kenoyer, Jonathan Mark, Ancient Cities of the Indus Valley Civilization
    (Oxford, 1998)

Khan, M.S.W., et al., *Wazwaan: Traditional Kashmiri* Cuisine (New Delhi, 2007)

Khare, R. S., Culture and Reality: Essays on the Hindu System of Managing Foods
    (Simla, India, 1976)

——, *The Hindu Hearth and Home* (New Delhi, 1976)

——, ed., *The Eternal Food: Gastronomic Ideas and Experiences of Hindus and
    buddhists* (Albany, ny, 1992)

——, and M.S.A. Rao, ed., *Food, Society and Culture: Aspects in South Asian Food
    Systems* (Durham, nc, 1986)

Klostermaier, Klaus K., *A Concise Encyclopedia of Hinduism* (Oxford, 1998)

Knott, Kim, Hinduism: *A Very Short Introduction* (Oxford, 2000)

Konantambigi, Madhukar, trans., *Culinary Traditions of Medieval Karnataka:
    The Soopa Shastra of Mangarasa III*, ed. N. P. Bhat and Nerupama
    Y. Modwel (Delhi, 2012)

Kraig, Bruce, and Colleen Taylor Sen, *Street Food Around the World: An
    Encyclopedia of Food and Culture* (Santa Barbara, ca, 2013)

Ks.ēmaśarmā, trans. R. Shankar, *Ks.ēmakutūhalam: A Work on Dietetics and
    Well-being* (Bangalore, 2009)

Laudan, Rachel, *Cuisine and Empire: Cooking in World History* (Berkeley, ca, 2013)

Leslie, Charles, *Asian Medical Systems: A Comparative Study* (New Delhi, 1998)

Liu, Xinru, *Ancient India and Ancient China: Trade and Religious Exchanges, AD 1–600* (Delhi, 1988)

McCrindle, John Watson, *Ancient India as Described by Megasthenes and Arrian* (Calcutta, 1877)

Manu, *The Law Code of Manu*, trans. Patrick Olivelle (Oxford, 2009)

Mintz, Sidney Wilfred, *Tasting Food, Tasting Freedom: Excursions into Eating, Culture and the Past* (Boston, ma, 1996)

Nandy, Ashis, The Changing Popular Culture of Indian Food: Preliminary Notes', *South Asia Research*, xxiv/2 (March 2004), pp. 9–19

Navdanya, *Bhoole bisre Anaj: Forgotten Foods* (New Delhi, 2006)

Olivelle, Patrick, 'From Feast to Fast: Food and the Indian Ascetic', in *Rules and Remedies in Classical Indian Law: Panels of the VIIth World Sanskrit Conference*, ed. Julia Leslie, vol. ix (Leiden, 1987), pp. 17–36

——, 'Food in India: A Review Essay', *Journal of Indian Philosophy*, xxiii/367–80 (1995)

——, trans., *Dharmasūtras: The Law Codes of Ancient India* (Oxford, 1999)

——, 'Abhaksya and Abhojya: An Exploration in Dietary Language', *Journal of the American Oriental Society*, cxxii (2002), pp. 345–54

Ovington, J., *A Voyage to Surat in the Year 1689*, ed. H. G. Rawlinson (London, 1929)

Pande, Alka, Mukhwas: *Indian Food through the Ages* (Delhi, 2013)

Prakash, Om, *Food and Drinks in Ancient India: From Earliest Times to c. 1200 AD* (Delhi, 1961)

——, *Economy and Food in Ancient India* (New Delhi, 1987)

——, *Cultural History of India* (New Delhi, 2005)

Prasada, Neha, and Ashima Narain, *Dining with the Maharajas: Thousand Years of Culinary Tradition* (New Delhi, 2013)

Ramachandran, Ammini, *Grains, Greens and Grated Coconuts: Recipes and Remembrances of a Vegetarian Legacy* (Lincoln, ne, 2007)

Ray, Krishnendu, and Tulasi Srinivas, *Curried Cultures: Globalization, Food, and South Asia* (Berkeley, ca, 2012)

Raychaudhuri, Hasi, and Tapan Raychaudhuri, 'Not by Curry Alone: An

Introduction to Indian Cuisines for a Western Audience', in *National and Regional Styles of Cooking: Oxford Symposium on Food History* (Totnes, 1981), pp. 45–56

Ramzi, Shanaz, *Food Prints: An Epicurean Voyage Through Pakistan: Overview of Pakistani Cuisine* (Karachi, 2012)

Rowe, Caroline, 'Fermented Nagaland: A Culinary Adventure,' in *Cured, Fermented and Smoked Foods, Proceedings of the Oxford Symposium on Food and Cookery*, 2010, ed. Helen Saberi (Totnes, Devon, 2011), pp. 263–77

Roxburgh, William, *Flora Indica; or, Descriptions of Indian Plants*, ed. William Carey, vol. i (Serampore, India, 1832)

Roy, Nilanjana S., ed., *A Matter of Taste: The Penguin book of Indian Writing on Food* (New Delhi, 2004)

Sahu, Kishori Prasad, *Some Aspects of Indian Social Life, 1000–1526 AD* (Calcutta, 1973)

Sastri, K. A. Nilakanta, *A History of South India: From Prehistoric Times to the Fall of Vijayanagar,* 4th edn (Oxford, 2009)

Saxena, R. C., S. L. Choudhary and Y. L. Nene, *A Textbook on Ancient History of Indian Agriculture* (Secunderabad, India, 2009)

Schimmel, Annemarie, *The Empire of the Great Mughals: History, Art and Culture* (London, 2004)

Sen, Colleen Taylor, *Food Culture in India* (Westport, ct, 2004)

——, *Curry: A Global History* (London, 2009)

Sen, Kshitimohan, *Hinduism* (London, 1991)

Sengupta, Padmini Sathianadhan, *Everyday Life in Ancient India* (Bombay, 1950)

Sewell, Robert, *A Forgotten Empire (Vijayanagar): A Contribution to the History of India* (London, 1900)

Sharar, Abdul Halim, *Lucknow: The Last Phase of an Oriental Culture*, trans. E. S. Harcourt and Fakhir Hussain (Delhi, 1994)

Sharif, Ja'far, *Qanoon-e-Islam; or, The Customs of the Moosulmans of India; Comprising a Full and Exact Account of their Various Rites and Ceremonies, from the Moment of birth Till the Hour of Death*, ed. and trans. Gerhard Andreas Herklots (London, 1832)

Siddiqi, Iqtidar Husain, 'Food Dishes and the Catering Profession in Pre-Mughal India,' *Islamic Culture*, liv/2 (April 1985), pp. 117–74

Somesvara iii, *Royal Life in Mānasôllāsa*, trans. P. Arundhati (New Delhi, 1994)

The Sushruta Samhita: An English Translation based on Original Sanskrit Texts, trans. Kaviraj Kunja Lal Bhishagratna, 3 vols (New Delhi, 2006)

Svoboda, Robert E., *Ayurveda: Life, Health and Longevity* (New Delhi, 1993)

Thapar, Romila, *Early India: From the Origins to AD* 1300 (Berkeley, ca, 2002)

Thieme, John, and Ira Raja, *The Table is Laid: The Oxford Anthology of South Asian Food Writing* (New Delhi, 2007)

Titley, Norah M., trans., *The Ni'matnāma Manuscript of the Sultans of Mandu: The Sultan's book of Delights* (London and New York, 2005)

Upadhyaya, Bhagwat Saran, *India in Kālidāsa* (Delhi, 1968)

Wolpert, Stanley, *A New History of India*, 6th edn (New York, 2000)

Wujastyk, Dominik, *The Roots of Ayurveda: Selections from Sanskrit Medical Writings* (London, 2001)

Yule, Henry, and A. C. Burnell, *Hobson-Jobson: A Glossary of Colloquial Anglo-Indian Words and Phrases, and of Kindred Terms, Etymological, Historical, Geographical and Discursive* (London and Boston, ma, 1985)

Zimmermann, Francis, *The Jungle and the Aroma of Meats: An Ecological Theme in*
Zohary, Daniel, Maria Hopf and Ehud Weiss, *Domestication of Plants in the Old World: The Origin and Spread of Domesticated Plants in Southwest Asia, Europe, and the Mediterranean basin*, 4th edn (Oxford, 2012)

Zubaida, Sami, and Richard Tapper, eds, *A Taste of Thyme: Culinary Cultures of the Middle East* (London, 2006)

鳴謝

當初我憑著一股熱血栽進這個專題計畫裡，一點也不曉得前頭挑戰有多少。我的上一本書是為 Reaktion 出版社而寫的《咖哩的全球史》（*Curry: A Global History*），過程中，我面對的是巨量的相關書籍，這一回我遇到的麻煩則正好相反。印度飲食史備受冷落與忽略的程度，還真是個謎，不過我對我的出版社「Michael Leaman」充滿感激，他們建議我就試著寫一本看看。

許多不同的人幫助我寫這本書，我深深感恩，當然若有任何疏失或遺漏之處，責任全部在我。我的先生阿希許·森（Ashish Sen）多次閱讀本書手稿、翻譯段落、給予精闢的評論與建言。有幾個章節由大衛·吉特摩教授（David Gitomer）審閱，他非常有技巧地點出我的謬誤。我再一次對海倫·沙貝里（Helen Saberi）心懷巨大的虧欠與感激，她總是給我敏銳的評論與鼓勵，還有布魯斯·奎格（Bruce Kraig）頗具洞見的審閱。瑪西亞·哈曼森教授（Marcia Harmansen）、佩姬·莫漢（Peggy Mohan）、查爾斯·佩里（Charles Perry）、瑪麗·依欣（Mary Isin）、沙薩·葛瑞席安（Shahrzad Ghorasian）、珍雅特·蘇哈迪亞（Jayant Sukhadia）、坎薩·雪爾克博士（Dr Kantha Shelke）、阿米尼·瑞馬姜卓安（Ammini Ramachandran）不吝分享他們的專業知識。感謝我的印度朋友們：瑪姆塔·前卓（Mamta Chandra）、維瓦·克霸特拉（Vivek Batra）、巴袙與阿努·雷（Bappa and Anu Ray）、米卓杜拉與帕喀許·賽斯（Mridula and Prakash Seth）、V·P·拉傑許（V. P. Rajesh）、佩姬與丁尼許·莫蘭（Peggy and Dinesh Mohran）、蘇拉許·印度亞（Suresh Hinduja），還有大廚許安·坎沃錫（Chef Shaun Kenworthy）。還有，雖然網路已如此無所不知，圖書館員仍然是研究人員最棒的資料來源。我非常感謝天然氣科技機構（Gas Technology Institute）的卡蘿·渥斯特（Carol Worster）、芝加哥大學的詹姆斯·尼耶（James Nye）、芝加哥公共圖書館的凱瑟琳·威爾森（Catherine Wilson）。

我首次造訪印度是一九七二年，此後我去過印度共計十五次，在境內各處旅行。我過世的婆婆阿拉蒂·森（Arati Sen）是位卓越的記者與飲食作家，也是我的楷模，我深受啟發。不過，我對印度飲食的經驗大多來自我長期

居住的芝加哥。我先生與我所住的地方，步行就可以到達得文大道，這是北美洲南亞雜貨、餐飲商店密度最高的區域，人事物像萬花筒一樣不斷變化。來自許多社區的朋友們都曾邀請我們到他們家吃飯、參與節慶、參加家庭敬拜儀式、提供各式各樣的廚務經驗，這如果是要在印度一一實際體驗，可是大不容易。我對他們特別致上謝意。

影像來源

The author and publishers wish to express their thanks to the following sources of illustrative material or permission to reproduce it:

Ampersandyslexia: p. 160; Bigstock: pp. 13 (Europeanpix), 90 (A K Choudhury), 177 (masoodrezvi), 240 (smarnad), 250 (oysy); The British Library: pp. 19, 59, 61, 67, 162, 166, 167, 219; © The Trustees of the British Museum, London: pp. 71, 71, 96, 98, 115, 180, 181, 209, 221; Charles O. Cecil/Alamy: p. 100; Corbis: p. 236 (Bettmann); Ezralalsim10: p. 69; Getty Images/tuseef mustafa/afp: p. 206; © harappa.com: pp. 25, 29, 31; Charles Haynes: p. 142; iStockphoto: pp. 21 (Alatom), 24 (RileyMaclean), 75 (iannomadav), 141, 259 (danishkahn), 205 (Manu_Bahuguna), 252 (ShashikanDurshettiwar), 283 (jason5yuan), 300 bottom (Paul_Brighton); Kalamazadkhan: p. 296; Gunawan Kartapranata: p. 305; Vinay Kudithipudi: p. 258 Los Angeles County Museum of Art/lacma: pp. 103, 232; Luis Wiki: p. 210; Miansari66: pp. 149, 201; The Museum of Fine Arts, Houston/mfah: p. 107; New York Public Library: p. 229; Gaitri Pagach-Chandra: pp. 297 top, 297 bottom; phgcom: p. 74; Jorge Royan: p. 188; Ashish Sen: pp. 22, 88, 267, 269, 277; Colleen Taylor Sen: pp. 129, 134; Anilrisal Singh: pp. 20, 144, 145 bottom, 157 top, 161, 193, 196, 197, 199, 244, 264, 286, 289, 300; Victoria & Albert Museum, London: pp. 35, 66, 89, 136, 174, 212; Werner Forman Archive: p. 211 (Schatzhammer of the Residenz, Munich)

索引

346